Medios y Tecnologías de la Información y la Comunicación. Socialización y Nuevas Apropiaciones.

Cristina M. Petit / Ana Luisa Cilimbini
Comp.

Editorial Brujas

Título: Medios y tecnologías de la información y la comunicación: socialización y nuevas apropiaciones
Compiladoras:
Cristina M. Petit
Ana Luisa Cilimbini

Autores:
Cristina M. Petit
Ana Luisa Cilimbini
Enrique R. Virdó
Judith Yurman
Georgina Remondino
Fabiana Martínez

Colaboraron:
Cecilia Dionisio
Gabriela Macció

Revisión de los textos:
Mauro Orellana
Silvina Giovannini

Cristina M. Petit
Medios y tecnologías de la información y la comunicación : socialización y nuevas apropiaciones / Cristina M. Petit ; Ana Luisa Cilimbini ; Enrique Virdó ; coordinado por Cristina M. Petit. - 1a ed. - Córdoba : Brujas.
220 p. ; 24x15 cm.

ISBN 978-987-591-167-3

1. Comunicación Social. I. Cilimbini, Ana Luisa II. Virdó, Enrique III. Cristina M. Petit, coord.
CDD 302.2

Edición 2016.
Impreso en Argentina
ISBN:978-987-591-167-3

Queda hecho el depósito que marca la ley 11.723.

ENCUENTRO Grupo Editor

Editorial Brujas

Miembros de la CÁMARA ARGENTINA DEL LIBRO

www.editorialbrujas.com.ar editorialbrujas@arnet.com.ar
Tel/fax: (0351) 4606044 / 4609261- Pasaje España 1485 Córdoba - Argentina.

Medios y tecnologías de la información y la comunicación. Socialización y nuevas apropiaciones

Introducción

El escenario para que los sujetos accedan a la cultura, la educación y a las informaciones se ha visto vertiginosamente modificado por los medios de comunicación y las tecnologías de la información y comunicación (TICs).

Al proceso de socialización que todo sujeto experimenta (familia, escuela, grupos culturales y religiosos), se han agregado, desde hace unas décadas, los medios de comunicación y las TICs; habiéndo-se convertido éstos en nuevas agencias socializadoras que imprimen otras formas de sociabilidad y novedosas apropiaciones a las jóvenes generaciones, los llamados "nativos digitales" o "generación N".

Nos interesan de forma particular las inscripciones en la subjetividad de los cambios tecnoculturales mediáticos; los nuevos modos de sociabilidad, los impactos en la constitución de las identidades y las nuevas apropiaciones que se están construyendo.

El mayor volumen de la producción teórica e investigaciones respecto a las comunicaciones mediales y Tics, son desde perspectivas sociológicas, antropológicas, lingüísticas o filosóficas, y nuestro desafío es plantearnos los interrogantes y aproximarnos a algunas respuestas desde una perspectiva psicosocial. Reconocemos tres problemáticas del siglo XX que contribuyeron a forjar su enfoque: la psicología de las masas, la psicología de la opinión pública y la psicología social comunitaria.

La mirada psicosocial indaga el intersticio entre lo doméstico y lo global tratando de dar cuenta de las inscripciones simbólicas que se van construyendo en los sujetos y quienes a su vez las reconstruyen, mediante nuevas identidades y desplegando estrategias de cara a la brecha cultural.

En el recorrido de este trabajo se indagan los procesos de influencias, de intercambios y de mutuas construcciones en la cotidianeidad y en la dinámica de los procesos de comunicación e ideologías donde los sujetos son parte activa a través de la socialización y de sus pertenencias culturales e históricas.

En primer lugar abordamos la relación entre la televisión -medio de comunicación de apropiación masiva-, y las TICs en el proceso de socialización; su inserción en la dinámica de lo cotidiano. Luego analizamos diversas narraciones, acciones sociales y mediaciones como la publicidad, la propaganda política, las series de violencia y sus nuevas modalidades, internet y el papel de la escuela en el universo mediático televisivo y tecnológico comunicacional. Por último, proponemos estrategias de intervención escolar y reflexiones sobre el rol del psicó-logo social en la dinámica de la "mundialización" de las comunicacio-nes.

Estas reflexiones comenzaron siendo apuntes de cátedra y, con el correr del tiempo y el aporte de las prácticas de los alumnos, se transformaron también en textos para la capacitación de docentes tanto de nivel inicial y primario como de secundario, terciario y profe-sionales de ciencias sociales y de la educación

En el espacio de las prácticas educativas, el impacto cultural -tanto en lo socio/afectivo como en lo cognitivo- de los relatos televisi-vos se percibe con mayor dimensión en la educación escolar, en los proceso de enseñanza–aprendizaje, siendo el docente quien necesita herramientas, reflexiones y conocimientos críticos para poder acom-pañar la comprensión de estas nuevas realidades.

También desde grupos de padres hasta diversos grupos comunitarios se viene motivando la búsqueda de estrategias, respuestas y lecturas esclarecedoras sobre/en el uso de la televisión y las TICs en el hogar.

El desafío es educar a las nuevas generaciones o "generación N" en el espacio familiar, comunitario y educativo, como así también los padres, docentes e investigadores.

Estamos convencidos de que a los docentes nos compete el debate respecto de las libertades de la audiencia, de las fragmentaciones de ésta, del lugar de lo público, de las rupturas de las identidades culturales, del poder de los relatos y de las estrategias de los recepto-res para leer los mensajes

Y atentos a la velocidad de los cambios que el medio televisivo y las TICs van imprimiendo, asumimos el compromiso de elaborar estrategias críticas que permitan a las nuevas generaciones enfrentar los cambios del orden cultural, salvar las brechas simbólicas y promover sujetos críticos. Sujetos que sean capaces de luchar por el sentido de su vida, incluyendo la construcción de espacios y relaciones significativas, y el desarrollo de estrategias emancipatorias que le posibiliten enfrentarse a la brecha digital y los conflictos de poder que los retan cotidianamente.

Cristina Petit

Índice

Capítulo 1. Socialización y Comunicación

1.1. Socialización, medios y tecnologías de la información y la comunicación (Tics) 9
Cristina M. Petit

1.2. La agenda de los medios de comunicación y la construcción de ciudadanía 29
Ana Luisa Cilimbini

Capítulo 2. Acerca del Consumo y la Publicidad

2.1. Recorridos teóricos sobre publicidad y consumo 59
Enrique R. Virdó

2.2. La Publicidad Interactiva: Las estrategias de marketing en la web 77
Enrique R. Virdó

Capítulo 3. La Propaganda Política

3.1. Propaganda Política: impacto de las nuevas tecnologías 87
Cristina M. Petit

3.2. La construcción del adversario político. Una lectura desde las nociones de ícono, índice y símbolo 97
Ana Luisa Cilimbini

3.3 Radicalización de antagonismos: discursos presidenciales durante el conflicto con el campo 107
Fabiana Martínez

Capítulo 4. Medios Masivos, cine y nuevas tecnologías: reflexiones acerca de la violencia

4.1 Violencia, medios masivos de comunicación y nuevas tecnologías. 125
Ana Luisa Cilimbini con colaboración: Cecilia Dionisio y Gabriela Macció

4.2 Cine violento: Algunas reflexiones sobre sus espectadores. . 137
Enrique R. Virdó

4.3 La crueldad del neocapitalismo: "Hostel". El nuevo cine violento 149
Enrique R. Virdó

Capítulo 5. La Escuela como espacio público privilegiado: apropiación crítica de ofertas mediáticas y de procesos a desarrollar con TICs. 155
Cristina M. Petit

Capítulo 6. Internet, discusiones y reflexiones

6.1. Internet: Realidad virtual o Virtual realidad 171
Judith Yurman

6.2 La construcción de subjetividad mediada por las nuevas tecnologías. 177
Enrique R. Virdó

6.3. Marcas de la cultura ciber/mediática: imperativos culturales y (des)anclaje educativo 181
Georgina Remondino

Capítulo 7. Reflexiones acerca del Rol del Psicólogo Social en el campo de la comunicación mediática y de las TICs. 203
Cristina M. Petit

1.1. Socialización, medios y tecnologías de la información y la comunicación (TICS)

Cristina Petit

Pensar los medios de comunicación y las TICs en América Latina es un trabajo psicosocial ya que lo que está en juego son profundas transformaciones en los procesos de socialización.
Cristina Petit

1. Recorrido histórico: socialización y comunicación

Introducirnos en la comunicación es hablar de la historia misma del hombre, es la comunicación la que le permite constituirse como tal: construir su subjetividad, interactuar con sus congéneres, expandir los vínculos, afianzar sus identidades, su cultura, creencias y crear sus instituciones.

La esencia del hombre como ser social le exigió producir intercambios de información, desde las primigenias formas de gestualidad, el uso del lenguaje, la creación de medios de comunicación, hasta las actuales tecnologías de la información y la comunicación. Pudiendo el hombre también comunicarse con él mismo a través del pensamiento o sea la comunicación intrapersonal.

La comunicación es el origen de las lenguas, de las escrituras, de las gestualidades, señales y tecnologías que las soportan, en todas las culturas, complejizándose a lo largo de la evolución de la humanidad.

En la historia, la comunicación es la columna vertebral de "lo humano" que va evolucionando a partir de las necesidades, los descubrimientos y los avances que el mismo hombre realiza y, en base a las apropiaciones que fue admitiendo, gesta procesos de producción, almacenamiento y circulación.

Remontándonos al origen latino de la palabra "comunicación", vemos que significa común; mientras que el término griego "*koinoonia*" significa a la vez comunicación y comunidad. Actualmente el radical "común" es compartido por los términos comunicación y comunidad lo que muestra etimológicamente la estrecha relación entre "comunicarse" y "estar en comunidad".

Compartimos con Pascuali que el hombre es un ser social ya que "está en comunidad" porque "éste pone algo en común" a través de la "comunicación" y la comparte.

Luego de unos 3.000 años de evolución en la tradición oral y la comunicación no alfabética, es la sociedad griega la que alcanzó -según la denominación de Havelock- un nuevo estado mental, "la mente alfabética", que indujo a la transformación cualitativa de la comunicación humana. En el siglo VII a C., el invento del alfabeto -que se constituyó en el soporte técnico para el desarrollo de las filosofías y las ciencias en Occidente- hizo posible el paso de la lengua hablada al lenguaje escrito, lo cual separó lo hablado del hablante posibilitando así el discurso conceptual (Castells, 2000:359).

Aristóteles fue el primero en tocar el problema de la comunicación e intentar crear una teoría en su obra *La Retórica,* donde reflexionó acerca de la persuasión.

El proceso de la alfabetización se generalizó en Occidente en el siglo XV, a partir del invento de la imprenta, ya que fue posible una mayor difusión. El nacimiento de los sistemas de escrituras ha tenido lugar en el seno de un pueblo o cultura cuando éste siente la necesidad de grabar en un soporte espacial duradero que permita la conservación de un mensaje o información.

El alfabeto proporcionó la infraestructura mental para la comunicación acumulativa, basada en el conocimiento. Sin embargo, el nuevo orden alfabético, aunque permitió el discurso racional, separó la comunicación escrita del sistema audiovisual de símbolos y percepciones, tan importante para la plena expresión de la mente humana (Castells, 2000:359).

De forma cotidiana, los hombres se comunican de diferentes maneras, llevando a cabo infinidad de actividades, tales como: conversar, reír, llorar, leer, callar, ver televisión, chatear, entre otras. Por ello se dice que la comunicación humana es un proceso:

- dinámico porque está en continuo movimiento y no se limita a una relación emisor/receptor estática, pues los roles se intercambian,
- inevitable: pues es imposible no comunicar, incluso el silencio comunica,
- irreversible porque una vez realizada, no puede regresar, borrarse o ignorarse,
- bidireccional: porque existe una respuesta en ambas direcciones,
- *verbal y no verbal*: porque implica la utilización de ambos lenguajes -en algunos casos.
- contextualizado, se da siempre en un momento social, político e histórico.
-

En síntesis, como lo plantea Rodríguez Brito, la relación comunicativa humana consiste en la emisión-recepción de mensajes entre interlocutores en estado de total reciprocidad, siendo por ello un factor esencial de convivencia y un elemento determinante de las formas que asume la sociabilidad del hombre.

En la evolución de las culturas, el hombre fue creando soportes técnicos que le posibilitaron la comunicación salvando espacios y tiempos: caminos, puentes, escrituras con diversas materialidades, imprenta, telégrafo, teléfono, cine, radio, televisión, tecnologías de la información y comunicación.

Antes de la escritura, los pueblos antiguos pintaban piedras con signos e imágenes para comunicar los elementos esenciales de sus vidas y comunidades. También fueron muy usadas las palomas mensajeras en las civilizaciones griegas, romanas, árabes y chinas.

En Europa, hasta el 1450, los libros, panfletos y relatos se difundían en copias manuscritas, es el invento de la imprenta lo que revolucionó progresivamente y, no sin conflictos, la ampliación de la comunicación escrita y la posibilidad de mayor acceso a los libros por parte de los sujetos.

En 1835, apareció el primer modelo telegráfico que desarrolló Morse, perfeccionado con el código de señales a base de puntos y rayas que, en 1838, se conoció como "Código Morse".

Y en 1874, se comienza a utilizar de modo oficial el sistema de correo postal, expandiéndose la utilización de comunicación por carta.

En 1876, Graham Bell logra la primera transmisión de voz y nace el teléfono, con nuevas posibilidades de comunicación.

En 1965, se comienza a usar el correo electrónico a través de supercomputadoras, posibilitando el acceso libre de varias personas en simultáneo. Más tarde se extendió a redes de computadoras personales y se incorpora el uso del arroba; que se populariza en los años 80.

En 1994, aparece *Gmail* -creado por *Google*- y, dos años después, nace *Hotmail* y en 1997, *Yahoo.*

Con la aparición de la comunicación en red, *"comunicación entre todos"*, se modifican los usos y apropiaciones que realizan los usuarios para comunicarse a través de la *web*. Comenzó a funcionar en 1997 y nació como un espacio virtual para el encuentro de muchas personas con "intereses en común". La primera red fue *Myspace.com, a place for friends,* creado en el 2003 y también aparece *Hi5.*

En 2004 se inicia *Facebook* y, a partir de la eclosión que se produce entre el 2007 y el 2008, pasa a ser el 4° sector más popular de internet.

Las llamadas "comunidades *on line*" engloban a los usuarios de redes sociales y de *blogs.*

2. Prácticas socializadoras: televidencia y apropiación de TICs

La revolución tecnológica a la que asistimos nos adentra en el debate siempre vigente sobre la influencia y el impacto cultural de los medios de comunicación social y tecnologías de información y comunicación sobre los sujetos, lo cual cobra particular relevancia desde la mirada psicológica. Y, de forma especial, las prácticas, usos y apropiaciones por parte de niños y adolescentes, dada las etapas de desarrollo de sus identidades y la constitución de subjetividad.

2.1.1. Socialización y televidencia

El ser humano nace en un entorno simbólico cuyo medio de comunicación predominante parece ser la televisión siendo que, antes de la adquisición del lenguaje, los niños/as aprenden a ser espectadores. "A cincuenta años de su inserción social, la televisión sigue siendo en el siglo XXI el fenómeno técnico-mediático-cultural más importante para las mayorías que habitan en los países latinoamericanos". (Orozco, 2001:11). Ésta ocupa "un lugar estratégico en la dinámica de la cultura cotidiana, prácticas socializadoras, transformando sensibilidades, modos de construir lo imaginario, las identidades y las representaciones sociales". (Martín Barbero, 1998:14).

La televisión forma parte del universo de significaciones hegemónicas que toda sociedad construye ya que se ha convertido en el narrador de historias más común de nuestra era.

A medida que nos adentramos en la dinámica de los procesos de influencia y construcción de significaciones culturales por parte de la televisión, nos preguntamos: ¿cómo y por qué esta tecnología comunicacional logró penetrar y estar tan profundamente comprometida en la vida cotidiana de los sujetos?

Son muchas y diversas las teorías y paradigmas desde los cuales se intenta dar cuenta de los procesos de influencia, impacto, efectos, es decir, la recepción televisiva. Abordar estos fenómenos implica conocer y rescatar los aportes de distintas teorías sociológicas, antropológicas, culturales y psicológicas.

A partir de la pregunta arriba formulada y recuperando las respuestas que algunos autores han elaborado, podemos dimensionar la complejidad, multiplicidad de realidades y prácticas materiales y simbólicas que convergen en el visionado televisivo.

> La televisión es la fuente de imágenes y mensajes más extensamente compartida. Es el **eje común simbólico del ambiente en el que nacen nuestros hijos** y en el que todos vivimos nuestra vida. (...) La televisión es un sistema centralizado para contar historias. Sus dramatizaciones, noticiarios, publicidad y otros programas, conforman un sistema relativamente coherente de imágenes y mensajes

y los lleva a cada hogar. (...) **Este sistema fomenta desde la infancia las predisposiciones y preferencias que antaño se adquiría a partir de otras fuentes primarias** y que son muy importantes para investigar otros medios (Gerbner, 1996:36).

Las lecciones repetitivas que aprendemos de la televisión desde nuestra infancia pueden convertirse en la base de una opinión más amplia acerca del mundo, con lo cual podemos convertir la televisión en una **fuente importante de valores generales, ideologías y perspectivas, así como de asunciones específicas de creencias e imágenes** (Gerbner, 1996:51).

La televisión se impone en el entorno simbólico (...) Nuestra teoría de aculturación intenta comprender y explicar **la dinámica de la televisión como fuerza cultural dominante y distintiva de nuestra era** (Gerbner, 1996:59).

La televisión entra en la vida de las personas desde la infancia y por lo tanto no se da la condición de antes de la exposición. La televisión desempeña un papel en la formación de las propias predisposiciones que más adelante intervienen en otras influencias e intentos de persuasión (Gerbner, 1996:60).

La televisión se ha convertido en el entorno simbólico común de interacción con la mayoría de actividades que pensamos y ejecutamos (Gerbner, 1996:60)

(...) la televisión ocupa un **lugar estratégico en la dinámica de la cultura cotidiana**, prácticas socializadoras, **transformando sensibilidades, modos de construir lo imaginario, las identidades y las representaciones sociales** (Martín Barbero, 1998: 4).

En el presente, los relatos televisivos son para los niños la materia prima que les permite entrar y participar su propia representación del mundo, en su cultura y práctica simbólica a la que pertenecen (Petit, 2001:18)

La familia es el punto de partida para esta sociología de la pantalla, porque es allí donde las rutinas y las fórmulas de la vida cotidiana se forman y se sostienen, **y donde la identidad individual y la seguridad están fijadas en el tiempo y en el espacio** (Grimson y Varela, 1999:32).

2.1.2. El visionado televisivo como práctica socializadora

En el proceso de la socialización, el sujeto incorpora activamente significaciones culturales entre las que se encuentran las provenientes de su interacción con los mensajes mediales que consume de forma cotidiana y naturalizada.

El visionado televisivo -como práctica social- se lleva a cabo en forma permanente en el espacio doméstico y también en espacios públicos -bares, *shopping*, ómnibus, negocios, etc.-, lo cual visibiliza el lugar relevante de la televisión en la cultura.

En la socialización primaria, la internalización de modelos es realizada a través de "los otros significantes", dado el fuerte vínculo afectivo y la dependencia que se tiene con ellos. De ahí que la televisión, en determinados ámbitos domésticos, ocupa el lugar de un "otro significante" y provee satisfacciones afectivas, pautas, disfrute, buenos momentos; suministra comunicaciones y un sinnúmero de emociones.

En su mayoría, los estudios comunicacionales que indagaron la influencia de los *mass media* se han focalizado en las influencias en los aspectos cognitivos de los sujetos/audiencias; como si la imagen o representación de la realidad que posicionan cotidianamente estuviesen exentas de contenidos emocionales y como si la modalidad de soporte audiovisual no produjera impactos emocionales o socioafectivos.

Desde el campo disciplinar de la psicología social, partimos del supuesto de que la realidad de la vida cotidiana emerge en las significaciones de las representaciones sociales (RS) y en los discursos que forman parte del tejido social, mediante los cuales los sujetos inmersos en un determinado espacio social configuran los "sentidos" de las esferas de su vida, atribuyendo sentidos a sí mismos, a sus prácticas y a los otros.

> Las RS también **están constituidas por complejos núcleo emocionales** que, asociados a los procesos de significación, se integran desde zonas diferentes de la experiencia humana a la configuración de una RS concreta. Las RS representan complejas síntesis de sentido y significación que permiten momentos de inteligibilidad de innumerables procesos sociales inasequibles a la conciencia. (Gonzalez Rey, 2002:113)

La audiencia o teleespectador debe poner en juego, de forma permanente, una percepción asociativa de imágenes, palabras, música, sonidos, construyendo una síntesis y una apropiación de la novedad; que es el trabajo permanente en la construcción de las RS; procesos en los que las emociones y sentimientos están presentes de modo relevante y permanente.

Es importante rescatar y destacar el papel irreducible de los aspectos afectivos en la configuración de RS sobre la realidad que los sujetos construyen en los procesos de circulación de mensajes mediales que consumen de forma cotidiana.

Los *media* audiovisuales cultivan imágenes de la realidad, producen aculturación y sedimentan sistemas de creencias y RS involucrando tanto los procesos cognitivos, como los afectivos de los sujetos consumidores. Las inscripciones de contenidos socioculturales -que tienen la posibilidad de naturalizar bienes culturales mediante su presentación cotidiana y rutinaria- se producen tanto en lo cognitivo como en lo afectivo. De forma particular, la televisión, como agencia socializadora, interviene fuertemente en la realidad cotidiana, en el proceso de inscripciones socio-afectivas y cognitivas.

La televisión ha pasado a formar parte de la trama de vínculos y relaciones sociales que posibilitan el proceso de socialización y que mediatizan el mundo. Los mensajes (narraciones, historias) televisivos proveen al sujeto de una multiplicidad de significaciones culturales que tiene disponible para su acción de simbolizar en su proceso de incorporación a la realidad; por ello nos interesan los usos e interpretaciones que las audiencias realizan, articulando su vida cotidiana y el uso de la televisión.

Estos mensajes serán significativos en la medida en que se constituyan en fuente de aprendizaje. Tienen la posibilidad de serlo: primero, por la fuerte carga afectiva que los contenidos de los relatos televisivos movilizan a los espectadores ya que promueven la idealización de modelos e identificaciones que son fundamentales para explicar el aprendizaje social. Segundo, por la naturalización cotidiana de ver televisión, lo que ha sustituido otras prácticas como los juegos y pasatiempos.

Los mensajes televisivos consumidos en el transcurso del proceso de socialización primaria adquieren gran fuerza significativa y posibilitan una disponibilidad de contenidos para la construcción de RS por parte de los niños. La presencia permanente de la tv en el medio hogareño participa en el desarrollo del niño y en su constitución como sujeto, tanto en lo socio-afectivo como en lo cognitivo, pasando a ser la televisión una agencia más en la socialización de los sujetos y objeto de vínculos más o menos intensos.

Los relatos y discursos televisivos participan conjuntamente con las otras agencias socializadoras de la inscripción cultural de las creencias de la gente. La socialización es un proceso dinámico y en permanente construcción, producto de experiencias sucesivas que el sujeto mantiene con su contexto socio-cultural-histórico, participando activamente la mediación televisiva a través de lenguajes, imágenes, modelos, actitudes, etc.

La televisión, comunicacionalmente activa y presente en lo cotidiano, provee significaciones que son incorporadas como "la realidad-verdad por excelencia", de forma naturalizada, siendo sus contenidos material disponible para la entrada en la cultura. Principalmente porque opera a modo de "relato" para comunicar a sus miembros las pautas de comportamiento y símbolos que se consideran aceptables, naturales y los prepara para desempeñar papeles, conocer la realidad y vivenciar las emociones y sentimientos.

> La televisión entra en la vida de las personas desde la infancia y por lo tanto no se da la condición de *antes de la exposición,* los mensajes televisivos desempeñan un papel en la formación de las propias *predisposiciones* que más adelante intervienen en otras influencias e intentos de persuasión (...) convirtiéndose en el entorno simbólico común de interacción con la mayoría de actividades que pensamos y ejecutamos. (Gerbner, 1996:60).

Los mensajes y discursos de la televisión participan de los intercambios del mundo objetivo ofreciendo y disponiendo de una multiplicidad de significaciones que posibilitan "inscripciones culturales".

En el proceso socializador, la televisión parece intervenir como un agente más encargado de la socialización como lo son los padres, los maestros, los vecinos, etc., en su historia.

Existe hoy una fuerte presencia de las programaciones televisivas durante la socialización primaria dado que el público infantil se ha transformado en una audiencia importante -para las productoras- y la práctica de ver televisión -estamos hablando de tres a ocho horas diarias- ha sustituido a otras prácticas.

Los relatos y diálogos televisivos participan de las prácticas socializadoras en términos de estrategias, con las que el sujeto realiza una suerte de negociación –apropiación- en función de necesidades e intereses. Sería el margen de autonomía de sentido que le da a su práctica.

Podríamos entonces decir que, en el proceso de la socialización primaria, los mensajes televisivos tienen la posibilidad de ser transformados por los sujetos y ser utilizados, sus contenidos, en comunicaciones domésticas que van a proveer significaciones en la construcción y anclaje de las RS que éstos vayan elaborando de la realidad.

Por la repetitividad, la visibilidad y la recurrencia, los mensajes televisivos consumidos por los niños/as ponen a su disponibilidad contenidos respecto de objetos sociales que inciden en la construcción de significaciones por parte de éstos/as.

Los discursos televisivos participan del mantenimiento de la realidad dado que brindan significaciones que van a articular la coherencia entre el mundo objetivo y la realidad subjetiva. A su vez intervienen en la dinámica de la socialización secundaria proporcionando rutinas cotidianas y también participando en la actualización y posicionamiento de las situaciones de crisis.

Los *mass media* como agencias socializadoras imprimen y cristalizan visiones de mundo que son adoptadas en forma de sentido común y pasan a naturalizarse como discursos culturales e imaginarios de identidad.

2.1.3. Principales aportes de teorías y paradigmas de la comunicación social

Las dos grandes producciones de teorías y paradigmas de la comunicación massmediática son los desarrollos europeos y los norteamericanos, de los cuales se desprenden los actuales paradigmas y actualizaciones teóricas de los países del norte y de Latinoamérica. Haremos un breve y sintético recorrido para luego tematizar sobre los paradigmas actuales.

En EE.UU, en la década de 1920, surgen los primeros estudios sobre comunicación de masas. Su objetivo fue, desde el comienzo, el estudio de los efectos. Visión simplista y reduccionista del esquema conductista estímulo-respuesta, lo cual los llevó a postular la Teoría hipodérmica que consideraba a los mensajes de los medios como estímulos que actuaban directamente y de forma homogénea sobre la audiencia.

Esta línea estuvo centrada en el estudio de los efectos, o sea, en cómo los mensajes de los medios impactaban directamente sobre los individuos; concebidos como un público pasivo y fácilmente vulnerables y alcanzables por el mensaje.

Al respecto, Laswell se preguntaba quién dice qué, a través de qué canal, a quién y con qué efecto. Esto permitió organizar diferentes sectores de la investigación comunicacional. Aún así, se seguía focalizando en el comunicador y los efectos en el público.

Por otra parte, la corriente empírico-experimental tiene como objetivo estudiar la eficacia de la persuasión y cómo estructurar lo más adecuadamente los mensajes "... estudios sobre las características del destinatario, que mediatizan la realización del efecto; la segunda representada por las investigaciones sobre la organización óptima de los mensajes con fines persuasivos" (Wolf, 1987:37). La audiencia se expone selectivamente, su percepción es selectiva y su memorización también es selectiva.

Los estudios empíricos sobre el terreno, o "de los efectos limitados", reconoce la complejidad de las acciones comunicacionales mediáticas y descubre el papel central de los procesos de interacción social y de influencias mutuas entre los individuos y los *mass media*. Se descubre el rol que juegan los contextos sociales tanto de producción como de recepción de los mensajes; descubriendo la importancia de las relaciones interpersonales, la influencia de los grupos primarios, de los grupos de referencia y de los líderes de opinión. "...la capacidad de influencia de la comunicación de masas se limita sobre todo a reforzar valores, actitudes, posturas, sin poseer una capacidad real de modificarlos o manipularlos" (Klapper en Wolf, 1987: 62).

A partir de los años '70, bajo la influencia de la teoría sociológica funcionalista, se reorienta la investigación sobre la comunicación de masas hacia las funciones que ésta desempeña en la sociedad. Los medios son considerados parte integrante de la cultura social y cumplen determinadas funciones dentro de ésta. El interés de los estudios se centra en lo que la gente hace con los medios y los mensajes, cómo los usa y cómo se gratifica con ellos. Los mensajes son interpretados, disfrutados y reinterpretados en función del contexto y las condiciones socioculturales en las cuales el sujeto se encuentra inmerso y, desde ese contexto, va a tomar o dejar aquellos elementos del mensaje que lo gratifiquen o que pueda utilizar en su mundo cultural.

> En 1973 Katz, Gurevitch-Hass establecen cinco clases de necesidades que los medios satisfacen:
> a) Necesidades cognoscitivas (adquisición y refuerzo de los conocimientos y de la comprensión).
> b) Necesidades afectivos-estéticas,
> c) Necesidades integradoras a nivel de la personalidad (seguridad, estabilidad emotiva, incremento de la credibilidad y del status).
> d) Necesidades integradoras a nivel social (refuerzo de los contactos personales con la familia, los amigos, etc.)
> e) Necesidades de evasión (relajación de tensiones y conflictos). (Wolf, 1987: 80 -81).

La audiencia es concebida de forma activa, ya que ésta elige selectivamente en función de sus necesidades, intereses y usos.

Sobre el fin del siglo XIX y comienzos del XX, en Europa, irrumpen con mucha fuerza los estudios sobre la sociedad de masas. El paso de la sociedad tradicional a la sociedad industrial modifica el tejido social y produce cambios sustantivos en la vida de los individuos: anonimato, atomización, aislamiento. En el clima de estas reflexiones y especulaciones van emergiendo diferentes teorías en Alemania, Francia e Inglaterra.

En Alemania, en el Instituto de Estudios Sociales, fundado en 1923 y más conocido como la Escuela de Frankfurt, se encuentran los padres de la Teoría Crítica quienes proponen una teoría de la sociedad entendida como un todo. Esta escuela tiene fundamentos filosóficos muy complejos derivados de la lectura de obras de Marx, Heidegger, Nietzsche y Kant. Una de las categorías centrales de su pensamiento -que heredan Horkheimer y Adorno- es la de "razón instrumental" que apunta a denunciar y poner en tensión el proyecto de dominación de Occidente. Otro concepto fundamental es el de "industria cultural" que busca dar cuenta de la especificidad de la cultura moderna: la producción en serie y la repetición. Vía este último concepto analizan el rol de los medios de comunicación social.

Por su parte, la Teoría Culturológica francesa pone de "manifiesto los elementos antropológicos más importantes y la relación que se instaura en ella entre el consumidor y el objeto de consumo". (Wolf, 1987:112). Morin, representante más importante de esta corriente, plantea que la resignificación del papel de los medios es la estandarización y el sincretismo. Sostiene que éstos reducen "los arquetipos a estereotipos" (...) "la franja de lo real donde lo inesperado, lo extraño, el asesinato, el accidente, la aventura, irrumpen en la vida cotidiana" (Morin en Wolf, 1987: 115).

En Inglaterra, en la Universidad de Birmingham, surge la teoría de los *Cultural Studies* entre los años '50 y '60, perfeccionada en los '80 por Stuart Hall. Estos teóricos de la comunicación entienden a la cultura como elaboraciones y producciones colectivas. Los medios de comunicación social son elementos significativos que colaboran y participan en esta producción de universos simbólicos. A su vez resignifican la realidad y son parte de los procesos de influencia y de interacción simbólica. La teoría de los *Cultural Studies* propone un modelo de recepción activa porque considera que el receptor, desde su lugar de pertenencia, resignifica y actualiza los mensajes mediáticos.

Los abruptos cambios tecnológicos (tv satelital, internet, cable coaxil, fibra óptica, CDROM, etc.) replantean las formas de sociabilidad, el uso de los espacios privados, los modos de interacción con lo global y con la producción de sentido por las imágenes. Es así como surgen nuevos paradigmas que intentan dar cuenta de los procesos de influencia entre los mensajes de los medios y los sujetos, nutriéndose de los desarrollos teóricos mencionados anteriormente.

Para intentar articular socialización y televisión, seleccionamos tres enfoques diferentes ya que cada uno de ellos ha tenido en cuenta sólo algunos aspectos de la realidad de la influencia-apropiación televisiva. Pero consideramos que, a los fines de nuestras actuales propuestas e investigaciones, son complementarios.

Recuperamos, por un lado, lo planteado por Silverstone y Hartley en relación con la tríada televisión-socialización-aprendizaje, conjuntamente con la noción de "agenda setting" de Shaw. Los desarrollos de estos autores nos permite estudiar a los medios de comunicación como aquellos que tienen la posibilidad de "posicionar o tematizar qué es importante hablar, cómo es importante y significativo percibir determinadas realidades y acciones sociales", a través de la acumulación, la consonancia y la omnipresencia.

La perspectiva psicodinámica que desarrolla Roger Silverstone[1]

[1] Esta línea de estudios se nutre de la corriente inglesa de los *Cultural Studies*.

-recupera el concepto de objeto transcional de Winnicott que implica el acercamiento a nuevos objetos que en parte reemplazan el del primer vínculo- sostiene que la televisión actuaría en "ese espacio potencial" que en algún momento ocuparon "los ositos de paño, las mantitas o el pecho materno" y funcionaría, desde el punto de vista cultural y catéctico, como objeto transicional.

Agregamos que este medio suele aportar dosis significativas de seguridad y regularidad frente a una realidad cambiante y ansiógena; presentándose como un fenómeno cíclico ya sea en sus horarios, géneros y narrativas. La presencia permanente de la tv en el hogar la convierte en un soporte en el desarrollo y constitución del niño como sujeto. Implica considerar a la televisión como un factor más en la socialización del infante y como el objeto de vínculos más o menos intensos. Winnicott sostiene que todo individuo es producto del ambiente familiar y social que lo rodea en sus primeros años donde los objetos intermediarios soportan y contienen la angustia (Silverstone, 1994).

También John Hartley -actual profesor de la Universidad de Cardiff- ha realizado nuevos aportes sobre los usos de la televisión sosteniendo que los sujetos realizan una apropiación activa. La televisión retoma la tradición oral de otras instituciones -familia, escuelas, iglesias- siendo la heredera de enseñanzas orales a través de canciones, historias, miradas y discursos.

> La televisión (...) puede ser un importante educador primario, y un educador general, de costumbres, una manera de transmitir actitudes y supuestos (...)
> ...constantemente se coloca un límite frente a las personas con respecto a otras maneras de mover las manos, de sentarse, de vestirse, de reaccionar ante extraños, de comer, de llevar una conversación. (Hartley, 2000:190-192).

También es un aprendizaje permanente de socialización cómo los otros viven y los significados que los otros le dan a trabajar, ganarse la vida, formas de sobrevivir, etc. Según este autor la televisión también enseña diferentes preceptos éticos, ideológicos y morales, así como también ciertos prejuicios y perspectivas.

Por otra parte, la línea de investigación que aborda la problemática de la "aculturación" -que se desprende también de los *Cultural Studies*- intenta alejarse del eje central de discusión sobre los efectos para intentar describir las contribuciones independientes que hace el visionado televisivo a las concepciones de la realidad social del espectador.

George Gerbner, Larry Gross, Michael Morgan y Nancy Signorelli han realizado investigaciones sobre *"cultural indicators"* desarrollando un enfoque teórico que llamaron "análisis de aculturación" que explora las consecuencias de crecer y vivir con la televisión.

> La aculturación es pues, parte de un proceso continuo y dinámico de interacción entre mensajes y contextos y ello es cierto a pesar de y debido al carácter de proceso (...) una programación consistente, repetitiva y de largo alcance promueve patrones comunes como puede ser la tipificación. (Gerber, 1996: 44)

Las influencias de un medio persistente en la composición y estructura del entorno simbólico son sutiles, complejas y se entrelazan con otras influencias. Es por ello que la perspectiva sostenida por estos investigadores asume un papel de interacción de significaciones y construcción entre el medio -televisión- y sus públicos.

Desde una perspectiva más sociológica y de origen funcionalista, tenemos uno de los paradigmas actuales más importantes: "la agenda *setting*". Éste plantea, por un lado, la cuestión de los efectos cognoscitivos indirectos a largo plazo y, por otro, el papel de los mensajes mediáticos en la construcción de la imagen de la realidad. Este paradigma fue elaborado por Shaw y Mc Combs. Entienden los efectos como cambios a largo plazo ya que las comunicaciones mediales no influyen directamente sobre el comportamiento explícito sino que son construcciones de significaciones y contenidos culturales e influyen en la forma en que los sujetos organizan y significan la imagen de la realidad.

El interés de los investigadores se orienta a "la reconstrucción del proceso con que el individuo modifica su propia representación de la realidad social" (Neumann en Wolf, 1987:158). Más que efectos sobre los valores o las actitudes, serían "efectos cognoscitivos" ya que los mensajes mediales proveerían a los sujetos de conocimientos y representaciones sobre la realidad y la vida cotidiana colaborando en las significaciones que le permiten articular la realidad sujetiva y la objetiva, mediante procesos de simbolización.

Neumann menciona tres características fundamentales de los medios: la acumulación, la consonancia y la omnipresencia. En realidad, éstas son posibilidades propias de los medios. La acumulación remite a la capacidad de éstos de crear y sostener la importancia de un tema ya que la repetitividad en la cobertura resignifica determinadas realidades (citado por Wolf, 1983: 162). La consonancia alude a la recurrencia de rasgos que imparte la televisión lo que demuestra una manera de tipificación que orienta acciones sociales y reduce por otro lado, la capacidad crítica y de disenso. Y la omnipresencia alude a que las representaciones y los saberes son públicamente conocidos. Este saber está siempre disponible y visible, les posibilita el poder de construcción, resignificación y configuración de determinados puntos de vista. "... los medios de comunicación establecen las condiciones de nuestra experiencia del mundo más allá de las esferas de interacciones en las que vivimos". (Fishman en Wolf. 1987: 163).

Esta posibilidad de disponer, por parte de los sujetos, de representaciones de la realidad y conocimientos del mundo se relaciona con el efecto massmediático denominado "agenda *setting*". Los sujetos tienden a incluir o excluir de sus propios conocimientos lo que los medios de comunicación incluyen o excluyen de su propio contenido. Y parecen asignarle a los contenidos y significados que los medios valorizan, una importancia que refleja el énfasis atribuido por los *mass media* a los acontecimientos, a las temáticas, a los problemas, a las personas. Los mensajes mediales no generan cambios puntuales de conductas al comentar, describir, estructurar y precisar la realidad cotidiana como la realidad externa, más bien "presentan al público una lista de todo aquello en torno a lo que hay que tener una opinión y discutir" (Shaw en Wolf ,1987:163). Plantean, proponen y priorizan acerca de qué realidades se debe pensar o hablar[2].

La dependencia cognoscitiva estaría dada en dos niveles: 1) el orden del día, el de los temas, argumentos, problemas presentes en la agenda de los medios y 2) la jerarquización de importancia y prioridad con la que dichos elementos son dispuestos en "el orden del día".

Estas teorizaciones plantean una organización de los componentes, de las representaciones sociales y de los conocimientos de la realidad cotidiana, asentados en la repetitividad, la recurrencia y la visibilidad de los mensajes televisivos, lo que otorga efectividad o fuerza simbólica para imponer un modo de apreciar y percibir el mundo.

2.1.4. Estudios sobre comunicación en América Latina

Las investigaciones y estudios sobre la comunicación masiva comienzan en la década de 1920 y se intensifica terminada la II Guerra Mundial. El mundo bipolar necesitaba incrementar los controles sociales aportados especialmente por los dispositivos comunicacionales. Estas necesidades políticas estratégicas motivan el surgimiento de diversas escuelas y corrientes sociológicas sobre la comunicación massmediática.

Mientras en Estados Unidos y Europa se desarrollan investigaciones científicas con aportes de la psicología, la sociología, la antropología cultural y otras disciplinas, en América Latina, los estudios sobre la comunicación mediática se desarrollan de la mano del periodismo y de los estudios sobre comunicación social aportados por la Teología de la Liberación de la Iglesia Católica y la Escuela de Frankfurt.

Los incipientes movimientos revolucionarios, las experiencias de

---

[2] Por ejemplo los niños de la guardería Trapito de B° Mirizzi representaban, dramatizaban, dibujaban y cantaban *Manuelita* en el año 1999, y *Pan Triste* y *Bananas en Piyama* en el año 2000. Éstos fueron films y obras de teatro posicionados por la televisión durante el período de las vacaciones de invierno en cada año respectivamente.

las comunidades de base, la diversidad de expresiones de protesta social y denuncias en América Latina y la impronta de las luchas por las identidades nacionales contribuyen al desarrollo de lo que se conoce como "escuela latinoamericana de comunicación" que se da concomitantemente con el movimiento de la "filosofía latinoamericana" y con los grupos de la Teología de la liberación.

Las escuelas de periodismo, en las primeras décadas del siglo XX, se fundan en la Universidad de La Plata (Argentina) y en la Universidad de Río de Janeiro (Brasil). En la década de 1930, comienza el influjo de la escuela estadounidense en la región. Los estudios sobre propaganda de Harold Lasswell fueron los más conocidos.

La escuela latinoamericana de comunicación se consolida en los años sesenta, rompiendo definitivamente con las teorías sociológicas estadounidense, cuestionando los modelos de comunicación impuestos a los países dependientes y denunciando a los grupos de poder económico.

Lúcidamente y con un valiente compromiso de denuncia, cuestionan el orden mundial dominado por la información estadounidense y europea. Postulan la tesis de un "nuevo orden mundial de la información y la comunicación" y rechazan los modelos foráneos impuestos a la cultura latinoamericana.

En 1959 se funda en Quito, Ecuador, la CIESPAL (Centro Internacional de Estudios Superiores de Comunicación para América Latina), convirtiéndose en uno de los centros más importantes para el desarrollo teórico de la comunicación "situada" en Latinoamérica. Éste centra sus trabajos en las posibilidades que brindan los procesos de comunicación para contribuir a la transformación social.

Los fundadores de la estudios latinoamericanos en comunicación (ELC) fueron Luis Ramiro Beltrán (Bolivia), Armand Mattelart (de origen belga, nacionalizado en Chile), Héctor Schmucler, "el Toto", (argentino y cordobés, actualmente investiga en el CEA de la UNC); Eliseo Verón, (semiólogo argentino), Jesús Martín-Barbero (nacido en Ávila, está nacionalizado en Colombia, semiólogo, antropólogo y filósofo, es uno de los intelectuales que más ha producido en Latinoamérica), Antonio Pasquali (Venezuela), Daniel Prieto Castillo (argentino y mendocino), Juan Díaz Bordenave (Paraguay), Fernando Reyes Matta (Chile), Paulo Freire, (brasileño, pedagogo de la Pedagogía del Oprimido), Néstor García Canclini (argentino), Carlos Monsiváis (México) y Marita Matta (argentina y cordobesa).

En 1976, la UNESCO nombra una comisión especial para el estudio de los problemas de la comunicación de cuyo diagnóstico surge "El Informe *Mc Bride*" o "*un sólo mundo, voces múltiples*". En éste se denuncia que la información mundial está en manos de las cinco grandes agencias de noticias, amenazando y marginando las realidades e identidades latinoamericanas.

Uno de los ejes más relevantes de la ELC, en esos momentos, plantea la relación entre vida cotidiana y comunicación, diferenciándose de las escuelas europeas y estadounidense. De estos trabajos emergen los conceptos que hoy conocemos de "comunicación alternativa" y "comunicación popular" que ponen el acento en el poder de los grupos sociales, las comunidades interpretativas y los grupos de base. Sus aportes llegaron a ser reconocidos en las comunidades intelectuales, como la Teoría Crítica de la Comunicación Latinoamericana.

2.1.5. Los estudios de recepción. Un modo de dar cuenta del proceso comunicacional en su conjunto

Retomamos los planteos de Guillermo Orozco Gómez -actual profesor e investigador de la Comunicación Social en Guadalajara, México- y de Florencia Saintout -docente de la Universidad de La Plata- sobre estudios de recepción (ER) ya que, en un esfuerzo multidisciplinario, buscan comprender las múltiples interacciones y resultados que se dan entre segmentos de audiencia siempre situados y los referentes comunicacionales (medios, formatos y contenidos significantes).

Los ER llevan 20 años de investigación empírica y podemos decir que "... siguen siendo una opción para entender no sólo a los sujetos sociales contemporáneos en las interacciones varias que entablan con los medios y tecnologías de información, sino también muchos procesos socioculturales, políticos y económicos mayores de los cuales participan" (Orozco, 2006:7).

Estos estudios centran la acción comunicacional en la recepción como un proceso situado, y ponen el acento en la producción de sentido o significación dando cuenta así de la existencia de una multiplicidad de referentes provenientes de otras fuentes directas o indirectas.

> ... hay referentes culturales, de género, de raza o etnia, de clase, de edades, de lugar de procedencia o residencia. Se asume también que hay otras fuentes referenciales que tienen que ver con las historias personales de los sujetos sociales, sus experiencias y apropiaciones vitales y sus destrezas y capacidades. Todos estos referentes entran a jugar un papel mayor o menor en el proceso comunicacional y sirven de mediadores en las interacciones específicas entre segmentos de audiencia y medios (Orozco, 2006: 23).

Reconocen que los sujetos de las audiencias son activos, son "seres afectados" por sus historiales socioculturales, por su historia personal, reconociéndoles su "capacidad de agencia" que supone la posibilidad para la producción y negociación de significados y de sentidos.

Los ER se distinguen de los estudios sobre los efectos, usos y gratificaciones y hasta de los Estudios Culturales, al considerar o tomar en cuenta que:

> ...la producción de sentido o la significación que resulte del intercambio entre sujetos y referentes comunicacionales no sea una reproducción (...) Un resultado es siempre asumido como una producción aún en los muchos casos en que los que se produzca resulte similar al referente, sobre todo mediático, que sirve de punto de contacto en el modelo comunicacional (Orozco, 2006:24).

Los medios son parte de la basta cantidad y multiplicidad de intercambios comunicacionales por parte de los sujetos.

2.2. Socialización y tecnologías de la información y comunicación (TICs)

Siguiendo con la perspectiva histórica y tomando palabras de Castells, podemos decir que, si la primera Revolución Industrial fue británica, la primera Revolución de la tecnología de la información fue estadounidense.

Las TICs son el fenómeno cultural más significativo de la segunda mitad del siglo XX. Han revolucionado las comunicaciones e impactado tanto en el espacio social e institucional como en la vida privada de las personas. Con el advenimiento de tecnologías de la información y la comunicación, nos encontramos en los umbrales de profundas mutaciones en los procesos de subjetividad, en el mundo del trabajo, en las instituciones básicas instituidas en la modernidad. Al tiempo se establecen nuevas claves culturales en relación con las imágenes y, paralelamente, se transforman las estructuras del conocimiento y de la apropiación simbólica del mundo que se forjaron en los últimos cuatro siglos, produciendo cambios en las visibilidades y en las representaciones sociales de los objetos y los bienes culturales.

La mirada psicosocial, en el actual contexto de creciente inserción de las nuevas tecnologías de información y de la comunicación en todas las esferas de la sociedad, nos conduce a observar las formas en que éstas se inscriben en la cultura y en la educación, atravesando los espacios institucionales y la vida cotidiana de los sujetos, generando nuevas narrativas de la comunicación; reconfigurando pautas culturales a nivel de la discursividad y de los procesos de interacción social.

Las nuevas aplicaciones y prestaciones informáticas propuestas por las TICs están dando cuenta de una reconfiguración tanto en la apropiación como en el acceso a la información, y en la utilización por parte de determinados grupos, sectores y actores sociales.

En la sociedad actual la naturalización de los objetos tecnológicos por parte de los niños y jóvenes encuentra más su origen en una sostenida oferta de consumo lúdico y social que en políticas educativas y laborales que den sentido a la incorporación de esas tecnologías.

La mayoría de los niños de las grandes urbes y de ciudades importantes se inician en el uso de de las TICs alrededor de los 10 u 11 años, principalmente como prácticas lúdicas y de socialización entre pares.

Los jóvenes acceden y recrean las reglas de juego de la intersubjetividad a través ya no sólo de la familia y la escuela sino fundamentalmente a través de los medios de comunicación y las TICs, comprometiendo no sólo los nuevos saberes sino también nuevos modos de conocimiento.

Las nuevas generaciones son consumidores intensivos de tecnologías de comunicación. A la televisión debemos sumar los videos musicales, el cine, la radio, los *videogames* y -en los sectores sociales más altos- las tecnologías ligadas a la computación, como el *email,* internet, *chat,* juegos en red, etc. En los últimos tiempos, los cibercafés o los locutorios ubicados en los distintos barrios de las grandes ciudades de la Argentina están provocando un consumo más transversal de las tecnologías que se complementa con el fenómeno de los encuentros sociales entre los jóvenes en estos nuevos espacios públicos.

Es en el campo de la educación donde emerge la necesidad de mejorar las posibilidades de acceso al uso de las herramientas informáticas e intentar salvar las brechas simbólico-culturales que impactan en las desigualdades tanto en el acceso como en los modos de apropiación por parte de los sujetos.

En la última decada, las políticas educativas nacionales han incorporado las TICs con un rol fundamental en los procesos educativos. La Ley de Educación Nacional N° 26.206 da cuenta de las formas de concebir a las TICs desde el Estado. En el art. 88 del capítulo II de Disposiciones Específicas, afirma: "El acceso y dominio de las tecnologías de la información y la comunicación formarán parte de los contenidos curriculares indispensables para la inclusión en la sociedad del conocimiento". Y en el art. 100 sobre Educación, Nuevas Tecnologías y Medios de comunicación, dice: "El Poder Ejecutivo Nacional, a través del ministerio de Educación, Ciencia y Tecnología, fijará la política y desarrollará opciones educativas basadas en el uso de las tecnologías de la información y de la comunicación y de los medios masivos de comunicación social, que colaboren con el cumplimiento de los fines y objetivos de la presente ley".

Analizar y dar cuenta de las implicancias de estas normativas y de las formas en que se materializan en proyectos institucionales y en prácticas docentes particulares se vuelve imperioso para comprender los modos en que las TICs son pensadas y aplicadas en los distintos niveles educativos.

Recuperando las reflexiones de Martín Barbero, podemos afirmar que la educación enfrenta un doble desafío: por un lado, acentuar el proceso de distribución cultural a través de las destrezas básicas de lectura y escritura y, al mismo tiempo, imaginar una nueva pedagogía que se haga cargo de la innovación tecnológica.

Existen diferentes concepciones sobre el papel de las TICs en los distintos contextos y grupos sociales, no obstante podemos decir que la extensión del concepto de "sociedad de la información global" (SIG) sólo resulta válido para aquellos grupos o sectores que han alcanzado el nivel de conectividad y adaptabilidad que propone la SIG. Este es un concepto propio del modelo tecnológico comunicacional propuesto y sostenido por la globalización económica por lo cual es necesario mantener un enfoque crítico, en particular en su utilización en el ámbito institucional educativo.

Al establecerse implícita y explícitamente una jerarquía social entre la cultura alfabetizada y la expresión audiovisual, el precio pagado por la fundación de la práctica humana en el discurso escrito fue relegar el mundo de sonidos e imágenes a los bastidores de las artes, para ocuparse del dominio privado de las emociones y del mundo público de la liturgia.

Por supuesto, la cultura audiovisual se tomó una revancha histórica en el siglo XX, primero con el cine y la radio, luego con la televisión, superando la influencia de la comunicación escrita en las almas y los corazones de la mayoría de la gente.

"En un mundo de flujos globales de salud, poder e imágenes, la búsqueda de la identidad colectiva o individual, asignada o construida, se vuelve la fuente fundamental del sentido social" (Castells, 2000:80). Y debido a la prevalencia actual de la tecnología de la información, el mundo está siendo quebrado entre una tecno-elite, globalmente conectada, y las identidades comunitarias, atrincheradas en lo local. Castells destaca la importancia del moderno proceso de localización, a la par de la globalización o mundialización.

A partir de esas definiciones Castells visualiza un siglo XXI, en el cual las identidades serán absorbidas en la red, o excluidas de ella como se ha hecho con algunas tribus indígenas en reservaciones. Esas serán, dice, "las batallas culturales del siglo 21".

Las tecnologías de la información y la comunicación (TICs) tienen, desde el soporte y las prestaciones tecnológicas por un lado y, desde el usuario, por otro, la libertad de apropiarse de diversas aplicaciones. Esto se une a la promoción y construcción de nuevas formas de sociabilidad y apropiación de conocimientos, e inscripción, en las subjetividades, de nuevas prácticas simbólicas culturales.

El mayor desafío consiste hoy en comprender el impacto social y el potencial educativo que adquieren las TICs y desarrollar los proyectos necesarios para promoverlos y, a la vez, apropiarse de éstas críticamente ya que, como sostiene Brunner, "las TICs son procesos para ser desarrollados y no herramientas para ser aplicadas" (2000: 19)

Bibliografía

AA.VV (1990) *Videoculturas de fin de siglo.* Ed. Cátedra, Madrid.

AA.VV (1997): *Conceptos clave en comunicación y Estudios Culturales.* Ed. Amorrortu, Buenos Aires.

Berger, Peter y Luckman, Thomas (1993) *La construcción social de la realidad.* Ed. Amorrortu,

Bueno Aires.

Bonilla Vélez, Jorge (1995) *Violencia, medios y comunicación.* Ed. Trillas, México.

Castells; Manuel (2000) *La era de la información. La sociedad red Vol. I.* Ed. Siglo XXI, Buenos Aires.

Brunner, José Joaquín (2000) *Educación y escenarios de futuro. Nuevas tecnologías y sociedad de la información.* Revista N° 16 del PREAL.

Bryant, Jennines y Zillman Dolf (1996) *Los efectos de los medios de comunicación.*

Ed. Paidós, España.

Fuenzalida, Valerio (1999) *Televisión abierta y audiencia en América Latina.* Enciclopedia latinoamericana de sociocultura y comunicación. Ed. Norma. Buenos Aires.

Hartley, John (2000) *Los usos de la televisión.* Ed. Paidós, España.

Gónzalez Rey, Fernando (2002) *Sujeto y Subjetividad. Una aproximación histórico cultural.* Ed. Thomson, México

Martín Barbero, Jesús (1987) *Procesos de comunicación y matrices de cultura. Itinerario para salir de la razón dualista.* Ed. FELAFACS G.Gilli, México.

------------------------------(1991) *De los medios a las mediaciones.* Ed. FELAFACS G. Gilli, México.

Martín Barbero, Jesús y López de la Roche (1998) *Cultura, medios y sociedad.* Ed. Ces/Universidad Nacional, Colombia.

Martín Barbero, Jesús y Rey, Germán (1999) *Los ejercicios del ver. Hegemonía audiovisual y ficción televisiva.* Ed. Gedisa, Barcelona.

Moscovici, Serge (1986) *Psicología Social.* Tomos I y II. Ed. Paidós. Barcelona.

Pasquali, Antonio (1990) *Comprender la comunicación.* Ed. Monte Ávila, Caracas.

Petit, Cristina *et alt.* (2001) *Televisión, la caja que socializa. Los medios de comunicación en la construcción de la cotidianeidad.* Ed. Brujas, Córdoba.

Silverstone, Roger (1996) *Televisión y vida cotidiana.* Ed. Amorrotu, Buenos Aires.

Verón, Eliseo (1998) *La semiosis social.* Ed. Gedisa, Barcelona.

Wolf, Mauro (1987) La investigación de la comunicación de masas. Críticas y perspectivas. Ed. Paidós, Buenos Aires.

1.2. La agenda de los medios de comunicación y la construcción de ciudadanía

Ana Luisa Cilimbini

A finales de la década del sesenta, Mc Combs y Shaw propusieron la hipótesis de la "agenda setting" para explicar comportamientos electorales en Estados Unidos (campaña presidencial de 1968). La idea que la sustenta es que -durante las campañas políticas- existe una alta correlación entre la cantidad de espacio que un medio de comunicación le asigna a un tema y el modo en que la gente expuesta a ese medio percibe la importancia del problema/tema en cuestión.

Esta hipótesis sirvió para reflexionar de un modo más general sobre cómo los medios de comunicación modelan el sistema clasificatorio de sus audiencias creando un vínculo estrecho entre la forma en que los medios tratan ciertos temas y la importancia que la gente les asigna. Así, las temáticas significativas para los medios de comunicación también lo serán para los ciudadanos. Precisamos que la teoría no está afirmando que los medios "manipulen" sobre qué pensar, más bien lo que ponen al descubierto este conjunto de investigaciones es la capacidad que tienen para fijar qué temas son "importantes" y "prioritarios" y que por lo tanto, se debe tener alguna opinión al respecto. En términos de Shaw "la gente tiende a incluir o excluir de sus propios conocimientos lo que los media incluyen o excluyen de su propio contenido" (Wolf, 2004:163).

Los resultados de estas investigaciones desbordaron el marco originario de los especialistas en investigación para extenderse sobre sectores no expertos de la población. En la actualidad cuando se habla de "fijar agenda" o que los temas "entran y salen de la agenda" es para referirse a cómo se selecciona la información que posteriormente se convertirá en noticia. Los medios de comunicación construyen agendas a partir de las tareas que realizan cotidianamente. La jerarquización de las noticias es una de ellas y forma parte de la rutina de los medios, de esta forma se decide qué informaciones son relevantes y deben ser colocadas en un "primer plano", a cuáles se les da más espacio, cómo se las destaca y con qué recursos. En la definición de agenda intervienen numerosos factores, entre ellos destacamos el aspecto ideológico/político del medio, posición que no es inamovible.

Hugo Muleiro (2006) explica que en la construcción de agenda periodística tiene gran influencia -específicamente en América Latina y el Caribe- la agencia de noticias *Associated Press* (AP), creada en 1848, en los Estados Unidos. Esta agencia, con gran agilidad, reparte cables informativos en todo el mundo. La información está clasificada en dos tipos: "noticias imprescindibles" (que sí o sí deben publicarse) y aquellas "prescindibles" (que pueden omitirse o publicarse en otro momento). Esto produce que la "construcción de la actualidad" (Verón, 1987) sea homogénea para todos los medios de comunicación que trabajan con la misma fuente o agencia de noticias.

Los alumnos de Psicología de las masas y medios de comunicación del ciclo lectivo 2006[1] realizaron un trabajo de campo con entrevistas a personas adultas. En la información relevada, los entrevistados tenían la percepción que los medios -a los que se exponían- hablaban sobre todos los temas "de la realidad". Al mismo tiempo, eran mayoritariamente coincidentes las respuestas en que prevalecían las noticias vinculadas a lo político-económico.

> Generalmente hablan un poco de todo. Los noticieros ya se han hecho un poco más familiar, pienso que en una época eran más crudos, en cambio ahora hablan del nono que cumple cien años, del chiquito que se repone de una enfermedad dura (...) (Sergio, taxista, 45 años). Octubre, 2006.

> Yo creo que se habla mucho -pese a que hay gente que dice que hay algún tipo de censura- se están tocando temas escabrosos, se están tocando temas sociales, es como si se estuviera haciendo bastante uso de la democracia (...) (Noelia, nutricionista, 50 años). Octubre, 2006.

No todos los entrevistados concuerdan con lo expuesto precedentemente respecto a las temáticas tratadas por los medios. Hallamos posturas en disidencia y una de las personas consultadas manifestó:

> Sobre lo que vende, lo que se instala en ese momento, por ejemplo el tema de los robos, o con los secuestros cuando estaban de moda se la pasaban hablando (...) fueron cosas que pasaron en el pasado, en ese tiempo tuvieron trascendencia, y ahora también pasan, solamente que no las muestran porque ya pasó de moda y ahora no vende. (Mario, Ingeniero Aeronáutico, 30 años). Octubre, 2006.

[1] Agradecemos a los siguientes alumnos promocionales: Lucía Ahumada Cáceres, Verónica Ariet, Marcela Arstein, César A. Bernhardt, Natalia Bonfigli, María Cangi, María Luz Estevan, Laura Fernández, Natalia Giacomelli, María Belén Gile, Federico Havenstein, Ludmila Hernández, María Belén Luengo, Federico Mayer, Sebastián Neira, Antonio Risso Patrón, Mariángeles Torres, Santiago Torres, Laura Vulcano Grassi, María Yurquina Flores, María Noé Zamblera.

Examinemos más de cerca esto: ¿los medios de comunicación hablan sobre todos los asuntos de "la realidad"?, ¿muestran todas las aristas de un tema o problema? Hay cierto consenso de que existen temas que permanecen al margen de la agenda o que no son incluidos en ésta, como por ejemplo: los niños, los adolescentes y las mujeres (Muleiro, 2006). En muchos casos, no es que se silencie absolutamente el tema sino que el tipo de tratamiento que recibe la información hace que sólo algún aspecto -generalmente el más conveniente para el medio y el gobierno de turno- adquiera visibilidad pública.

Muleiro destaca que los espacios dedicados a la niñez y la adolescencia "padecen" de lo que *Save the Children* denomina "adultocentrismo", es decir que la perspectiva desde la cual está construida la noticia expresa valores e intereses del mundo adulto. Podemos ilustrar con un ejemplo que expone el propio Muleiro:

> Una entidad que realizaba en Argentina campañas públicas en pos de la convivencia ciudadana solía publicar en ese país un mensaje que -referido a la crisis económica y social que comenzó a gestarse a mediados de los noventa y estalló en el 2001- llamaba la atención sobre que un niño con hambre 'hoy' preanuncia un adulto en problemas en el futuro, cuando -si pensáramos en niñas y niños como personas plenas- debiéramos decir: **Un niño con hambre hoy es una persona en problemas hoy**[2] (2006:76-77).

El ejemplo revela el argumento sobre el cual se asienta el mensaje: cuidar a los niños es un deber que se impone, no porque sean sujetos de derecho, sino porque en un futuro serán adultos.

La compleja y delicada situación que se plantea en torno a los medios de comunicación nos lleva a formular las siguientes preguntas: ¿cómo se puede discutir y confrontar la agenda generada por los medios de comunicación?, ¿la conformación de agenda entra en tensión y conflicto con la concepción de la información como derecho?, ¿cuál es la relación que podemos establecer entre la información como bien social y la construcción de ciudadanía?

En un intento por responder al primer interrogante planteado, hacemos referencia a una aguda observación de Nicolás Casullo[3]. Este intelectual, en un seminario dictado en la Universidad Nacional de Rosario, afirmó que "solamente una persona puede rebatir y neutralizar la

---

[2] La negrita es nuestra.

[3] Se desempeñó como Profesor Titular e Investigador en la Universidad de Buenos Aires y en la Universidad de Quilmes. Entre los libros que dejó podemos mencionar: *Comunicación, la democracia difícil* de 1985; *El debate modernidad- posmodernidad*, publicado en 1989; *Viena del 900, La remoción de lo moderno*, editado en 1990; e *Itinerarios de la modernidad*, de 1994. Su muerte ocurrió en octubre de 2008.

situación, el presidente es la única figura capaz de discutirles la agenda a los medios" (2006). Para entender por qué sólo ese actor puede discutir con los medios, hay que tener presente dos cuestiones: 1) el poder que rodea a la investidura presidencial (que diluye en parte el poder de los medios de comunicación planteando una relación "más simétrica"), 2) las características particulares de quien ocupa la presidencia en el momento en que Casullo da la conferencia. Así explica que Néstor Kirchner tiene un pensamiento "anacrónico". Lo fundamental de un pensamiento anacrónico es que hay "un desfase con la tiranía del presente, de lo que el presente tiene de inexorable, de lugar común, en ese sentido anacronizarse no es una negatividad sino que es irse de una dominancia ideológica y cultural" (Casullo, 2006). Para este intelectual, Kirchner -a su manera- recupera la política y parte de ese rescate consiste en que "no participa de la lógica mediática, planteando una confrontación a diario con los medios". Al no entrar en la lógica de los medios -recordemos que Kirchner no aceptó dar entrevistas, no "dialogó" con los medios[4]- pone a circular un mensaje que puede ser leído por los ciudadanos en términos de "no escuche a los medios, no le haga caso a los medios, donde se rompe el juego del *establismenth* de derecha, que se siente lesionado o disminuido en sus intereses" (Casullo, 2006).

El acceso a la información es un punto de partida básico para el funcionamiento de las sociedades democráticas y para el ejercicio de otros derechos. Si la información que adquieren los ciudadanos de los medios es falsa o parcial esto influye en la intervención que éstos tendrán en el debate público (Ramonet, 2008). "El derecho social a saber -y su consecuencia, que así enunciamos, la información como derecho social y no privado ni de un grupo- plantea entonces una serie de condiciones para los medios de comunicación y sus integrantes" (Muleiro, 2006: 23) .

La construcción de agendas por parte de los medios lesiona el funcionamiento de las sociedades democráticas. Asumir la información como bien social implica que "quienes la tramitan, aun siendo empresas privadas con fines comerciales, tienen responsabilidad ante el conjunto social que, en teoría, no deben eludir" (Muleiro, 2006:24). Así la tan mentada "libertad de expresión" manifiesta el derecho de quienes tienen la palabra (medios, periodistas, políticos) pero no de los ciudadanos comunes que necesitan la información para tomar decisiones y sentirse parte de un colectivo. Lo destacamos una vez más: el derecho a la información es básico para ejercer otros derechos (Muleiro, 2006; Ramonet, 2008).

---

[4] Esto es válido tanto para el tiempo en que ocupó la presidencia (2003-2007) como para cuando terminó el mandato. Y en parte es lo que intentó Cristina Fernández de Kirchner en los primeros meses de gobierno.

Estudio de caso: análisis de las portadas del diario *Crítica de la Argentina*

Nos proponemos reseñar, brevemente, lo que ocurrió en Argentina a raíz del conflicto que se desató entre el gobierno nacional y el sector agro-exportador. La crisis se "inició" en los primeros días de marzo a raíz del anuncio del aumento en las retenciones[5] que realizó el ex-ministro de economía Martín Lousteau, y ocupó de modo central la agenda de los diarios argentinos durante los meses de marzo, abril y siguió hasta unas semanas después de la derogación de la Resolución 125, en julio de 2008. También fue cubierto por la prensa internacional como *El País* (España), *La Jornada* (México), entre otros.

A continuación analizamos portadas de *Crítica de la Argentina*[6] -en su versión impresa- para conocer qué temas fueron centrales desde el 09/03/08 al 10/04/08. Seleccionamos treinta y tres portadas de las cuales exhibimos las más significativas. Este recorte -arbitrario por cierto- obedece a la necesidad de mostrar los sentidos construidos en un momento del conflicto y ponerlos en relación a la conformación de agenda.

Dado que la permanencia del conflicto en la agenda de *Crítica* fue/es de larga duración (2008-2009), destacamos que estudiamos un período del conflicto. Utilizamos una metodología proveniente del análisis discursivo que complementamos con el examen de las figuras retóricas más utilizadas en las portadas[7]. Asumir la metodología propuesta implica considerar los textos como un producto de las exigencias de un sistema de producción institucionalizado , y que los mismos , no son atribuibles a un periodista o sujeto empírico de "carne y hueso".

La portada de un diario es un aspecto clave porque "opera como 'programa' que determina el recorrido de lectura del resto de la publicación y como primera aproximación a las diferencias ideológicas que se registran entre los distintos medios" (Atorresi, 1996:143). Los elementos textuales y paratextuales que conforman un diario responden a criterios de estilos y diagramación, entre los que se destacan: formato del diario, distribución de la información, tipografía, cromatismo, uso de fotografías.

El periódico *Crítica de la Argentina* configura la portada de modo tal que hay un tema central (generalmente acompañado por alguna foto que ha sido sometida a fotomontaje) y otros temas ubicados alrededor (que también pueden estar ilustrados). La configuración de la

---

[5] Es importante destacar que existía una discrepancia y pugna previa por las exportaciones de carnes (administración de la cuota Hilton).

[6] Periódico de tirada nacional que dirigió en sus inicios el periodista Jorge Lanata.

[7] Elegimos trabajar con herramientas del análisis discursivo como: subjetivemas, modalidades de la enunciación y del enunciado, tiempos verbales, apelativos, que cruzamos con la propuesta de Victorino Zecchetto.

portada tiene algunas variantes, observamos ediciones donde los temas de menor jerarquía están colocados en la parte inferior.

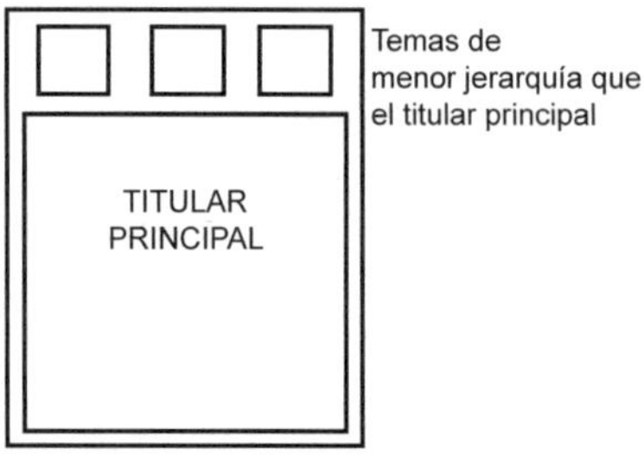

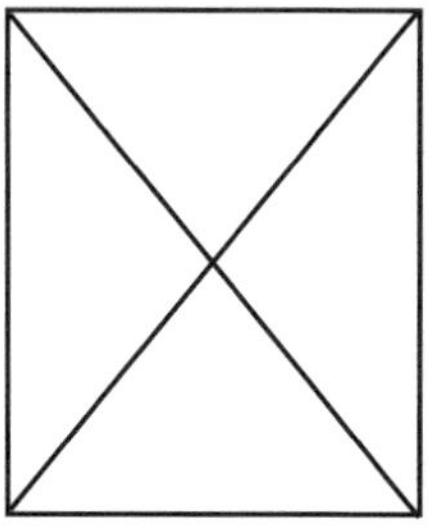

Esta forma de diagramación se apoya en el "rectángulo de Langdon y Jorn" que implica que en la intersección de dos diagonales se formará un punto central para el ojo (Atorresi, 1996). En esa zona, *Crítica* coloca el titular principal y la ilustración correspondiente a la noticia principal.

La ubicación de una noticia dentro de un diario no sólo responde a exigencias técnicas sino que también -como recuerda Verón- pueden derivar de normas sociales e ideológicas. "(...) los factores en juego en el funcionamiento de las comunicaciones masivas van más allá de la voluntad de los individuos que participan en su producción" (1987: XI).

El conflicto entre el gobierno y los empresarios del campo por el aumento de las retenciones entró en la agenda de *Crítica* el 12/03/08 bajo el titular: "La guerra gaucha". El nombre es "recuperado" de una novela de Leopoldo Lugones, publicada en 1905. Lucas Demare, en 1942, lleva la novela a la pantalla grande convirtiéndose en un clásico del cine nacional (el film también se llama *La guerra gaucha*). La película se propone como un homenaje a los gauchos anónimos que combatieron contra el ejército realista bajo las órdenes de Güemes y otros capitanes, durante el período 1814-1818. En la apertura del film se explica:

> Esa lucha de escasas batallas y numerosas guerrillas se caracterizó por la permanente heroicidad de los adversarios. La espesura de los montes cobijó centenares de partidas. La guerra de recursos se abrió como un abanico mortal sobre los campos. Viejas tercerolas, sables mellados, hondas, garrotes, lanzas, lazos y boleadoras fueron las armas del gauchaje. Ni el hambre ni la miseria detuvieron a esas huestes primitivas.
> A ellos, a los que murieron lejos de las páginas de la historia, queremos evocar en estas imágenes.

Este titular es acompañado por la ilustración de un gaucho a caballo tomada de la obra del pintor Molina Campos[8].

IMAGEN Nº 1

La guerra que libra Güemes y los gauchos norteños se da en una situación de desolación en la provincia de Salta ya que se había

---

[8] Entre los datos biográficos que podemos destacar de este artista plástico, se hallan: en 1926 realiza su primera exposición en la Sociedad Rural de Palermo, a la cual concurre el presidente Alvear. En 1931 firmó un contrato con la Fábrica Argentina de Alpargatas para que su obra se difundiera en los almanaques de esta firma, lo que provocó que sus dibujos entraran en el ámbito de la cultura masiva y no permanecieran alejados de las "clases populares".

interrumpido el comercio y los campos se encontraban arrasados por la guerra. Los "gauchos 2008" y demás actores implicados[9], al momento de estallar el conflicto, no padecían las privaciones materiales de aquellos que defendieron la frontera con el Alto Perú. No es una pelea por "la libertad de la patria" sino un conflicto por la distribución de recursos económicos donde se ven lesionados intereses monetarios de "grupos" (llámense: chacareros, empresarios del campo, exportadores, entidades rurales, gobierno nacional, políticos, medios de comunicación, inmobiliarias, agencias de autos). Es una pelea por la "tenencia" del dinero en la cual intervienen mucho más que dos partes. Lo que llama la atención es que *Crítica* -y casi todos los medios en Argentina- lo han construido como un conflicto entre dos partes: gente de campo *versus* gobierno nacional (en algunas ocasiones se involucra a los gobiernos provinciales). Sintetizando lo expuesto, podemos afirmar que se identifica a los dueños de campos y trabajadores rurales (2008) con los gauchos que frenaron el avance español y se apela a la tradición para equiparar dos situaciones completamente distintas.

Constituye un detalle muy significativo el tratamiento que *Crítica* le da a la información que, desde el primer momento, construyó el conflicto como una "guerra gaucha". El lexema guerra anticipa que la situación no será resuelta por la vía del diálogo o en forma pacífica. Las palabras "conflicto" y "guerra" implican grados distintos de tensión y la elección de la designación no es indiferente.

Un elemento que nos interesa destacar es que la imagen de la portada del día 12/03 (gaucho a caballo) se convirtió en una especie de logotipo que funcionó como marca propia para identificar las noticias vinculadas al conflicto (ver edición del diario del día 27 de marzo páginas: 2-4-6-8-10-12). Luego es reemplazada por la cabeza de una vaca que aparece en las portadas: 29/03/08; 01/04/08; 03/04/08.

Desde el día 12/03 hasta el día 17/03, el conflicto entre el gobierno nacional y el campo desaparece de la portada como titular principal. El día 15/03 el titular central está referido a la muerte de un sindicalista. Y en un recuadro -ubicado en la parte inferior y en el centro de la página- se asevera: "Sigue la guerra gaucha. El paro del campo empalma con semana santa".

El día 18/03 el titular principal está dedicado al conflicto y dice: "Campo travieso". Este título está en relación intertextual con la locución *"A campo traviesa"* que se utiliza con el significado de: 1. "por medio del campo" (*Diccionario Anaya*) 2. "dejando el camino y cruzando el campo" (*Diccionario Larousse*). Así, por ejemplo, "fuimos hasta el lugar *a* campo traviesa", quiere decir que llegamos atravesando el campo.

---

[9] Nos referimos a los dueños de los campos, a los directivos de las entidades rurales y al propio gobierno nacional.

Se produce intertextualidad cuando existe "una relación de un texto con otro anterior del cual deriva por transformación o por imitación" (Balmayor, 1999:160). En este caso, se conserva parte de la homofonía, pero se transforma el significado de la frase.

IMAGEN Nº 2

Una de las formas de analizar cómo emerge la subjetividad en el lenguaje es a través de las valoraciones llamados subjetivemas. Éstos, generalmente, asumen la forma de adjetivos calificativos (también ciertos sustantivos pueden suministrar connotaciones peyorativas o elogiosas como "pueblucho", "mujercita"). La tarea de nominar y calificar no es sólo un acto designativo sino que construye el hecho o el objeto en cuestión (Balmayor, 1999). Así la palabra travieso/a se utiliza para nombrar al niño inquieto y revoltoso, pero también, a la persona astuta y sagaz. ¿Elegiríamos este término para calificar las acciones de aquellos que esconden datos y que teniendo más pagan menos? o ¿debemos pensar que el mensaje es una ironía? La ironía es un recurso que permite hacer "dos afirmaciones a la vez, una de ellas literal y la otra, la que se entiende como verdadera, sobreentendida" (Atorresi, 1996:216). En el caso de ser una ironía, ¿no le quita fuerza a la clasificación que dice: "Informe especial"? El informe especial se elabora sobre la base de una investigación donde se hacen visibles a la opinión pública datos ocultos y, en algunas ocasiones, adquiere la forma de una denuncia. Si se trata de una "travesura", entendemos que no es lo suficientemente significativa para adquirir el estatus de denuncia.

Desde el 24/03 al 03/04, el conflicto entre el sector agro-exportador y el gobierno nacional fue el eje central de las portadas. El diario *Crítica* (al igual que *Página 12*) utiliza fotos sometidas a fotomontaje o abiertamente trucadas. Estas tienen la capacidad de sintetizar una idea o una interpretación, y cuando por medio de estas fotos se expresa la opinión de los dueños del medio de comunicación, se habla de foto-editorial. La fotografía -usada en las noticias- tiene un enorme poder epistémico: se trata de una forma de ver "el mundo" que al mismo tiempo propone un modelo interpretativo de la realidad.

En once días (24/03 al 03/04) la imagen de la presidenta aparece siete veces, en primer plano, en la portada del diario *Critica.*

- Titular principal: "Campo en llamas" (24/03). Imagen de un campo con girasoles y trigo quemándose que abarca toda la tapa. Describe una atmósfera de caos y se complementa con el texto verbal de la volanta (lo que antecede al titular principal): "Quinientos cortes, camioneros en las rutas y productores armados. Amenazas de Moreno a empresarios y caos en el regreso de Semana Santa".

Se crea un clima de tensión y nerviosismo (cortes, productores armados, amenazas de funcionarios del gobierno nacional, caos vehicular) coherente con una situación de violencia, que fue designada con anterioridad como "guerra gaucha".

- Titular principal: "Los sonidos del silencio" (2/03). Volanta: "Exclusivo: Si el campo no retrocede, el Gobierno aplicará Ley de Abastecimiento y militarizará el conflicto".

Se presenta una antítesis entre dos sustantivos sonido/silencio. El sonido está asociado a la gente de campo, a los cortes de rutas, a la gendarmería, a las góndolas vacías y a los sindicatos. Mientras que el silencio está identificado con la presidenta Cristina Kirchner.

Una secuencia de imágenes conforma el relato de la actualidad mostrando lo que "ocurrió" en distintos puntos del país. Hay un predominio de lo icónico (imágenes) en la portada que puede ser leído como un pantallazo "nacional". Si bien sólo algunas provincias vinculadas al agro están incorporadas en la portada (Córdoba, Buenos Aires y el túnel subfluvial Hernandarias), las fotografías tienen la pretensión de representar a todo el país (sinécdoque).

La última imagen consiste en un retrato de la Presidenta y el epígrafe afirma: "Cristina Kirchner en el silencio de la Quinta Presidencial de Olivos". En la cultura occidental, el ojo lee una página de izquierda a derecha y de arriba a abajo, precisamente, la publicidad colocada en la parte inferior derecha es más onerosa .Esto obedece a que es el punto donde termina la mirada del ojo y tiene mayor posibilidad de ser conservada en la memoria. De las ocho imágenes propuestas en la tapa, el acento recae en esta última. Esto puede ser "leído" como una presión desde lo discursivo para que se produzca un mensaje presidencial. (Nos hemos referido a este punto en páginas anteriores cuando expusimos las ideas de Casullo).

La volanta contiene una advertencia que interpela directamente al lector para hacer saber que en un futuro inmediato la situación va a estar peor. Los tiempos verbales permiten distinguir lo que es comentario de narración. Así las formas como el presente, el pretérito perfecto y el futuro están asociadas al comentario (Atorresi, 1996; Balmayor, 1999). En la volanta "Aplicará ley de abastecimientos (...) militarizará el conflicto", están en futuro los verbos, marcando una filiación con el orden del comentario.

Recurrentemente encontramos, en las ediciones de *Crítica*, comentarios por información.

- Titular principal: "Leña al Fuego" (26/03). Volanta: "El discurso de Cristina empeoró la situación con el campo. Convocaron a un paro por tiempo indeterminado".

Hay una evaluación del discurso presidencial como único responsable de agravar la situación. Como dijimos anteriormente, desde el 24/03 al 03/04, la imagen de la Presidenta está en siete portadas: en cuatro, sola, en primer plano; dos, en primer plano con el ex- presidente Néstor Kirchner; y una, junto a parte de los ministros nacionales y los dirigentes de las entidades rurales.

Del tratamiento de la imagen presidencial, inferimos su aislamiento de la escena política, reforzando la idea de que es la principal responsable del conflicto. Desaparecen de la portada los otros actores involucrados en la escena mediática (en la portada del día 01/04, se vuelve a presentar a un sector del gabinete presidencial y a los dirigentes de las entidades agrarias).

- Titular principal: "Segundo Round" (27/03). Bajada: "Kirchner pasó todo el día disciplinando a gobernadores, intendentes y sindicalistas para que vayan hoy a Parque Norte a presentar batalla contra el campo. En el acto, Cristina vuelve a subirse al ring" (foto de la Presidenta y el ex-presidente Néstor Kirchner).

Volanta: "Violencia en Plaza de Mayo. La patota atacó de nuevo" (foto de una joven con camiseta de Argentina y de un muchacho con la cara llena de sangre).

Nuevamente se recurre a las oposiciones binarias: "pareja presidencial" /ciudadanos; "patota"/ ciudadanos (antítesis). Se oponen estos dos objetos donde los significados asociados a la pareja presidencial son: combativos, batalladores, peleadores, boxeadores, disciplinadores del aparato peronista. Del lado de los ciudadanos, el conjunto semántico debe ser inferido de la imagen fotográfica: víctimas de la violencia de las patotas. Se divide la portada en dos áreas simétricas donde se otorga el mismo espacio a las imágenes de la "pareja presidencial" y de los ciudadanos que concurrieron a Plaza de Mayo para oponerse a las medidas del gobierno nacional.

De una entidad amplia como es "gobierno nacional" (25/03) se pasó a una forma más restringida como "pareja presidencial" (27/03-02/04). En el otro objeto operó un proceso inverso: se parte de una nominación como "campo" -identificada a tres entidades rurales: Federación Agraria, Carbap y Sociedad Rural- para progresivamente hacer una construcción inclusiva que abarca a los argentinos[10]. En las imágenes de las portadas -nivel icónico-, los símbolos patrios (remeras argentinas, banderas) son colocados del lado del campo. Hay una relación de sinonimia entre campo, pueblo y Argentina.

- Titular principal: "Humildemente" (28/03). Volanta: "Con humildad la Presidenta afirmó que las puertas están abiertas" y pidió que el campo "levante el paro para dialogar" (fotografía del rostro de la Presidenta en primer plano en contrapicado). Este ángulo de toma está situado por debajo del objeto a fotografiar o a filmar, por lo cual lo capturado por la cámara se vea "realzado" o "majestuoso".

Se genera una tensión entre el "Humildemente" y la fotografía de la Presidenta en contrapicado que le otorga un sentido altanero, arrogante. Esto se ve reforzado por la frase de la volanta "Con humildad". El enunciador es el periódico y asume una posición de ironía con

[10] En las treinta y tres portadas analizadas no figura el nombre de Coninagro. A veces se hace referencia a esta entidad gremial de forma genérica como "las cuatro entidades del campo". La cooperativa Sancor pertenece a este sector.

lo que está enunciado[11].

- Titular principal: "La vaca desatada" (29/03). Volanta: "El campo levantó el paro. Según el gobierno el acuerdo era inminente, pero la primer reunión sólo logró una segunda reunión que se hará el lunes".

En círculo rojo: "El campo discute hoy la vuelta de los piquetes" Fotografía: primerísimo primer plano de una vaca. La imagen de la vaca está presente en otras portadas: 30/03, 01/04, 03/04.

El diario recurre al saber cotidiano para movilizar las competencias culturales e ideológicas de los lectores. Esto se manifiesta en el uso de titulares que remiten a películas ("La guerra gaucha", "Los sonidos del silencio") o a dichos populares ("Leña al fuego", "La vaca desatada", "Diálogo de sordos", "Volveremos, volveremos"). Los enunciados con formas estereotipadas y universales son más fácilmente comprensibles, pero al mismo tiempo, advertimos que la recepción es una actividad situada en un contexto histórico, social y cultural donde la recuperación de un titular o un texto puede ser objeto de distintas lecturas.

- Titular principal: "El amor o la guerra" (31/03). Volanta:"Escalada de tensión en el conflicto con el campo. El gobierno canceló la reunión con las entidades. Hoy hará su 'última oferta'. Si no es aceptada, 'promete restablecer el orden'".

En recuadro se hace una breve descripción de la situación.

Fotografía: rostro de la Presidenta riendo *versus* rostro de la presidenta enojada.

Tanto el titular principal como la fotografía están construidos a partir de una antítesis. La fotografía tiene la función de editorial y abre un campo semántico que recae exclusivamente sobre ciertos atributos de la figura presidencial. Las oposiciones binarias (amor/guerra) funcionan reduciendo la complejidad de la situación y anulando todo elemento de análisis que no encaje en este esquema. Los "modelos bipolares" brindan un marco interpretativo restringido para la comprensión de una realidad compleja y son frecuentemente usados por los medios de comunicación (Zecchetto, 1986).

- Titular principal: "Diálogo de sordos" (01/04). Volanta: "Guerra gaucha día 19. Cristina hizo su anuncio final y el campo lo rechazó. Sigue el paro".

---

[11] Discurso de Cristina Fernández de Kirchner: "Yo les pido, humildemente, como Presidenta de todos los argentinos y en nombre de todos los argentinos, que levanten el paro para entonces sí dialogar. Humildemente, levanten el paro y vamos a dialogar".

Fotografía: retrato de la Presidenta y los ministros (arriba) y los dirigentes de tres entidades rurales y la cabeza de una vaca (abajo).

El diario continúa recurriendo a la antítesis para configurar las portadas. Se descentra el conflicto de la figura presidencial y aparecen en la escena otros actores políticos (ministros, dirigentes rurales).

- Titular principal: "Ultimo acto" (02/04). Volanta: "El Kirchnerismo copó la plaza y Cristina repartió palos y ruegos. Las entidades rurales convocaron a una asamblea en Gualeguaychú para convencer a los más duros de levantar el acto".

Titular segundo: "La plaza del doble discurso" Es válido lo que consignamos para la portada del 27/03. Mencionan a la Presidenta en un tono familiar "Cristina" (estrategia presente en otras portadas) y caracterizan su accionar como dual: reparte palos y ruegos, pronuncia un discurso doble. Se apela al saber vulgar para calificar las acciones presidenciales.

- Titular principal: "Volveremos, volveremos" (03/04). Volanta: "El campo declaró una tregua de 30 días, pero no bajó la confrontación con el gobierno. La Federación Agraria amenazó con marchar a la Plaza de Mayo para oponerse al "poder unitario de la chequera de la Casa Rosada"

Se acentúa el "efecto de objetividad" al introducir la palabra del otro a través de la cita directa: "volveremos, volveremos" (referida a los simpatizantes o adherentes a la posición del sector agro-exportador). Esto crea el efecto de que se habla desde el lugar de los hechos. Los significados asociados al titular principal y a la volanta es que el conflicto no terminó, sólo entró en un tiempo de pausa.

Antes de realizar una síntesis de lo analizado, explicamos que "el principio y final" del análisis de las portadas es arbitrario porque es un recorte del investigador para mostrar los sentidos construidos en un período del conflicto; sentidos que son considerados un proceso, y por lo tanto, abiertos e inacabados. Al mismo tiempo, sostenemos que, cuando las personas entran en relación con los mensajes de los medios, despliegan un hacer en el cual "se implican y trabajan con los materiales simbólicos" (Thompson, 1998: 62). Esta actividad se materializa en estrategias (Orozco Gómez, 1996) que pueden ser de resistencia, aceptación y/o negociación en torno a los sentidos difundidos por los medios de comunicación[12]. Estas

[12] Entendemos por "estrategias de resistencia" cuando el receptor crea una oposición al sentido del mensaje que pone a circular el medio de comunicación. "Estrategias de aceptación" cuando el receptor acepta el sentido del mensaje que difunde el medio en cuestión. Y "estrategias de negociación" cuando el receptor acuerda con el sentido en la

maneras de interactuar de los sujetos con los distintos mensajes generan tanto resistencias al poder como la aceptación de sentidos dominantes. En este proceso tienen fundamental importancia la cultura y las condiciones materiales de existencia, aspectos que estarán operando en la interpretación del mensaje. Sobre la particular interpretación que hicieron los lectores de *Crítica* de las noticias referidas al conflicto entre gobierno nacional y sector agro-exportador nada podemos decir, cualquier afirmación requeriría de un estudio específico sobre audiencias.

En síntesis, en las portadas del diario analizado, observamos que:

1) Se construye desde el inicio el conflicto como guerra. El calificativo "gaucha" remite a las personas anónimas que lucharon contra el ejército realista bajo las órdenes de Güemes. A partir de esta nominación se produce la apertura de un campo semántico: Güemes, gauchos, defensa de la patria, federalismo, interior, sacrificio, que es asociado con las representaciones agrarias y sus seguidores. A esta línea de asociaciones se suma el hecho de que los símbolos patrios (remeras argentinas, banderas) sean ubicados del lado del campo.

2) Se utiliza la antítesis como principal figura retórica reduciendo la complejidad de lo analizado. Se advierte, se alerta sobre una inminente militarización del conflicto poniendo a circular significados y sentimientos que producen climas de gran tensión.

3) Se aísla la figura presidencial transformándola en única responsable del conflicto. Esto se logra mediante el poder epistémico que tiene la fotografía, capaz de condensar una serie de significados sin escribir una sola palabra a nivel verbal.

4) En numerosas ocasiones el titular principal es un comentario desprovisto de información ("Leña al fuego"; "El amor o la guerra"; "Segundo Round").

6) En la imagen que construye el enunciador del "lector", se apela a formas estereotipadas y universales como: refranes, dichos populares, nombre de libros o películas reconocidas.

Reflexiones sobre el tratamiento que recibió la imagen presidencial.

En un círculo, hemos destacado una operación de sentido que podemos denominar "camino hiperbólico de desvalorización". En este caso la información es re-enviada (pegada) hacia el "objeto" o "situación" a descalificar. Transcribo titular: "El uso del botox creció un cuarenta por ciento en un año. El efecto Cristina" (el efecto Cristina está en un cuerpo mayor y es acompañado por una "foto retrato" de la Presidenta). La "noticia" se desarrolla en la sección sociedad en las páginas 22 y 23. Y comienza diciendo:

---

medida en que permite un uso no contradictorio con su cotidianeidad.

¿Qué tienen en común Araceli González, Susana Giménez, Alejandro Dolina, Cristina Fernández de Kirchner, Florencia Peña y Adrián Suar? En que son mujeres y hombres de mentón endurecido, sin arrugas debajo de la boca y que le dieron un "refresh" a la cara con pinchazos de toxina botulínica tipo A, más conocida como botox, un tratamiento que aumentó un 40% en 2007 en la Argentina. Así lo reveló un informe difundido por el laboratorio Allergan, que concentra el 90% del mercado local. La utilización de la toxina botulímica" *Crítica,* 21/03/08)

DE REGALOS
NO ENVIAR DISCOS DE CARLA BRUNI
CRITICA DE LA ARGENTINA
DIRECTOR JORGE LANATA
POR CIENTO EN UN AÑO
EL EFECTO CRISTINA
Dos millones y medio de turistas en las rutas. Colapso en terminales y hoteles del país
de Seguridad Vial
promedio fue de

IMAGEN N° 3

Lo que nos planteamos es: si son tantos los que usan botox, ¿por qué aseverar que es un "efecto Cristina"?, ¿resultaría "atractivo" un titular que dijera "efecto Araceli González" o "Susana Giménez"?. Seguramente, no. Está dentro de lo normalizado que una actriz o *vedette* tengan cirugías estéticas, reparadoras, *lifting, botox*, etc. Si se cambiara el titular por el nombre de algún famoso, no habría posibilidad de producir una novedad para atraer al lector.

Por otro lado, al presentarse el nombre de la Presidenta en un enunciado que remite a personas "mediáticas", se impregna de las características de las *celebrities* produciendo un efecto de farandulización.

La noticia analizada -que se conforma de varios artículos- aborda la temática del *botox* y las cirugías estéticas pero, después del titular y el primer renglón, no se hace ninguna otra referencia a la presidenta. Esta noticia fue publicada en plena escalada del conflicto desatado con el sector agro-exportador y está en coherencia con un modelo de tratamiento de la imagen presidencial.

Detrás de la agenda

Las rutinas de producción de noticias son un obstáculo permanente para tratar aquellos temas "excluidos de la agenda". Pero además existen períodos extraordinarios -como el vivido en 2008- donde un conflicto ocupó casi con exclusividad la agenda de los medios y el diario *Crítica* no escapó a esta generalidad.

La sociedad en su conjunto perdió la posibilidad histórica de producir un debate -con información de calidad- previo a la sanción de la ley N° 26.364 ("Prevención y sanción de la trata de personas y asistencia a sus víctimas")[13]. Dicha ley se sancionó el 9 de abril de 2008, y pasó desapercibida para la mayoría de la sociedad argentina. Utilizada como instrumento principal, a fines de octubre del mismo año, había permitido liberar de la esclavitud sexual a 110 mujeres y a decenas de trabajadores manuales en campos y talleres.[14]

Si bien *Crítica* puso a disposición de los lectores un informe especial sobre "esclavas sexuales" -aparece en la portada del 06-03-08 como titular periférico- luego el tema sale de la agenda para dar lugar al conflicto entre

---

[13] Difundir los aspectos más controvertidos del proyecto de ley hubiese sido beneficioso para alcanzar mayor madurez democrática. Parte de los debates giraron en torno a las distinciones que se hacen entre menores y mayores de edad. Cuando se trata de explotación sexual en menores de edad es un delito federal pero, en el caso de personas mayores, hay que demostrar que no se prestó consentimiento alguno y esto último es bastante complicado por lo cual los explotadores pueden quedar en libertad. Es importante destacar que la ley no se reduce a legislar sobre el comercio sexual sino que legisla sobre todo tipo de trabajo forzado.

[14] Datos recabados de www.altolatratayesci.org.ar. Se trata de una coalición de ONGs con sede en la provincia de Misiones que tienen apoyo gubernamental. Forma parte de la red el Programa: *"Las Víctimas contra las violencias"* que coordina la psicoanalista Eva Giberti. Para pedir ayuda o denunciar recurrir a esta dirección: altoalatrata@yahoo.com.ar

el sector agro-exportador y el gobierno nacional. El informe especial narra los casos de Marita Verón y Andrea López que fueron secuestradas por las redes de traficantes de personas. Al mismo tiempo, se traza un paralelismo entre la novela de ficción *Vidas Robadas* (emitida por Telefé) y el caso Marita Verón. Se difunden datos no oficiales como la cifra de 465 mujeres argentinas en manos de explotadores sexuales y se hace un mapa estimativo de cómo operarían estas mafias en Argentina.

Luego de este informe especial, el tema salió de la agenda de *Crítica* para tener un espacio marginal durante fecha de la aprobación de la ley. El día 09/04/08, el titular principal de *Crítica* está dedicado a Moyano y el tema de la sanción de la ley Nº 26.364 se presenta en la página 23 de la sección sociedad bajo el titular: "De las mechas por la ley de trata". Hay un tratamiento trivial de la información en el titular de la noticia

CHÁVEZ SE PELEÓ CON LOS SIMPSONS

VOLVIÓ LA CORTE

DOS FALLOS DIVIDIDOS EN CUATRO VOTOS CONTRA TRES

PATTI PODRÁ ASUMIR

TEJERINA SEGUIRÁ PRESA

BOCA PERDIÓ FEO EN MÉXICO Y SE COMPLICA EN LA COPA

Tómatelo con calma,

CRITICA

DIRECTOR

AY, AY, AY, BAILA Y NO

oficial, quiere duplicar su gremio afiliando a los transportistas de granos

NEGOCIO REDONDO

SON 150 MIL NUEVOS CAMIONEROS Y UN INGRESO EXTRA DE 521 MILLONES POR AÑO

IMAGEN Nº 4

La ley Nº 26.364 sirve para ilustrar cómo la homogenización de temáticas en los medios de comunicación obturó y obtura la posibilidad de contar con información múltiple y variada que contribuya a mejorar la participación ciudadana y la calidad de los debates en el país.

Se hace aún más difícil encontrar noticias que aborden el trabajo infantil, sólo algunas con motivo del Día mundial contra el trabajo infantil[15], y otras vinculadas a un relevamiento que realizó el "Programa: Encuesta y Observatorio de Trabajo Infantil" (emprendimiento conjunto del Ministerio de Trabajo y el Indec, realizado en el 2004). La encuesta, terminada de tabular en el 2006, dio lugar a algunos artículos periodísticos que destacan los escasos aportes -en términos monetarios- que hacen a la economía familiar los niñ@s y adolescentes que trabajan. (Cifras irrisorias que muchos de nosotros gastamos en una noche).

> "Por juntar esos pesos, sin embargo, los chicos pagan un costo muy alto: estadísticas oficiales muestran que el 25 por ciento de los adolescentes que trabajan en Argentina abandonó la escuela y ese porcentaje se eleva al 62 por ciento en las zonas rurales". (*Página/12* 04-09-06)

Tampoco hubo espacio para los discursos disonantes como el de Jorge Beinstein -investigador argentino en economía- que pronosticó prematuramente la crisis económica desencadenada en los Estados Unidos y que afecta al mundo entero[16]. Si el gobierno nacional, las entidades rurales y el sector agro exportador hubieran leído sus artículos y/o libros, quizá hubiesen podido plantearse la posibilidad de que peleaban por un dinero inexistente, producto de elucubraciones que tenían poca coincidencia con lo que estaba por venir. (Con posterioridad a la crisis los precios de los *commodities* bajaron, entre ellos, la soja).

[15] La fecha elegida para promover acciones contra el trabajo infantil es el 12 de junio.

[16] Probablemente haya muchas otras personas que pudieron predecir la crisis económica del 2008. Jorge Beinstein es Doctor en Cs. Económicas y profesor titular de las cátedras libres "Globalización y Crisis" en las universidades de Buenos Aires, Córdoba y de La Habana.

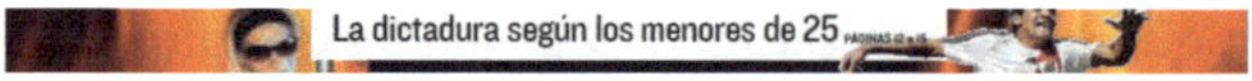
La dictadura según los menores de 25

productores armados. Amenazas de Moreno a

ANTISEMITISMO EN BARILOCHE
ECHAN A TURISTAS ISRAELÍES

IMAGEN Nº 5

MERCHANDISING DE LA DERROTA
BUSH ES UNA GALLETITA PARA PERROS
CRÍTICA
DE LA ARGENTINA
Año I - Nº 24
Precio $2,50
www.criticadigital.com
DIRECTOR
JORGE LANATA
DISCRIMINACIÓN A TURISTAS ISRAELÍES
BARILOCHE: ESTALLÓ LA POLÉMICA
EXCLUSIVO
Si el campo no retrocede, el Gobierno aplicará la Ley de Abastecimiento y militarizará el conflicto
LOS SONIDOS DEL SILENCIO
Góndolas vacías y aumento de precios: a $10 el kilo de lechuga.
Cristina Kirchner en el silencio de la Quinta Presidencial de Olivos.

IMAGEN Nº 6

El discurso de Cristina empeoró la situación con el campo. Convocaron a un paro por tiempo indeterminado

IMAGEN Nº 7

IMAGEN Nº 8

"Tengo un odio visceral a los blancos de Barrio Norte."

Piqueteros protagonizaron saqueos en

HOMBRE MENOS

BOCA FUE

CRÍTICA

"Con humildad" la Presidenta afirmó que "las puertas están abiertas" y pidió que el campo "levante el paro para dialogar"

HUMILDEMENTE

DAME, DAME TU MAIL

LA HUMANIDAD AL PALO

IMAGEN Nº 9

CAE EL MITO DE LA SOJA
ES PELIGROSA
EN MENORES
MACRI NO TIENE QUIEN LE CONSTRUYA
EN CASA DE
MEDICINA EN LA PLATA
7 DE

IMAGEN 10

RIVER PUNTERO
VIOLENCIA ENTRE SUS BARRABRAVAS

CRÍTICA DE LA ARGENTINA

Lunes 31 de marzo de 2008

www.criticadigital.com

DIRECTOR JORGE LANATA

DEBATE
EUTANASIA ¿MUERTE DIGNA O CRIMEN?

Escalada de tensión en el conflicto con el campo.
El Gobierno canceló la reunión con las entidades. Hoy hará su "última oferta". Si no es aceptada, promete "restablecer el orden"

EL AMOR O LA GUERRA

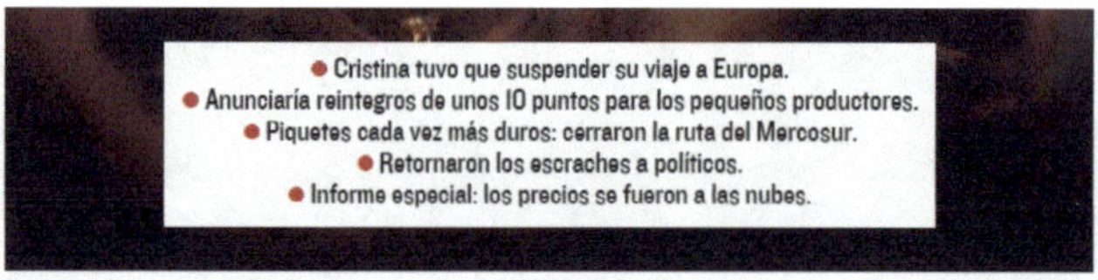

- Cristina tuvo que suspender su viaje a Europa.
- Anunciaría reintegros de unos 10 puntos para los pequeños productores.
- Piquetes cada vez más duros: cerraron la ruta del Mercosur.
- Retornaron los escraches a políticos.
- Informe especial: los precios se fueron a las nubes.

IMAGEN Nº 11

Peralta dice que ahora sí volvieron

ÉRAMOS POCOS

Y LA CHECHU VIENE A BAILAR CAÑO

PÁGINA 30

CRÍTICA DE LA ARGENTINA

Martes 1º de abril de 2008
Año I - Nº 31
Precio $2,50
Recargo por envío al interior $0,40
www.criticadigital.com

DIRECTOR JORGE LANATA

DEL TABLÓN

EL HINCHA SE DEFIENDE. EL GOBIERNO LO ACUSA

PÁGINAS 32-33

LA GUERRA GAUCHA - DÍA 19

Cristina hizo su anuncio final y el campo lo rechazó. Sigue el paro

DIÁLOGO DE SORDOS

- La Presidenta ofreció reintegros para "el 80% de los productores".
- Les aconsejó: "Piénsense como parte de un país y no como sus propietarios".
- Más tensión entre piqueteros y Gendarmería. Carrió mandó a sus diputados a los cortes.
- Venta ilegal de carne. Más aumentos. Cierran comercios por falta de stock.

IMAGEN Nº 12

LOS FONDOS DE SANTA CRUZ

BÚSQUEDA EN NUEVA YORK

La justicia americana decidió investigar la ruta del dinero. PÁGINA 15

¡¡¡SOCOLO!!!

ASALTAN TRES SÚPER CHINOS POR DÍA

PÁGINA 19

UN INSÓLITO ESTUDIO MÉDICO

EL PORNO ES SALUD

PÁGINAS 22-23

CRÍTICA DE LA ARGENTINA

Miércoles 2 de abril de 2008

Año I - Nº 32

Precio $2,50

www.criticadigital.com

DIRECTOR JORGE LANATA

PREMIO PLANETA PARA JORGE EDWARDS

PÁGINAS 30-31

El kirchnerismo copó la Plaza y Cristina repartió palos y ruegos. Las entidades rurales convocan una asamblea en Gualeguaychú para convencer a los más duros de levantar el paro

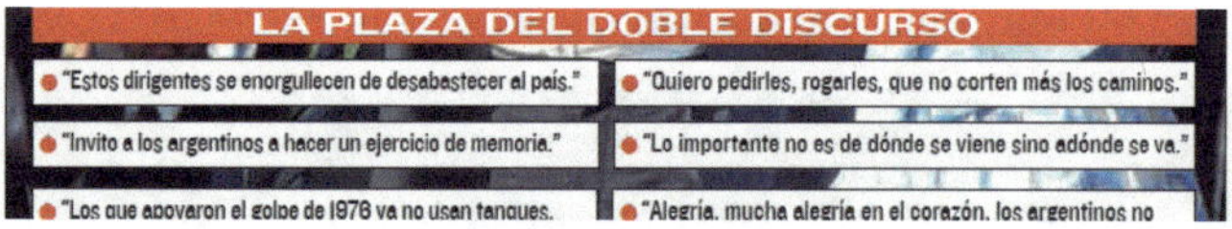

LA PLAZA DEL DOBLE DISCURSO

- "Estos dirigentes se enorgullecen de desabastecer el país."
- "Quiero pedirles, rogarles, que no corten más los caminos."
- "Invito a los argentinos a hacer un ejercicio de memoria."
- "Lo importante no es de dónde se viene sino adónde se va."

IMAGEN Nº 13

IMAGEN Nº 14

Bibliografía

AA.VV (2006) ¿Y la recepción? Balance crítico de los estudios sobre el público. Saintout /Ferrante (comp.). Ed. La Crujía, Buenos Aires.
Atorresi, Ana (1996) Los estudios semióticos. El caso de la crónica periodística. Red Federal de Formación Docente Continua, Buenos Aires.
Balmayor, Emilce (1999) "La enunciación del discurso" en Recorridos semiológicos: signos, enunciación y argumentación (comp. Marafioti). Ed. Eudeba, Buenos Aires.
Casullo, Nicolás (2006) "Los medios y la coyuntura política actual". Conferencia pronunciada en la Facultad de Ciencia Política y RRII-UNR, Septiembre. Disponible en: http://www.bdp.org.ar/facultad/archivos/ 2006/09/ nicolas_casullo.php
Fecha de consulta: noviembre 2008.
De fleur, M. y Ball-Rokeach, S. (2000) Teorías de la comunicación de masas. Nueva edición revisada y ampliada. Ed. Paidós, España.
Muleiro, Hugo (2006) Al margen de la agenda. Noticias, discriminación y exclusión. Ed. Fondo de Cultura Económica, Argentina.
Orozco Gómez (1996) Guillermo: Televisión y audiencias. Un enfoque cualitativo. Ed. De La Torre, Madrid.
Ramonet, Ignacio (2008) Entrevista realizada en el programa Tarde o Temprano (Radio Nacional). Disponible en: lasiestainolvidable.blogspot.com/2008_04_01_archive.html
Fecha de consulta: agosto 2008
Thompson, John (1998) Los media y la modernidad. Una teoría de los medios de comunicación. Ed. Paidós, Barcelona.
Verón, Eliseo (1987) Construir el acontecimiento. Los medios de comunicación masiva y el accidente en la central nuclear de Three Mile Island. Ed. Gedisa, Buenos Aires.
Wolf, Mauro (2004) La investigación de la comunicación de masas. Críticas y perspectivas. Ed. Paidós, Buenos Aires.
Zecchetto, Victorino (1986) Comunicación y actitud crítica. Ed. Paulinas, Buenos Aires.

2.1. Recorridos teóricos sobre publicidad y consumo

Enrique Virdó

Encontrar distintos constructos teóricos (o por lo menos sistematizaciones conceptuales) que se esfuerzan por explicar la publicidad y el consumo como fenómenos sociales, culturales y psicológicos implica, muchas veces, revisar mayoritariamente textos de *marketing* antes que de psicología o sociología.

Es notoria la abundancia de visiones/versiones explicativas que pivotean desde las mecánicas asociaciones conductistas hasta enfoques vinculares pasando, por supuesto, por las profundas indagaciones psicoanalíticas. Pero hay que admitir que, a veces, estos diversos derroteros teórico-estratégicos también son, en muchos casos, una forma de vender una justificación más o menos científica para explotar una estrategia publicitaria determinada.

No se debería olvidar, por otro lado, toda la bibliografía que -décadas atrás y desde el materialismo dialéctico- atacó literalmente a la publicidad, acusándola de ser el perverso instrumento del capitalismo a través del cual se producía el lavado de cerebro ideológico de las masas, alienándolas. Estas lecturas apocalípticas[1] han sido superadas no por un simple giro de las ideologías (caída del Muro de Berlín, globalización, triunfo del neocapitalismo, etc.). Se trata, en todo caso, de miradas teóricas más ricas y comprensivas y que, en definitiva, tratan de entender el fenómeno y no culpabilizar tanto a los gobiernos o las multinacionales; como a los mismos públicos, los cuales aparecen siempre como víctimas debido a su pasividad y a una ausencia de autodeterminación que hoy, se supone, no es tal.

A continuación se proponen diferentes líneas conceptuales que buscan explicar la publicidad y el consumo considerando a estos dos conceptos como interactivos e interdependientes entre sí. Se recorrerán marcos teóricos diversos, en un intento dirigido, más que a sintetizar, a complejizar estas manifestaciones del mundo contemporáneo.

El enfoque conductista: perros y consumidores

Con Iván Pavlov (1849-1936) se inicia la pretensión de la psicología de hacer ciencia con el rigor de un modelo empírico y positivista. Pavlov se hizo famoso con el experimento de los reflejos condicionados

[1] Nótese el impactante título de uno de estos libros: *Control de los Medios, Control del Hombre*, de Guinsberg, 1980.

en los perros que salivaban cuando escuchaban el sonido de la campana, asociado con la presentación del alimento. La reacción de los animales, aparentemente esquemática y mecánica, es retomada por los especialistas en *marketing* y se supone que, en algunas ocasiones, la formación de actitudes hacia los nuevos productos es el resultado de un condicionamiento clásico.

> Los mercadólogos que asocian sus nuevos productos con celebridades, tratan de crear una asociación positiva entre la celebridad que ya disfruta de una actitud positiva por parte del público, y el nuevo producto "neutral" (Shiffman, 1998:234).

El efecto publicitario, en este caso, es sumamente simple: los productos a vender no significan ni "dicen" nada hasta que no son relacionados, asociados con imágenes, personajes o conceptos que los consumidores encuentran agradables, excitantes o interesantes.

Fue justamente John B. Watson (representante del conductismo clásico en EEUU), el autor de las primeras publicidades "científicas", quien aplicaba este principio universal: asociación de estímulos (Gardner, 1966:97). Por ejemplo, en una publicidad alemana de los años '60, los posibles clientes asocian los cigarrillos *Astor* con la estética y deportiva figura del golfista e incluso con un evento internacional de este deporte (Ilust. 1). Casi cuarenta años después, la asociación se plantea entre Antonio Banderas y *Parliament* (Ilust. 2). Una repetida exposición a estos estímulos relacionados produce una suerte de conexión más o menos permanente por la que se transfiere lo deseable y glamoroso del golf o del artista de cine hacia el producto.

Aunque este esquema explicativo es superficial no debería ser desdeñado. Desde el estudio de la percepción, la *Teoría de la Gestalt* demostró, sin lugar a dudas, que los estímulos son percibidos en forma global, como "un todo organizado". Así, al contemplar una publicidad, el perceptor asocia mecánica e inevitablemente el producto con los demás elementos que lo acompañan, e indefectiblemente los percibe como una unidad compleja.

Psicoanálisis: la mirada profunda

a) Del diván a Madison Avenue[2]

El título de este apartado alude a que el psicoanálisis, originalmente encuadrado en consultorios y orientado a la clínica, fue reorientado hacia el *marketing* y la publicidad, en un afán de encontrar las razones profundas por las cuales los consumidores parecen elegir lo

---

[2] *Madison Avenue* es la avenida que en Nueva York concentra la mayor cantidad de agencias de publicidad en el mundo.

que compran. Dice Fernando Dogana:

> Recurrir a la psicología fue algo que se impuso al comprobarse las grandes limitaciones inherentes a un análisis de los hechos económicos basado en un planteamiento puramente racionalista y económico (es decir de maximización de utilidades) (...) La calificación de irracional atribuida a un comportamiento económico puede tener dos acepciones fundamentales: o bien indicar una acción incomprensible, desprovista de lógica y de significado, o bien una acción "errada" que no responde a los criterios de utilidad, ventaja y funcionalidad. Pero la psicología y especialmente el psicoanálisis demostraron que no existen acciones desprovistas de sentido (...) los "errores" pueden deberse al hecho de que el hombre aspira a una finalidad completamente diferente de la maximización de la utilidad, (...) los bienes económicos tienden a ser considerados como posibles fuentes de gratificación de una amplia gama de necesidades psicológicas y emotivas, en un nivel (inconsciente) que está mucho más allá de las funciones prácticas de dichos bienes (1984:16-19.)

Es decir que los productos deberían, por lo menos, satisfacer, por un lado, una necesidad funcional (un auto debe poder transportar al conductor) y, por otro, una necesidad psicológica (el *Ford Mondeo* otorga prestigio y poder a su conductor). (Ilust. 3).

Agrega más adelante Dogana: "Se ha comprobado que el consumidor adquiere no solamente las características objetivas, prácticas y funcionales de un bien, sino además sus significado, los símbolos, las valencias emotivas que ese bien reviste. Entre esos significados, algunos pueden relacionarse con dinámicas instintuales, de naturaleza profunda e inconsciente". (1984:20)

Aparece aquí el término "símbolo", tan caro al psicoanálisis.

b) Una simbología del consumo

Un texto paradigmático sobre la simbólica de los bienes de consumo es *Las Motivaciones del Consumidor* de Ernest Dichter. Este autor, director del Instituto de Investigación Motivacional de EE.UU, después de más de 2.500 entrevistas en profundidad a consumidores, expone en su libro un nutrido catálogo de productos de consumo cotidiano indicando los significados simbólicos que cada uno de ellos contiene. Así por ejemplo, sobre los alimentos, afirma: "La leche está estrechamente ligada a la seguridad emocional debido a su simbolismo maternal", "El arroz es considerado femenino, pero las papas son masculinas, la carne es masculina y las tortas fuertemente femeninas; algunos alimentos son bisexuales entre ellos el pollo asado y las naranjas". "La sopa es un alimento cargado de emoción, se la identifica con los símbolos positivos de la abundancia, seguridad, calor, comodidad y amistad" (1968:16).

Con respecto a la vestimenta dice: "La lana es considerada muy masculina, tanto por hombres como por mujeres (...) es sedante, conservadora y refinada". (...) "La seda es femenina, íntima y personal (...) delicada y tiernamente gentil (...), es sexualmente excitante." (1968:92)

> En cierto modo, es posible decir que los hombres no se visten con ropas, sino con símbolos. Se ponen el símbolo de lo que son, de lo que deben ser o de lo que quisieran que los otros pensaran que son (1968:91).

Al hacer referencia al afeitado diario, indica: "Quien usa hojas de afeitar es una persona que disfruta del ritual que implica ese acto, muy masculino. El hombre que usa afeitadora eléctrica es, por otra parte, o menos masculino o tiene menos necesidad de afirmar su masculinidad, pues está seguro de ella" (1968:172).

Cuando el lector revisa estos conceptos, ante tanta certeza, no puede sustraerse a la duda en el descubrimiento del sentido profundo de objetos y comportamientos: ¿es rigurosa semejante generalización? Quizá, en las aseveraciones de Dichter, se visualizan las consecuencias de cierto exceso interpretativo: la significación generalizante del objeto tomado como símbolo e incluso la ambigüedad resultante de algunos casos.

Sin embargo, David Victoroff, veinte años después de Dichter, retoma la significación simbólica de la imagen publicitaria de avisos gráficos o televisivos:

> La imagen es algo más y distinto que un simple "atrapa miradas". No se limita a captar la atención sino que pretende también significar. Es un símbolo. (...) la imagen presenta una ventaja indudable en relación al texto: transmite su mensaje al instante. (...) El mensaje transmitido por la imagen es susceptible de comunicar significaciones que solo difícilmente se prestan a la expresión verbal (...) e incluso no se tolerarían en absoluto a nivel de lenguaje (Victoroff, 1980:46)

¿Podría expresarse en texto lo que transmite la imagen de *Mango*? (Ilust. 4). La imagen actúa sobre todo en el plano de las motivaciones profundas: su poder persuasivo reside en su capacidad de influir en el inconsciente.

A continuación, este autor destaca las características de los símbolos:

- Poseen un carácter universal porque constituyen un vocabulario común para todas las personas. De tal forma, y continuando con Richter, la leche debería representar la seguridad maternal en todos los hombres por el sólo hecho de haber compartido la experiencia de tener una madre.

- Ciertos significantes icónicos múltiples sirven para expresar un mismo significado. Así, la seda, las rosas y las perlas son todos símbolos de la femeneidad en la publicidad del vino *Claire* de *Bodegas Flichman*. (Ilust. 5).
- Existe un nexo entre la imagen y la idea que ésta simboliza, un rudimento natural entre significante y significado. El lobo entre ovejas (el depredador entre las víctimas) de la publicidad de *Bieckert* no sólo indica diferenciación sino otras connotaciones tales como poder o control en lo social, lo sexual, etc. (Ilust. 6).

Tal como plantea esta mirada, el secreto de la persuasión publicitaria se basaría en presentar a los productos como significantes que remiten a significados profundos, inconscientes y desde allí (si el inconsciente fuera un lugar) motivar a su adquisición.

> El símbolo es la cosa: cuando las ventas fracasan, quiere decir que el símbolo no ha logrado impresionar. Se necesita uno nuevo. Los especialistas en publicidad pueden vender el símbolo correcto pero no pueden realmente crearlo. Los símbolos motivacionales poderosos se pueden encontrar y descubrir pero no se pueden fabricar. (Dichter, 1968:463)

Esta aseveración definitiva de Richter enviaría a la actividad publicitaria compulsivamente a la búsqueda y al descubrimiento de los símbolos inconscientes, colectivos y arquetípicos generando luego la cadena de significantes desde el producto (significante) hasta su significado profundo y latente.

c) Los productos son espejos

A fines de la década de los '80 en Argentina se publica un libro que ya lleva varias ediciones y marca posiblemente un hito en la literatura del *marketing: Marketing Estratégico* de Alberto Wilensky[3]. Este autor profundiza la perspectiva psicoanalítica del consumo y recurre a lecturas lacanianas intentando una interpretación más acabada del fenómeno.

[3] Licenciado en Administración de Empresas y actual director de la consultora Grupo Estratégico de Negocios. El libro mencionado es su tesis doctoral.

> Nos involucramos con los objetos en un vínculo configurado por una relación sujeto-objeto ligada a la lógica de los procesos psíquicos" (...) el proceso primario se orienta hacia la búsqueda inmediata de satisfacción a través de la ilusión, es impulsivo, irreflexivo, alógico y afectivo. Es el ámbito del deseo. (...) El proceso secundario se orienta a la realidad objetiva, es intelectual, lógico y conceptual. Es el ámbito de la razón. (...) El consumidor se balancea constantemente entre ambos extremos: lo afectivo y lo racional. (1989:24)

Según Wilensky, el consumo es un acto simbólico en el que se demandan y ofertan imágenes de productos y servicios, no hay objetos sin imágenes. Esto significa que todos los productos despiertan en el consumidor representaciones más o menos complejas donde intervienen lo racional, lo emocional, lo visual, lo textual, etc., lo que comúnmente se denomina: "la imagen del producto". Estas imágenes son creadas por la publicidad. Por ejemplo, "Si es *Bayer*, es bueno", "*Odol* es seguridad" son *slogans* que connotan significados emocionalmente fuertes, referidos a la confianza. La imagen de *Telecom* lograda por "La Llama que llama" es de simpatía, afecto y en un segundo momento, de economía.

Agrega este autor:

> Podemos pensar a los objetos productos de consumo como Espejos que en su imagen nos dan la nuestra y, más aún nos ayudan a conseguir la imagen que deseamos. (...) Los mismos consumidores que esperan verse completados psíquicamente por la imagen "varonil" de Marlboro, son los que esperan verse -y ser vistos- en la "prestigiosa" imagen del Peugeot 505 (1989:27).

> El deseo se fundamenta en nuestra carencia, como seres humanos, de autosuficiencia, y será nuestra carencia originaria la que signará todo el desarrollo de nuestra existencia. Necesitamos del mundo externo. Necesitamos del otro (otros seres humanos) y de lo otro (otros objetos del mundo). Consecuentemente, y ya desde su origen, todo deseo humano es necesariamente el Deseo de Otro. (1989:33)

Los productos de consumo, desde esta perspectiva, son el "otro". Otro que aporta la completud que "se perdió" al abandonar la sensación oceánica que hacía "uno" al niño con su madre, cuando no existía la diferenciación "sujeto-objeto".

Ilustración Nº 1

Ilustración Nº 2

Ilustración Nº 3

Ilustración Nº 4

Ilustración Nº 5

Ilustración Nº 6

Ilustración Nº 7

Ilustración Nº 8

Ilustración N° 9

De allí que el círculo del consumo no tiene fin: ilusoriamente se consigue la completud al comprar un objeto y adquirir la imagen de sujetos ideales que éste aporta, pero como el deseo nunca puede ser satisfecho (ya que opera desde el orden de lo simbólico, o aún más arcaicamente, desde lo imaginario), rápidamente sobrevendrá la insatisfacción, el vacío, la carencia y la nueva búsqueda de otro objeto que terminará también por ser frustrante. El proceso del consumo por lo tanto no tendrá fin.

En este contexto, la publicidad se instala como un práctica que moviliza el deseo y sugiere "productos/otros" que prometen reconstruir la relación originaria y la recuperación imaginaria de la completud. Los significantes de esta conquista suelen estar representados por contenidos culturales tales como el prestigio, la belleza, el poder, la juventud, etc., fuertemente explotados por la dinámica publicitaria.

La segmentación vincular: compramos según nuestros roles

El concepto de "segmentación vincular" hace referencia a dos términos en los que vale la pena detenerse. Segmentación es la forma en que los especialistas en *marketing* dividen o segmentan el mercado de consumidores. Por ejemplo, se puede dividir el mercado en función de estratos socioeconómicos (alto, medio, bajo o, como se estila hoy, ABC1, B, C, etc.) o por grupos de personas con ciertos intereses, opiniones y actividades. Un ejemplo de esto sería el segmento que comprende a los adolescentes de clase media quienes están asociados con ciertas prácticas como: concurrir a discos, leer poco, estudiar en la universidad, no ir a la iglesia, no participar en política, gustar del deporte y ver televisión más de tres horas diarias.

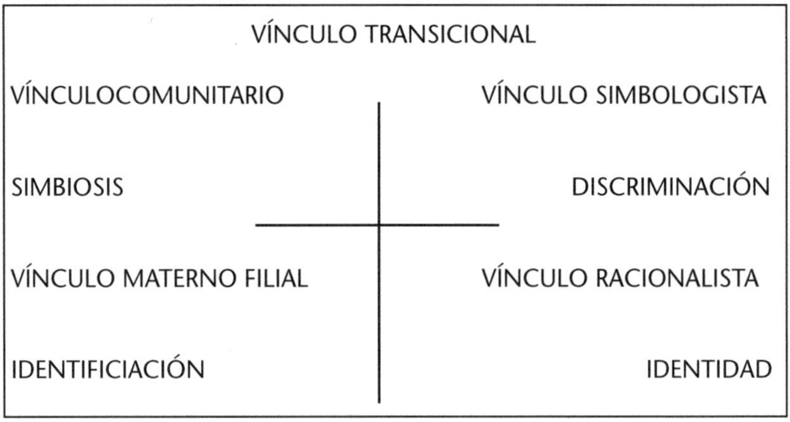

Los segmentos facilitan el posicionamiento de productos ya que, cuando se diseña una publicidad, se dirige especialmente al sector elegido como *target*, con una estrategia motivadora específica y acorde a sus características.

El término "vincular" indica el tipo de relación con los otros que establece un sujeto en los distintos roles que puede jugar cotidianamente. Pero también refiere a que los seres humanos se vinculan no sólo con personas sino con objetos y con los significados que esos objetos contienen.

De tal forma, "segmentación vincular" remite a los diversos grupos de consumidores existentes en función de aquello con lo que buscan vincularse. Este concepto lo trae también Wilensky en el texto que se mencionó más arriba. El autor profundiza aquí los conceptos que ya desarrollara el apartado anterior:

> El modelo de segmentación vincular (...) considera al producto como interfaz entre un sujeto y el "otro" (...)

> La relación sujeto-"otro" determina por lo menos cuatro vínculos "puros" fundamentales... para esto el modelo plantea un eje (horizontal) que transcurre entre la "simbiosis" y la "discriminación" en esa relación sujeto-otro, y determina en una configuración espacial separada por el Vínculo Transicional los vínculos más relacionados con la simbiosis: Vínculos Materno-filial y Comunitario y los más relacionados con la discriminación: Vínculos Simbologista y Racionalista. (1989:74)

De tal forma, Wilensky propone, dentro del cuadrante "vínculo comunitario", valores tales como: la pertenencia, la lealtad, la tradición, el consenso, es decir, los valores primordiales que unen a los sujetos con su grupo de pertenencia o comunidad. En el "materno-filial": la protección, seguridad, afecto, nutrición, salud, gratificación, valores primarios de la relación madre -hijo. En el "simbologista": el prestigio, la sensualidad, las convenciones, la identidad: valores sostenidos en las sociedades "modernas" y que realzan las formas en que son percibidos los sujetos. En el "racionalista": practicidad, rendimiento, precio, economía, funcionalidad. En este ámbito, los valores apuntan a finalidades funcionales y prácticas.

Los productos, entonces, pueden vincularnos con algunos de esos valores pero según el rol asumido por el consumidor ya que es el rol el vehículo con el cual nos relacionamos con los otros. Por ejemplo: una mujer puede, al comprar una determinada marca de café, jugar su rol de anfitriona y conectarse con los valores propios de lo "comunitario": sirve un café a sus vecinos o amigos para afianzar una relación social. En el rol de madre, brinda a sus hijos un "nutritivo café con leche" con el cual se vincula con ellos a través del vínculo "materno-filial". Cuando busca el café en "oferta" se vincula con su familia a través del vínculo "racionalista" en el rol de ecónoma y ama de casa conciente de la necesidad de ahorro.

La publicidad de *Aetna Seguros* vincula a un hombre en su rol de padre, con su familia a través de la seguridad que puede brindarles. (Ilust. 7)

En definitiva, los productos son los intermediarios mediante los cuales los sujetos se vinculan con los otros y con valores sociales reconocidos, lo que constituye esa compleja trama social donde lo simbólico adquiere esta función relacionante y en la que el rol es el dispositivo indispensable para poder pensar esta relación entre personas.

Aún cuando el cuadrante de Wilensky aparece quizá con posibilidades explicativas algo limitadas, la noción de que los productos son objetos que sólo adquieren valor por sus características de "puente" vinculante entre las personas, como algo material donde puede sostenerse lo inmaterial del vínculo, es muy interesante. Esto permite comprender al consumo no sólo como una tendencia exacerbada por un sistema económico deshumanizante sino como una conducta eminentemente social y plena de sentido humano.

La publicidad, entonces, sugiere los posibles (y deseables) roles que pueden jugarse en la interrelación con los otros y sugiere los productos ideales para que los vínculos resulten exitosos y satisfactorios.

En este modelo explicativo ya se observa con claridad la función social de los objetos de consumo, productos indispensables de toda cultura. Esta idea se desarrollará en el próximo apartado.

El enfoque antropológico: los productos dan sentido al mundo

Mary Douglas y Baron Isherwood publican en la década de los '90 el libro *El Mundo de los Bienes. Hacia una Antropología del Consumo.* El prefacio de este texto ya es sugestivo:

> La calumnia persigue al comercio y la culpa a la propiedad. La creciente ola de protesta contra la sociedad de consumo constituye el antecedente de este libro. El Consumismo es condenado como una forma de voracidad, estupidez y falta de sensibilidad en los deseos... pero el consumismo es un asunto más complicado que la gordura individual, y la indignación moral no basta para comprenderlo (...) las mercancías que proporcionan satisfacción a las necesidades físicas –comer y beber- son tan portadoras de significados como el ballet o la poesía. Pongamos fin de una vez por todas a la muy extendida y engañosa distinción entre bienes que sustentan la vida y la salud y bienes que prestan sus servicios a la mente y el corazón, los "bienes espirituales". Esta falsa distinción permite que un número incontable de "lujos innecesarios" sea explicado mediante una mezcla cuyos elementos serían la credibilidad del consumidor y la malevolencia del publicista. El contraargumento que aquí se propone es que todas las mercancías aportan significados (...) la función esencial del consumo es su capacidad para dar sentido. Olvidémonos de la idea de la irracionalidad del consumidor. Olvidémonos de que las mercancías sirven para comer, vestirse o protegerse. Olvidemos su utilidad e intentemos en cambio adoptar la idea de que las mercancías sirven para pensar; aprendamos a tratarlas como un medio no verbal de la facultad creativa del género humano (Douglas, 1990:88).

Quizá el aporte más interesante de estos autores es la posibilidad que su disciplina, la antropología, les habilita: establecer similitudes y diferencias entre diversas culturas y encontrar, frecuentemente, las raíces fundantes de comportamientos que equiparan al ciudadano urbano de una metrópoli con el nativo de alguna tribu oculta en la profundidad del África.

> La idea misma del consumo debe ser colocada en la base del proceso social, y no considerarla simplemente un resultado del trabajo. El consumo tiene que ser reconocido como parte integral del sistema social y de la necesidad social de relacionarse con otras personas y de disponer de objetos de mediación para conseguirlo. Los alimentos, las bebidas, o la música para manifestar alegría en una fiesta, o el atuendo de luto para compartir el pesar son un repertorio de objetos de mediación (1990:90).

Esto implica que la base de las redes sociales se asienta en la existencia de objetos. Éstos son los portadores materiales de los estados de ánimo que deseamos comunicar a los demás.

> Las desigualdades sociales (en muchas culturas) representadas por las fortunas que algunos poseen, se relacionan con una consecuente desigualdad distribución en la carga de las responsabilidades. Los jefes son esclavos" ruge un jefe africano, dueño de los más abundantes rebaños de la tribu, dando así a entender que sus interminables obligaciones, tanto administrativas como legislativas son abrumadoramente pesadas (1990:53).

Los bienes poseídos, entonces, marcan un status diferente entre las personas, y parecerían establecer un criterio de justicia aceptable: los que trabajan más o asumen roles de más importancia están autorizados por el grupo a poseer más o mejores objetos. O señales materiales que indican esta diferencia de status: el traje de tres piezas marca *Pierre Cardin* que luce el presidente de una empresa equivale al tocado de plumas de intensos colores o la piel de leopardo que distingue al jefe de la tribu de los otros miembros de ésta.

Continúan Isherwood y Douglas:

> El hombre necesita las propiedades físicas de las mercancías para comunicarse con los otros hombres y para dar sentido a lo que pasa a su alrededor. El objetivo dominante del consumidor es en términos generales demandar información acerca del cambiante escenario cultural (...) y al interés por su control (...) las diferencias cualitativas de las mercancías marcan la jerarquía de los acontecimientos vitales, ya sean de baja estima y alta frecuencia (por ejemplo los alimentos consumidos cada mañana en el desayuno) y los de alta estima y baja frecuencia (la torta de bodas). (1990:81)

Los productos indican el grado de importancia que otorgamos para nosotros mismos y para los demás, a ciertos acontecimientos: casamientos, bautizos, cumpleaños, inauguraciones o velorios: los hitos vitales de relevancia que se comunican a través de los objetos materiales que se ofrecen en ellos: regalos, adornos, la ropa que se usa, la comida que se consume, etc. Los objetos se convierten también en "organizadores" que facilitan la delimitación del paso del tiempo: el vestido de la fiesta de quince años o la opípara cena de Navidad. Asimismo, otros objetos, los periódicos o los libros, aportan la información para comprender los acontecimientos y darles sentido y, de esa forma, obtener el control sobre los espacios sociales compartidos.

O'Shaughnessy sintetiza algunas de las ideas de los autores citados en este apartado de la siguiente forma:

> Los sistemas de valores están determinados en gran medida por la cultura. La propia vida social sugiere qué problemas son más importantes y qué conducta genera aprobación social... al margen de las necesidades puras, los principales objetivos de la compra siguen siendo sociales:
> 1) Comunicar a los demás la posición, valores y propia imagen preferidos del consumidor.
> 2) Señalar las ocasiones sociales que se considera que merecen que vale la pena reafirmarse.
> 3) Dar un orden a los acontecimientos para dar sentido al mundo que nos rodea.
> 4) Aumentar el tiempo para la participación social.
> (O'Shaughnessy, 1989:11).

La actividad publicitaria podría emplear estas motivaciones para ofrecer sus productos como portadores de valores importantes para el usuario y al mismo tiempo transmitir esos valores a los miembros de su comunidad: En la publicidad de *Chivas Regal*, la figura del pavo real junto al pato indica qué desea comunicar a sus allegados aquél que acostumbra a beber ese determinado whisky (Ilust. 8). Asimismo, Las sopas *Maggi* sirven para señalar que esa cena es un evento "íntimo y especial" (Ilust. 9).

Es probable que después de recorrer estos desarrollos teóricos, el lector perciba que, por un lado, tanto ante el comportamiento del consumo como ante la actividad publicitaria, se pueden arriesgar análisis diversos (y aún antagónicos) y, por otro lado, sentirá que según su experiencia personal no toda la conducta de compra y la publicidad, en sus innumerables manifestaciones, quedaron satisfactoriamente explicadas. Quizá esto se deba a la complejidad, el dinamismo y multicausalidad de los fenómenos que se están aquí tratando. Pero, por lo menos, sería deseable que estas lecturas (así como los productos) sirvan para pensar y aporten a desterrar ideas preconcebidas y simplistas que visualizan únicamente al consumo como una actividad egoísta, superficial y propia de sociedades alienadas y, a la publicidad, como una ingeniosa trampa para manipular a los sujetos que habitan esa sociedad.

Bibliografia

Dichter, Ernest (1964) *Las motivaciones del consumidor.* Ed. Sudamericana, Buenos Aires.

Dogana, Fernando (1984) *Psicopatología del consumo cotidiano.* Ed. Gedisa, Barcelona.

Garner, James (1966) *The origin of scientific psychology.* Ed. Bantham Books, New York.

Guinsberg, Enrique (1985) *Control de los medios, control del hombre.* Ed. Nuevomar, México.

Isherwood, Baron y Douglas, Mary (1990) *El mundo de los bienes.* Ed. Grijalbo, México.

O'Shaughnessy, John (1989) *Por qué compra la gente.* Ed. Díaz de Santos, Madrid.

Shiffman, Leon y Kanuk, Leslie Lazar (1997) *Comportamiento del consumidor.* Ed. Prentice Hall, México.

Victoroff, David (1980) *La publicidad y la imagen.* Ed. Gustavo Gilli, Barcelona.

Wilensky, Alberto (1988) *Marketing estratégico.* Ed. Tesis, Buenos Aires.

2.2. La publicidad interactiva: las estrategias de *marketing* en la *web*

Enrique Virdó

Introducción

La irrupción de internet como medio de comunicación dominante en la cultura global ofrece al *marketing* oportunidades nunca antes conocidas: relativamente bajos costos y acceso casi ilimitado a millones de potenciales clientes. La publicidad, herramienta comunicativa del *marketing*, a su vez, se enfrenta al desafío de diseñar un estilo, un lenguaje, adaptado a las prácticas de los usuarios de la *web*.

Este artículo se propone mostrar, primeramente, que las estrategias publicitarias, a fin de lograr una penetración más efectiva en sus públicos, se mimetizan con los formatos, los géneros y las acciones de los receptores de cada medio de comunicación. En este caso, se verá especialmente cómo se desarrolla esto en la *web*.

En segundo lugar, se trata de comprobar que, así como los usuarios se apropian de los espacios digitales, la publicidad se vuelve menos intrusiva y, paradójicamente, más "buscada" por los consumidores.

La publicidad, "esa taimada"

Según el *Webster Dictionary*, la publicidad es "cualquier forma de anuncio público destinado a ayudar directa o indirectamente en la venta de un producto" (Clark, 1990:13) .Seguramente un publicitario definiría su profesión en forma diferente: crear una imagen, generar un vínculo, lograr lealtad, contar buenas historias...[1]. Es decir que desviará la atención del objetivo final de esta forma de comunicación: vender. A propósito de esto, David Bernstein, publicitario británico, afirma: "Hacer cosas es respetable, venderlas es sucio y taimado (...) y la publicidad es la parte más visible de la venta" (Clark, 1990: 15). Pero, ¿por qué se asocia la venta y, fundamentalmente, la publicidad con el engaño, o al menos con el ocultamiento de las verdaderas intenciones de esta *praxis?*

Los disfraces de la publicidad: breve muestra

La publicidad más tradicional se guió históricamente con un es-

[1] Ver: "Mi Negocio es contar Historias- Entrevista a Kevin Roberts". Artículo de la Revista *Ñ*. 8 de abril de 2008. Pág. 12.

quema secuencial muy simple que, si se respetaba, aseguraba el éxito. Se lo denominó con la sigla AIDA: lograr la Atención, despertar el Interés, orientar a una Decisión y finalmente producir la Acción (de compra).

Se podría agregar que si un aviso publicitario logra la Atención y el Interés ya gran parte del objetivo está logrado. Pero los clientes muchas veces no atienden ni se interesan. Es más, ni siquiera inician estos procesos psíquicos, ignorando por completo la publicidad (el *zapping* televisivo es una forma de eludir la tanda publicitaria), o descreyendo de antemano el mensaje a través del fenómeno de la *reactancia.* Este mecanismo defensivo se activa cuando un sujeto supone que alguien intenta manipularlo y genera así contraargumentos para combatir la persuasión.

De tal forma, la comunicación publicitaria ha debido introducirse sigilosamente en la atención del receptor mediante diversas estrategias.

Una de ellas es *mimetizarse* con los contenidos del medio de comunicación que la transmite. En el caso de la televisión, una táctica muy conocida es la de los denominados

> *infomerciales* (un aparente híbrido de *informativo* y *comercial)* que llegan a durar hasta 30 minutos y que atraen la atención del televidente promedio, ávido de programas de divulgación científica. El espectador, luego de un tiempo de exposición al programa, descubre que es simplemente un aviso de un producto más o menos novedoso. (Shiffman y Kank, 2001:173).

En los medios impresos (fue una práctica usual en la revista *Reader's Digest*) "existen anuncios publicitarios (los *publitoriales)* que se parecen tanto al material editorial que se ha ido haciendo cada vez más difícil que el lector distinga entre ellos" (Shiffman y Kank, 2001:174).

Para intentar evitar este tipo de táctica sutil, sobre todo para protección de los menores de edad, "la Comisión de Comercio Federal de los EEUU ha prohibido que los personajes de dibujos animados promuevan productos durante las tandas comerciales de los programas infantiles donde aparecen" (Shffman y Kank, 2001:173). Se trata de que los niños no confundan una publicidad con su *cartoon* y, por lo tanto, no requieran luego a sus padres los objetos de consumo que su personaje favorito les indujo a adquirir.

Como se observa en estos breves ejemplos, en la medida en que la publicidad replica géneros o estilos del medio en que se transmite, logra atención e interés de los consumidores quienes no necesariamente son inconscientes o ingenuos ante esta práctica (salvo quizá los niños) y, de alguna manera se prestan al juego.

Esta participación activa del cliente se verá con más claridad cuando se revise la publicidad en la *web.*

Internet: ¿que hacen los usuarios con la *web?*

Internet, la ingente carretera de información y comunicación, debe su éxito a que ha facilitado, con un relativo bajo costo y sobre todo con una pasmosa velocidad, aquellas actividades que a las personas le son vastamente gratas, interesantes o necesarias: comunicarse con otras personas, informarse y entretenerse. El *e-mail, el messenger, el chat, Twitter, MySpace, Facebook,* para nombrar un pequeño grupo de ejemplos, son vehículos de comunicación entre las personas. Se podría decir que *Google* y, a través de él, *Wikipedia*; son importantes fuentes de información (sin contar los periódicos o revistas digitales, los libros o artículos que están colgados total o parcialmente, las páginas sobre todos los temas imaginable, y la lista es interminable). Finalmente, el entretenimiento podría hallarse en ver o subir videos a *YouTube,* en bajar música o filmes desde diversos sitios, en los videojuegos ya sea participando *on line* o descargándolos, y en otras innumerables opciones.

Es fundamental recordar que los usuarios de internet, a diferencia de los espectadores de TV o la audiencia radial, son interactivos, esto es: "el usuario puede interactuar con el objeto mediático (...) se vuele coautor de la obra" (Manovich, 2006:97). Esta posibilidad es uno de los atractivos más importantes de la navegación en la *web*: al ingresar en un sitio, el usuario *deja siempre su marca.* Así como cada página lleva un registro de cada visitante, el usuario puede también comentar una noticia, llenar una encuesta, participar de un *blog,* dejar su perfil personal, etc.

Y esta particularidad se vuelve estratégica para el mercadeo de productos y servicios:

> (...) la mayoría de las empresas que ponen sus anuncios en páginas *web* siguen nuestros movimientos por la red 'recordando' qué anuncios hemos visto, exactamente dónde y cuándo, si hemos hecho *click* en ellos, dónde estábamos en ese momento y cuál era el sitio que acabábamos de visitar justo antes (Manovich, 2006:89),

Resumiendo, si la publicidad vía internet pretende ser exitosa, deberá, por un lado, considerar lo que la gente hace con internet para ofrecerle actividades similares. Y, por otro lado, explotará la interactividad y la participación, atributos exclusivos de este medio de comunicación.

Tres estrategias (no excluyentes) de la publicidad en internet

A continuación se analizan tres modalidades publicitarias usadas comúnmente en la *web*. Cada una de ellas implica *operaciones* diferentes que debe realizar el usuario. Y aquí es importante añadir que el análisis que se pretende realizar es relativo a la significación subjetiva que estas estrategias comportan para el potencial cliente, y no desde las perspectiva de producción, costos, estudios de mercado o cualquier otra tarea del *marketing* estratégico.

Finalmente, pero no menos importante, se tratará de confirmar que la publicidad se irá volviendo, en los tres ejemplos a mencionar, cada vez menos *intrusiva,* o sea que no interrumpirá la lectura o el visionado de imágenes del usuario y, paulatinamente, será éste último el que solicitará la publicidad o irá voluntariamente a buscarla en la *web.*

a. Spams, Pop up, Banner, Floating up[2]

Antes de iniciar la descripción de estas modalidades de anuncios, es conveniente definir a la "publicidad en internet" (u on line): "es toda forma de publicidad que usa el internet con el objetivo de enviar mensajes de mercadeo y atraer clientes.""[3] La expresión "toda forma" implica, por un lado, que sus modalidades son casi infinitas. Y por otro lado, no sólo se persigue "vender", sino atraer, es decir familiarizar, relacionar, al usuario con una empresa o marca. A esta táctica del marketing se la llama "branding".

Además es evidente que, desde la creación misma de la web, los usuarios conocieron algún tipo de publicidad anudada a sitios, páginas, portales, etc. En otras palabras, todo usuario reconoce la finalidad fuertemente comercial como característica esencial de internet.

Primeramente, en toda página en la que el usuario se detenga, se verá algún *banner.* Este tipo de anuncio es una barrita, con un breve texto o imagen, generalmente ubicada en la parte superior de la página. Si el usuario clickea allí, se abrirá un aviso publicitario o se comunicará con la página de una empresa, por ejemplo.

Otra forma de aviso es el *pop up*. En este caso, sin que el usuario señale con su cursor, una "ventanita" se despliega por sí sola tapando el contenido de la página, de una manera totalmente intrusiva y a veces irritante.

Otro formato similar es el *floating ad,* avisos que "flotan" por la pantalla por encima del contenido de ésta, ocultándolo parcialmente. El *expanding ad,* un anuncio que cambia de tamaño, generalmente

---

[2] Se denominarán los diversos tipos de anuncios en su idioma original, el inglés, ya que universalmente se los conoce de esta manera.

[3] Cf. http://en.wikipedia.org/wiki/Online_advertising

agrandándose y alterando todo el contenido de la pantalla. El *wallpaper ad*: ocupa toda la pantalla desde un comienzo (esconde todo el contenido de interés) y suele acompañarse con un pequeño cartel que indica: "saltear aviso" donde el usuario clickea para librarse del intruso. En todos estos casos, los textos e imágenes de anuncios invitan a clickear en ellos para enviar al usuario a la página *web* de una empresa, para iniciar una publicidad animada o para invitarlo a participar de una promoción, oferta, concurso, etc.

Pero quizá el tipo de publicidad con el que más familiarizado están los usuarios es el *spam*. Todo aquel que inaugure una dirección de *e-mail* tendrá *spam* en su buzón esperando ser abierto, desde su mismo inicio. Y es probable que dos años después encuentre un promedio de 30 a 50 *spams* diarios en su casilla de correo. El *spam* es la forma más popular y económica de hacer publicidad, y por su intermedio se vende una inimaginable variedad de productos y servicios.

Y es en el *spam* donde se puede apreciar una de las formas de mimetización de la publicidad de internet. Muchas veces en el "asunto" del *spam* puede leerse algo referido al producto que se comercializa ("clases de guitarra", "viagra sin receta", "vacaciones inolvidables"). Pero, en otras, quizá diga: "hola amigo", "tiempo que no me escribís" o "quería saber de vos"; e incluso en ocasiones utiliza el nombre de pila del usuario: "estimado Alberto" y frases por el estilo. Como el *e-mail* es un vehículo de comunicación que el usuario generalmente utiliza para contactarse con amigos, parientes y conocidos, eventualmente cae en la trampa y abre estos *spam* engañosos. Obviamente, ya abiertos se encontrará sólo con una publicidad y a veces hasta con la vía de ingreso de virus informáticos.

Aún cuando el mismo usuario abre o clickea en estos avisos, es decir que permite su despliegue, este tipo de publicidad generalmente se experimenta subjetivamente como intrusiva, indeseada e inevitable, no muy diferente de la tanda comercial que interrumpe una película en la TV cada quince minutos.

b. ***"Visitá nuestra página web"***

Las campañas publicitarias se caracterizan por utilizar simultáneamente varios soportes para la promoción de un producto determinado: los avisos gráficos en revistas, periódicos, en vía pública, las imágenes en movimiento en la TV, mensajes de voz para la radio, etc. La estrategia es la de una acción coordinada entre medios a fin de saturar el espacio simbólico con el mensaje y de complementarse mutuamente para reforzar la idea que se quiere transmitir.

En la actualidad, es común que un aviso televisivo finalice invitando al telespectador a "visitar el sitio *web*" de la marca que se está posicionando. Se le propone aquí al usuario de internet, que normalmente navega por varias páginas *web*, que ingrese también al sitio que preparó a tal fin esa empresa, generalmente, para encontrar allí algún tipo de beneficio. Por ejemplo, la marca de *snacks Doritos* publicitó sus productos en una campaña televisiva en la que mostraba que si chicos y chicas adolescentes se animaban a bailar temas románticos ("lentos") se facilitaba la posibilidad de que naciera un romance entre ellos. A tal fin, abrió un sitio denominado *www.quevuelvanloslentos. com.ar* donde el usuario, aparte de hallar información sobre los productos y de poder ver los videos de las publicidades, también se lo habilita a bajar canciones románticas e incluso establecer un *link* con *MySpace* donde puede acceder a música y videos de sus bandas preferidas. En este caso, el sitio lleva a su visitante a una de las formas de entretenimiento más popular en la *web*: bajar música.

Nesquik también invita a su "*target*" (fundamentalmente niños) a ingresar a su página a jugar a un *videogame* que consiste en una búsqueda de un tesoro virtual.

El sitio de *Mirinda* muestra un juego que consiste en "visitar una habitación" desde la cual los adolescentes pueden bajar juegos, *wallpapers*, publicidades e incluso, registrando sus datos previamente, crear su propio dormitorio digital ideal.

Cervecería *Quilmes* tiene una página que, además de promocionar su producto y sus eventos, ofrece un *link* que conduce, bajo el título de "Vivamos responsablemente", a un servicio a la comunidad auspiciado por esta empresa en el que alerta sobre los peligros del abuso del alcohol en los jóvenes. Es decir, es una fuente de información sobre temas de salud.

Finalmente, el caso más interesante, exitoso y provocativo de este efecto de potenciación de una idea publicitaria donde interactúan la tv e internet es el de la campaña de *Coca-Cola*: "*Hoy quiero que me mires*". En el aviso televisivo, se muestra a un adolescente que, desconociendo que su *webcam* lo está filmando, se entretiene en la intimidad de su habitación cantando una canción de su invención: *Hoy quiero que me mires.* A continuación, se muestra cómo su imagen y sonido inicia una circulación vertiginosa a través de la *web* y es observado por innumerables jóvenes a través de sus computadoras y teléfonos celulares. Pronto, todo el mundo se pone a cantar su propia versión del tema. Finalmente, atónito, el joven contempla que una banda toca su canción este verano en la playa, con fondo de una gran pantalla que lo muestra a él en su transmisión original. El público que asiste al recital, adolescentes de ambos sexos, en traje de baño, lo reconoce, lo saluda, palmea y abraza: se ha vuelto, sin saberlo, en un ídolo de multitudes.

Al finalizar el *spot* televisivo, una voz *en off* invita a los espectadores a filmar su propia versión del tema y colgarla en el sitio: www. coca-cola.com.ar.prometiendo que la creación más votada ganará un premio.

Hoy, si se ingresa al sitio mencionado, pueden verse los innumerables videos grabados por músicos *amateurs*, a fin de que el visitante pueda votar el de su preferencia. O colgar el suyo, si desea intervenir en la concurso.

En otras palabras, el sitio de *Coca-Cola* se convirtió en *YouTube*. De hecho, también en el "verdadero" YouTube están colgados infinidad de videos de *"Hoy quiero que me mires":* El argumento del aviso publicitario se volvió un fenómeno masivo y real.

Desde el punto de vista de la estrategia *marketinera,* la idea es brillante: el público no sólo ha prestado atención e interés en la campaña, además ha participado y se ha apropiado del sitio, de la canción y de la propuesta. ¿Por qué? Porque como se adelantó antes, está realizando algunas de las actividades que cotidianamente se ponen en práctica en la navegación por internet: ingresar en sitios, ver videos o colgar los propios.

Pero además, esta campaña promueve uno de los atributos más atractivos que ofrece la *web*: que una persona "común" disfrute de la oportunidad de exponerse ante los ojos de millones de otras personas para que lo elogien, lo critiquen, lo elijan, etc. Es decir, obtener notoriedad, lo que antes sólo estaba reservado a artistas, políticos, o deportistas famosos. Quizá el nombre que se eligió para la canción del aviso no es para nada casual: *"Hoy quiero que me mires".*

c. El *permission marketing*: la publicidad que se extraña... y se solicita

La segmentación de los públicos, en base a estudios de mercado, es una ya largamente utilizada estrategia del *marketing*. De tal forma, en un inicio, se dividía al mercado de consumidores en base a variables "duras" (sexo, edad, nivel socioeconómico, etc.). Posteriormente, se empezaron a utilizar las variables "blandas": el llamado VALS (valores y estilos de vida) que permite crear grupos de consumidores en base a los intereses, actitudes o necesidades similares. La segmentación facilita ofrecer productos y diseñar publicidades para públicos específicos. Pero los estudios de mercado, en base a la aplicación de cuestionarios estandarizados, es una estrategia onerosa. Internet promete volver este procedimiento mucho más económico y más aceitado.

Por otro lado, el usuario de internet ya adoptó como práctica cotidiana dejar su perfil (nombre, ocupación, *hobbies*, intereses) en diversos sitios de la *web*. Lo hacen los que utilizan este medio para buscar pareja, por ejemplo. Y es casi obligación hacerlo si decide registrarse en *MySpace*, en *Facebook* o cualquier otro sitio de encuentros. Y aquí parece el *permission marketing*, es decir, un *marketing* que "pide permiso". Esta modalidad de comercialización de productos y servicios fue creada por un experto en esta disciplina, Seth Godin que lo describe en estos términos:

> El marketing de "permiso" es el privilegio de enviar mensajes publicitarios anticipados, relevantes y personalizados a personas que realmente quieren recibirlos.(...) Reconoce el nuevo poder de los consumidores de ignorar el marketing tradicional, Descubre que tratar a las personas con respeto es la mejor forma de ganar su atención (...) Ganar la atención es la frase clave: porque los marketineros de "permiso" comprenden que cuando un cliente elige prestar atención te está prestando algo realmente precioso (...) El verdadero permiso funciona así: si les dejas de enviar tus mensajes publicitarios, la gente protesta, pregunta ¿dónde te fuiste? (...) y con Internet implica que puedes tratar a diferentes personas en diferentes formas y nos demanda que descubras qué quieren oír y en qué formato"[4]

> "el marketing de permiso" (o marketing invitacional) percibe a cada consumidor moldeando el comportamiento del experto en marketing a la hora de implementar su estrategia. Los consumidores habilitan a los *marketineros* a enviarles mensajes publicitarios dentro de ciertas categorías de interés. En general esto se realiza solicitando al consumidor que llene una encuesta personalizada (que le llega y luego él devuelve vía *e-mail*) indicando sus intereses. Luego el especialista en marketing conecta estos intereses particulares con mensajes específicos[5]

A modo de ejemplo, un sujeto cuya afición fuera, supongamos, la pesca en agua dulce, incluirá esta información dentro de la categoría *hobbies* en la encuesta que le enviaron (previamente haberle preguntado si desea contestarla). Luego que esta información se procesa, es posible que periódicamente reciba anuncios sobre insumos de pesca provenientes de diversos negocios especializados, que le llegue un *journal* mensual con novedades sobre el tema o invitaciones de un club de pesca cercano a su hogar. El cliente recibe toda esta información con placer. Es posible que eventualmente renueve su provisión de cañas, anzuelos y redes y que, a través del *journal*; se entere de quién ganó el último concurso de este deporte y establezca nuevas amistades provenientes del club al que seguramente se asociará. Y lo hará todo a través de la *web*.

Desde el punto de vista de la subjetividad del usuario, está recibiendo un servicio que, mientras le signifique un ahorro de dinero y tiempo y le garantice recibir comunicaciones que alimenten su interés, lo seguirá solicitando, e incluso demandando.

---

[4] Cf. http://sethgodin.typepad.com/seths_blog/2008/01/permission-mark.html

[5] Cf. http://jcmc.indiana.edu/vol6/issue2/krishnamurthy.html

Como se observa, en este formato que adopta el *marketing*, el cliente siente que se corre del rol pasivo que lo somete a soportar la publicidad molesta e intrusiva y se convierte en un usuario interactivo y satisfecho, beneficiario de una atención personalizada y diseñada a su medida.

Conclusiones

Se adelantó, al inicio de este artículo, que internet nació marcada por una esencia fuertemente comercial, como un dispositivo ideal para la venta de productos y servicios. Y el *marketing* tuvo que adaptar sus estrategias para atraer a los usuarios de la gran carretera de la información.

La fórmula fue aprovechar las características propias del medio y las operaciones que los usuarios llevan a cabo. Y, en la medida en que el eventual cliente percibe que él inicia y sostiene la actividad (interactividad), disminuye el nivel de "reactancia" ante los mensajes y las propuestas. Con la sensación de que se ha apropiado de la acción y la decisión, se entrega al deleite de la navegación y, simultáneamente, atravesando una delgada y casi imperceptible línea, se vuelve usuario y, a la vez, consumidor.

Bibliografía

Clark, E (1990) *Los creadores de consumo.* Ed. Sudamericana, Buenos Aires.

Manovich, L (2006) *El lenguaje de los nuevos medios de comunicación.* Ed. Paidós, Buenos.Aires.

Shiffman, L y Kanuk, L (2001) *Comportamiento del consumidor.* Ed. Prentice Hall, México.

3.1. Propaganda política: impacto de las nuevas tecnologías. *Una mirada desde lo psicosocial*

Cristina M. Petit

La propaganda política

Históricamente a la propaganda política se la puede caracterizar como una comunicación cuyo objetivo es la propagación y difusión de ideas, de sistemas de creencias y de proyectos, como también el dar a conocer las formas de resolver los conflictos sociales y el modo explícito-implícito de ejercer el poder, tendiente a influir en la opinión, actitudes y conductas de otro/s.

La comunicación y los procesos perceptuales-cognitivos tienen que ver con la propaganda porque ésta es la acción de esparcir, de dar a conocer una idea o una opinión, la práctica política en la vida de toda comunidad histórica.

La perspectiva particular de la psicología social nos permite analizar la propaganda política ya que aborda los fenómenos de la ideología y de la comunicación en tanto procesos de "influencia social" (Moscovici, 1986).

En el marco de los profundos cambios culturales que vivimos, el aporte de esta perspectiva es importante para la comprensión y resignificación de la acción social -propaganda política- sobre la cual siempre queda algo por comprender.

La propaganda como la conocemos hoy es una experiencia del siglo XX; no obstante la intención de convencer, de persuadir e influir se comienza a consolidar en el siglo XVI. En 1662, empieza a hablarse de propaganda, con la creación de la *Congregatio de propagande fide* para designar las acciones y esfuerzos por difundir ideas.

Desde una mirada psicosocial, tematizar acerca de la propaganda política o de la comunicación política es hablar de persuasión ya que toda comunicación política es un intento de influir para lograr un cambio de actitud y/ o conducta, para posicionar o reafirmar un candidato, un proyecto.

Perspectivas y aportes

Desde perspectivas más funcionalistas, la psicología social explica la propaganda política como una estrategia comunicacional de persuasión, esclareciendo y realizando aportes sobre las variables que pueden incrementar la eficacia de la comunicación persuasiva.

Las variables, a tener en cuenta a la hora de incrementar la eficacia, son: la fuente, el mensaje y el receptor.

En lo que respecta a la fuente o emisor de la propaganda, consideramos los siguientes aportes:

1. la credibilidad se relaciona con la competencia y la confiabilidad que el candidato pueda demostrar. Una fuente es percibida por parte del receptor o audiencia como competente si es registrada como experta y confiable respecto de sus conocimientos, de su trayectoria, del éxito y la inteligencia que sea capaz de demostrar. Y es recibida como confiable si es capaz de argumentar en contra de sus propios intereses, de realizar autocríticas y mostrarse desinteresada.

2. la atracción responde a los caracteres de simpatía, familiaridad y agrado. Esta dimensión es del orden de lo afectivo y tiene que ver más con despertar identificaciones parciales o totales, con ser vivenciado el emisor como familiar, próximo y alcanzable.

3. el poder de la fuente está dado tanto por su competencia o pericia, como por su fiabilidad ética, dinamismo, eficacia social y por la capacidad de control y administración de premios y castigos. El poder de la fuente es eficaz si es percibido con capacidad de decisión, de puesta de límites y con fuerza para sancionar o defender con firmeza. Es decir dar cuenta de decisión política-.

El mensaje es el elemento central de la comunicación política. Las variables a tener en cuenta son:

1. las argumentaciones (unilaterales/bilaterales): implican poder exponer razones a favor y en contra, o diferentes a las del candidato; transformándose en más convincente cuando se es capaz de argumentar en forma bilateral.

2. el tipo de conclusión: explícita o implícita. Esta opción depende del receptor que tenga adelante pero, en general, es más persuasivo que la conclusión la termine de realizar el receptor. Lo cual es mucho más apelativo porque supone una actividad de mayor compromiso por parte de este último.

3. efectos de presentación y orden: refiere al momento en que le conviene hablar al candidato. Si la audiencia tiene que tomar una decisión inmediatamente, en general, conviene hablar antes por la memoria próxima. Y si la decisión del público va a ser en un mediano a largo plazo, conviene comunicar al último porque funciona más la memoria de largo plazo.

4. uso de apelaciones emocionales y/o lógicas: éstas pueden ser del orden de lo afectivo y también del orden de lo racional. Es importante una dosis adecuada de ambos y elegir qué contenidos van a ser trasmitidos en forma emocional y cuáles van a ser dados en forma racional. Esto supone tener en cuenta el contexto histórico y la posición

particular de ese candidato.

5. utilización y graduación de la apelación al miedo: éste, en tanto emoción básica y como defensa de riesgos, siempre está presente en los discursos políticos. Lo importante es dosificarlo para que sea transmitido como prevención y que existan propuestas con salidas y planteos respecto a cómo evitarlo, sino se puede volver en contra y paralizar a la audiencia.

6. grado y amplitud de la divergencia: hace referencia a la distancia que existe entre la opinión e ideología del receptor y la del candidato. En general, si la discrepancia es moderada, el receptor puede llegar a cambiar de actitud, pero si la discrepancia es muy alta, éste tenderá a negar la propuesta.

Por último, podemos mencionar algunos aportes en relación con el receptor:

1. inteligencia y grado de conciencia: se refiere a los recursos intelectuales y culturales de la audiencia y a la posibilidad que ésta tenga de contraargumenar al candidato.

2. autoestima: los sujetos con alta autoestima sobre sí mismos y respecto de sus creencias son mucho más difíciles de persuadir.

3. experiencia previa: hace referencia al conocimiento y experiencias que el receptor tenga del tema específico o de la realidad política siendo mucho más resistentes al cambio los sujetos con gran experiencia.

4. mecanismos de percepción estereotipia y selectividad del público: todo candidato-comunicador debe tener en cuenta que los públicos se exponen de forma selectiva, reinterpretan y resignifican los contenidos de las comunicaciones.

Desde una perspectiva constructivista, la propaganda política, vista como un proceso de influencia-construcción, se transforma en un sistema de interacción social que cumple dos funciones: una "función reguladora" por la cual afirma y refuerza la identidad de un grupo y una "función organizadora" porque colabora en la construcción de la representación del adversario. (Moscovici: 1986, 665). Cumple así la función de afirmación, refundación y continuidad de un determinado grupo, partido o movimiento político. Sirve para decir "seguimos estando, seguimos existiendo" y, también cumple la función de enlace entre "los padres fundadores" y las propuestas políticas actuales que el grupo sostiene.

Desde un paradigma interpretativo de las comunicaciones y los discursos sociales, la comunicación política es un discurso particular por ser el único que siempre lleva implícito la representación del adversario, del enemigo, "de quien me diferencio u opongo"; ya que la construcción oponente es inherente a la identidad de lo político.

El discurso y la enunciación política suponen por lo menos dos destinatarios: un destinatario positivo y un destinatario negativo, y se dirigen a ambos al mismo tiempo y se relaciona con ambos a la vez.

Pero el discurso político, en realidad, construye tres destinatarios:

- el "pro-destinatario". Este destinatario positivo es el partidario, el afiliado, el receptor que participa de la misma ideología, que adhiere a los mismos valores y persigue los mismos objetivos del enunciador. El discurso funciona como refuerzo, reafirmarción de la relación enunciador/ destinatario.
- el "contra-destinatario". Esta figura responde a la del adversario político, es con quien se produce una suerte de inversión de la creencia y objetivos muy diferentes u opuestos. El discurso es del orden de la polémica y la disputa.
- el "para-destinatario". Este tercer destinatario es el indeciso, el nuevo votante, el tercer hombre, aquel con quien el discurso cumple la función de la persuasión. (Verón: 1987).

Práctica de la propaganda política

a) Espacio político tradicional

El espacio político tradicional, que conocíamos en Argentina hasta 1983, estaba construido sobre la relación directa -cara a cara- entre el candidato y la gente, entre los cuadros de conducción y los seguidores (los afiliados) e implicaba una difusión particularizada donde el pueblo era un sujeto activo con participación y actividad política real.

La fuerza y el poder del político estaban basados en la trayectoria política, en las tradiciones y en el consenso del candidato.

Con un Estado organizado y fuerte, el militante o candidato tradicional se definía por sus convicciones y por la búsqueda de adhesiones compartidas y comprometidas con la causa; que emergían de organizaciones partidarias, gremiales, sindicales y de instituciones intermedias

b) Nuevo espacio público

La comunicación medial y las nuevas posibilidades que se imponen son producto de la revolución electrónica a la que asistimos y cuyo eje principal es la tv-pantalla y todas las innovaciones técnicas de producción y de distribución.

A través de la integración de tecnologías audiovisuales, informáticas y de las telecomunicaciones como son: los satélites, CD, CDROM, fibras ópticas, computadoras, video-grabadoras, televisión, telefonías celulares, teleconferencias, cable coaxil y sistemas como internet, podemos acceder a una gran terminal doméstica polifuncional que nos permite trabajar, capacitarnos, educar a los hijos, enseñar, comunicarnos con cualquier lugar y persona del mundo, entretenernos, informarnos, realizar investigaciones y hasta hacer las compras para el hogar.

c) Cambios en la sociabilidad

Una de las consecuencias culturales más significativas es la reconfiguración del espacio público que implica nuevas formas de sociabilidad y socialización donde al sujeto le queda "la autonomía de acción dentro del espacio de la privacidad y de la práctica del consumo". (Martín Barbero: 1998, 32).

En lo psicosocial-cultural, estos cambios traen aparejado una ruptura del conjunto social, una fragmentación en las identidades culturales y colectivas, pérdida de vínculos sociales y erosión de los imaginarios colectivos.

Así es como los vínculos y relaciones sociales tienen cada vez más una tendencia a la claustrofilia frente a la agorafilia, o sea a la reclusión hogareña, al uso de los espacios cerrados en contraposición a la participación en espacios sociales públicos, a la extraversión, a la exploración del espacio abierto de la calle, la plaza, la fábrica, el club, el sindicato; lo cual nos marca una modalidad de carácter receptivo, individual, privado y domiciliario en contraposición a la modalidad activa, grupal, comunitaria y participativa.

d) Nuevo espacio político

Las acciones y las realidades políticas sufren hoy, como las demás realidades sociales, los profundos cambios culturales.

Estos cambios tienen que ver con la globalización de las comunicaciones producto del desarrollo tecnológico al que asistimos en este tercer milenio. Todos los fenómenos sociales, culturales y políticos participan del nuevo orden planetario. Los Estados se organizan en bloques regionales y los mercados, regidos por las nuevas tecnologías comunicacionales, se hacen cada vez más globales y competitivos.

Estas modificaciones en los espacios públicos también tienen su impacto y producen transformaciones en el espacio público político y en la realidad de la propaganda política.

En el nuevo espacio político, la relación y la acción política está "mediatizada" e implica una difusión ampliada hacia un sujeto mass mediático y pasivo, al que pareciera que la única acción-política que le queda es la de votar.

> ... el telespectador es una abstracción, un porcentaje de

> una estadística. Y a esa abstracción se dirige un discurso político que lo que busca ya no son adhesiones vibrantes sino puntos en la estadística de posibles votantes (Martín Barbero, 1998, 46).

En esta nueva modificación del espacio público político, existe una sobrevaloración del papel de los medios de comunicación, en especial de la tv, y de los sondeos de opinión que son difundidos y reforzados por los mismos medios.

Así es como esta nueva realidad hace hincapié en la popularidad, en las cifras, en las opiniones medidas y en la espectacularidad de lo político en contraposición con "lo popular", con el consenso, con la tradición y la memoria de los pueblos. Las nuevas propuestas de lo político se basan en el éxito, en la falta de trayectoria en oposición a la perdurabilidad y a la construcción histórica, en la ausencia de procesos culturales propios de consenso.

En este espacio político, el nuevo perfil y los saberes que el político necesita se asocian con lo jurídico, lo económico y la comunicación publicitaria más que con las políticas y propuestas reales.

Así es como asistimos, en estos tiempos, al advenimiento del *marketing* político.

Marketing político

Esta nueva realidad social-comunicacional llamada *marketing* político es producto de la utilización conjunta de objetivos, técnicas, tácticas y estrategias propias de la publicidad comercial en el terreno de la propaganda política.

El *marketing* articula elementos tradicionales, técnicas de comercialización y tecnologías comunicacionales. Para diseñar la imagen de cada candidato, se apela tanto a técnicas propias del *marketing* como así también a técnicas teatrales. Por ejemplo, los candidatos se entrenan en estudios de televisión ficticios, se preparan situaciones de periodismo con gente común que los interpela, agrede, acosa con preguntas, para entrenar sus respuestas y evaluar los puntos débiles de cada candidato. Se utilizan actores que ejecutan roles y representaciones inesperadas para que el candidato las resuelva y así poder evaluar y corregir su desempeño. Se trata de testear las reacciones frente a situaciones críticas e imprevistas.

Esta lógica enmarca la "fabricación marquetinera" del candidato y la campaña electoral queda reducida a una larga sucesión de *spots* publicitarios.

Los especialistas tratan a los candidatos para que sepan siempre qué decir y qué no decir, cómo comportarse frente a las cámaras de televisión, cuáles son los gestos adecuados en un acto público, en una caravana, en una caminata por un barrio, etc.

El *marketing* político o publicidad política articula encuestas de opinión, formatos y géneros televisivos, técnicas publicitarias, animación por computadora mediante las/os cuales se construye la "imagen del candidato" y les da a los votantes el tratamiento de mercado electoral.

Estas estrategias publicitarias tienen tanto trayectoria norteamericana como también europea. Ya en 1981 François Mitterrand contrató al publicista Jacques Séguéla para las elecciones presidenciales que ganó.

A partir de la década del ochenta, en los albores de la vuelta a la democracia, se comienzan a utilizar en nuestro país diversas técnicas psicológicas y psicosociales: como la de comparar actitudes individuales positivas o negativas -agrado/desagrado- ante diversas propuestas de los candidatos en pequeños grupos piloto.

En 1983, por primera vez un candidato a presidente (Raúl Alfonsín) contrató un equipo de expertos en *marketing* político. En la actualidad se recurre a los servicios de consultoras y expertos para las candidaturas a municipios, senadurías y diputaciones tanto nacionales como provinciales[1].

Se van construyendo permanentemente una multiplicidad de nuevas técnicas como los "índices de credibilidad coyuntural" que utiliza Laura Medrano para evaluar el desempeño del candidato frente a la cámara televisiva y el impacto en el espectador. Ésto incluye todo el lenguaje analógico: gestual, tonos de voz, acentuación, posturas, gestos, miradas, armonía entre el significado verbal y el gestual, etc.

Los candidatos se someten incansablemente a las nuevas reglas del *marketing*, es decir, aquellas que conciben al espacio político como un espectáculo o *show*. Equipos de asesores construyen los discursos y diseñan el aspecto de los políticos. Especialistas en imagen, psicólogos sociales, sociólogos, politicólogos, lingüistas y encuestadores de opi-

---

[1] Para las elecciones nacionales de 1999, la Alianza contrató a Luis Stuhlman, director de la consultora *Analogías*, que asesora al radicalismo desde 1983. Laura Medrano, Licenciada en Cine y Doctora en Psicología y Ciencias Políticas en la Universidad de Berkeley, asesoró a Ruckauf. Duhalde optó por uno de los asesores de Clinton, el norteamericano James Carville. Una técnica que usaron los asesores de Clinton, entre ellos Dick Morris -asesor de radicalismo-, consiste en encuestas cuantitativas y sondeos a través de preguntas simples, de las preferencias en cuanto a determinadas frases, y reconociendo las ventajas percibidas por parte del futuro electorado. Otro caso es el del asesor de José María Aznar, Agustín Medina, que en Argentina lo consultó Adolfo Rodríguez Saa. También en nuestro país, algunos políticos radicales fueron asesorados por la semióloga Lucrecia Escudero, discípula de Umberto Eco, quien actualmente trabaja en la Universidad de Bologna. En Córdoba, José Manuel De la Sota contrató al brasileño Duda Mendonça.

nión trabajan en forma conjunta.

La utilización de la segmentación del público transforma el espacio político del receptor en una dimensión más entre otras de su vida, a la cual se acomoda sin oponerse, produciendo un bajo nivel de "implicancia" con su elección.

Y en lo que respecta al candidato, el político se transforma en un sujeto cuya legitimidad y consenso no dependen tanto de su trayectoria, sino que pueden construirse y constituirse mediante rasgos y cualidades que se basan en su "imagen".

> El desencantamiento de la política transforma el espacio público político en espacio publicitario, convirtiendo al partido en un aparato-medio especializado de comunicación y al carisma en algo fabricable por la ingeniería mediática (Martín Barbero, 1998: 34).

El investigador argentino Oscar Landi ha realizado aportes a la relación política-televisión describiendo claramente cómo la estética televisiva hegemónica y las formas de puesta en escena han modificado las formas tradicionales de hacer política. La videopolítica ha generado, a través de la promoción televisiva de candidaturas por fuera de los mecanismos electivos internos de los partidos, el lanzamiento político de personajes del espectáculo, del deporte y la farándula. Así también se promueve el desprestigio de políticos de trayectoria y de los partidos tradicionales. Esta subsumisión de lo político a lo televisivo Landi llama "ágora electrónica".

Cabría la pregunta: ¿cómo y por qué el espacio de las programaciones televisivas de humor se han apropiado del espacio del debate político y si hoy no son también formadoras de imagen de los políticos?

Bibliografia

Landi, Oscar (1992) *Devórame otra vez.* Ed. Planeta, Buenos Aires.

Martín Barbero, Jesús (1993) *Procesos de comunicación y matrices de cultura. Itinerario para salir de la razón dualista.* Ed. G. Gilli, México.

---------------- (1991) *De los medios a las mediaciones. Comunicación, cultura y hegemonía.* Ed.G Gilli, México.

---------------- (1998) *Cultura, medios y sociedad.* Ed.Ces/Universidad Nacional, Colombia.

Moscovici, Serge (1991) *Psicología social.* Tomos I y II. Ed. Paidós, Barcelona.

Muraro, Heriberto (1992) *Poder y comunicación.* Ed. Letra Buena, Buenos Aires.

Reardon, Katheleen (1991) *La persuasión en la comunicación.* Ed. Paidós, Barcelona.

Ricoeur, Paul (1989) *Educación y política.* Ed. Docencia, Buenos Aires.

Verón, Eliseo (1987) *El discurso político: lenguajes y acontecimientos.* Ed. Hachette, Buenos Aires.

Wolf, Mauro (1991) "Tendencias actuales del estudio de medios" en revista *Diálogos*. Nro. 30.
----------------- (1987) *La investigación de la comunicación de masas*. Ed. Paidós. Buenos Aires.
Wolton, Dominique *et alt*. (1992) *El nuevo espacio público*. Ed. Gedisa, España.

3.2 La construcción del adversario político. Una lectura desde las nociones de ícono, índice y símbolo.

Ana Luisa Cilimbini

En el presente trabajo, intentaremos reflexionar sobre un pequeño *corpus* conformado por imágenes provenientes de la campaña electoral 2007, en la que se disputó la gobernación de la provincia de Córdoba. Recuperamos, de modo central, los aportes de F. Andacht en: "El signo indicial en la representación televisiva de lo real". Este autor sostiene que el signo indicial es el motor de programas televisivos como los *reality show* [1]. Intentamos hacer extensivas a nuestro *corpus* algunas hipótesis planteadas por Andacht respecto al programa *Big Brother Brasil Tres* (BBB3).

Antes de avocarnos a la tarea enunciada, exponemos algunos aspectos generales del pensamiento de Charles Sanders Peirce, marco teórico desde el cual reflexiona Andacht. Para Peirce, la semiosis -entendida como una inferencia a partir de signos- está en la base de todo conocimiento. De esta forma, en el proceso de semiosis, un signo no está aislado sino que es un eslabón en una cadena donde "cada signo a la vez es interpretante del que lo antecede e interpretado por el que le sigue. Como todos los pensamientos son signos también se remiten unos a otros: *Todos los pensamientos deben dirigirse ellos mismos a otros pensamientos, puesto que tal es la esencia del signo"* (Vitale: 2002, 24-25).

Para Peirce, la semiosis nos acerca al mundo, a lo "real", entendiendo por real aquello a lo cual el hombre se enfrenta y que se resiste a ser conocido. Todo conocimiento requiere de una relación sígnica donde es importante tener en cuenta la distinción teórica entre objeto "dinámico" e "inmediato". El "objeto dinámico" es la "fuerza bruta", lo "real" antes de ser semiotizado, es decir, el objeto considerado fuera de la relación sígnica (Vitale, 2002) pero que de algún modo determina al signo en su representación. Y el "objeto inmediato" es el objeto tal como es representado en un proceso de semiosis[2]. Esto implica que

---

[1] El índice es un signo que se encuentra en una relación de inmediatez con el objeto denotado. Ejemplos de índices son: las huellas de un animal, la veleta que indica la dirección del viento, el ademán de señalar, el humo que da señales de fuego. Consideramos también como índices gran parte de los gestos y las emociones.

[2] No todos los semióticos estarían de acuerdo con la afirmación que acabamos de realizar. Para Verón, por citar uno de los autores más influyentes en Argentina, ambos objetos "(...) el objeto inmediato y el objeto dinámico, son producidos por la semiosis. El objeto dinámico no es independiente de la semiosis, de la terceridad" (1998:118).

el límite de nuestra experiencia y, en última instancia, del mundo es delimitado por aquello que es representado en un proceso sígnico (la "realidad" se nos presenta semiotizada). Lo cual no equivale a afirmar que en el mundo no puedan existir más cosas que las que se hallan semiotizadas.

A Peirce le interesa describir y clasificar las ideas que circulan cotidianamente, es decir, aquellas que pertenecen a la experiencia corriente o común. Así surge la denominación "faneroscopía" o "ideoscopía" y al respecto plantea:

> La faneroscopía es la descripción del fhaneron; por fhaneron entiendo la totalidad colectiva de todo lo que, cualquiera sea la manera y el sentido, está presente al espíritu, sin considerar en modo alguno si ello corresponde a alguna cosa real o no (Verón, 1998:106).

De este modo, para Peirce, la experiencia humana se organiza a partir de tres categorías que denomina: primeridad, segundidad y terceridad -y que corresponden al orden de las posibilidades, de los eventos singulares, de la ley- presentes en toda relación sígnica.

La posición de Peirce sobre el lenguaje, donde los signos nos acercan al mundo, difiere de otras posturas como por ejemplo la de Roland Barthes. Este autor sostiene que:

> El lenguaje es una legislación, la lengua es su código. No vemos el poder que hay en la lengua porque olvidamos que toda lengua es una clasificación, y que toda clasificación es opresiva (...) la lengua, como ejecución de todo lenguaje, no es ni reaccionaria ni progresista, es simplemente fascista, ya que el fascismo no consiste en impedir decir, sino en obligar a decir (2000:118-120).

Para Barthes, el lenguaje es una "cárcel" y la única forma de sustraerse al poder de la lengua es a través de la literatura. En relación con estas polémicas sostenemos que la única forma de acceder "al mundo" es a través de los signos pero, al mismo tiempo, éstos no mantienen una relación de transparencia con aquello que nominan o describen.

Algunas publicaciones sobre Peirce[3] afirman que aún persiste cierta controversia acerca de cómo interpretar algunos pasajes de su obra ya que varía la designación de los términos según distintos períodos. En sus escritos realizó una clasificación de los signos siendo la más desarrollada y difundida la que corresponde a la manera en que el signo se relaciona con su objeto. Así distinguió entre ícono, índice y símbolo:

---

[3] Este autor comenzó a ser estudiado en castellano alrededor de 1974 (Pérez de Medina, 1999)

> Un *ícono* es un representamen de lo que representa y para la mente que lo interpreta como tal, en virtud de que es una imagen inmediata, es decir, en virtud de los caracteres que le pertenecen como objeto sensible, y que poseería el mismísimo modo aun si no hubiese en la naturaleza un objeto que se le pareciera, y aunque nunca se lo interpretara como signo. Tiene la naturaleza de una apariencia y, como tal, en términos estrictos, sólo existe en la conciencia, aunque por razones de conveniencia del léxico común y cuando no se requiera extrema precisión, extendemos el término *ícono* a los objetos exteriores que suscitan en la conciencia la propia imagen (Pierce, 1987:4.447).

> De naturaleza por completo opuesta es el tipo de representamen denominado *índice*. Es una cosa o hecho real que es un signo de su objeto en virtud de estar conectado con éste como algo obvio, y también por entrometerse a la fuerza en la mente, completamente al margen de lo que se interprete como signo (Pierce, 1987: 4.447).

> Un *símbolo* es un representamen cuyo significado o aptitud especial para representar justamente lo que representa sólo reside en el hecho de que hay un hábito, una disposición u otra regla general eficaz de que así se lo interpretará (Pierce, 1987: 4.447).

Las nociones de ícono, índice y símbolo[4] se vuelven importantes como instrumentos analíticos ya que nos permiten reflexionar sobre los afiches callejeros que formaron parte de la campaña de propaganda, originada con motivo de las elecciones a gobernador en la provincia de Córdoba durante septiembre de 2007 (ver imagenes al final).

Lo que llamó la atención de estos afiches es la manera en cómo los retratos de los candidatos "oficialistas"[5] fueron caricaturizados a través de recursos lúdicos como agregar una nariz de payaso o un parche de pirata invirtiendo por completo el sentido "primero" u "originario" del cartel.

Estas imágenes caricaturizadas se transformaron en un poderoso dispositivo que los adversarios del oficialismo cordobés -con mayor posibilidad

---

[4] Existe una tendencia fuerte a leer el pensamiento peirceano como un pensamiento clasificatorio pero consideramos que sus principales aportes son las categorías de primeridad, secundidad y terceridad. La terceridad supone a la secundidad y la secundidad supone a la primeridad. Poner en juego esta lectura donde los elementos se articulan e implican hace que caiga la idea de taxonomía.

[5] Los denominamos "oficialistas" ya que públicamente fueron apoyados por el gobernador saliente José Manuel de la Sota, el ex presidente Néstor Kirchner y la actual presidenta de la Argentina, Cristina Fernández de Kirchner.

de llegar a la gobernación- eligieron para materializar la pelea electoral.

En el afiche "originario", antes de ser sometido a la "manipulación" de los adversarios, se destacaba un cuidadoso retrato fotográfico de los candidatos a gobernador y vicegobernador por el Partido Justicialista (ver imagen N° 1). En impecable traje azul oscuro, los políticos se presentaron sonriendo. El candidato a gobernador, con corbata y el candidato a vicegobernador, sin corbata. Sabemos que las agencias de *marketing* y publicidad preparan con sigilo y minuciosidad la imagen de los candidatos políticos donde nada queda librado al azar El hecho de que Héctor Campana[6] se presente sin corbata tiene que ver con la ampliación del colectivo de identificación. Esta ampliación involucra tanto al prodestinatario (adherentes), en este caso, el partido justicialista/peronistas como al paradestinatario o indeciso (Verón, 1987)[7].

La imagen de los candidatos fue acompañada por los apellidos de los políticos y un *slogan*: "*Paz, progreso y educación*" o su variante "*Paz y progreso para Córdoba*" (ver imagen N° 1).

En muchas ocasiones las imágenes son pensadas como códigos abiertos. Esto tiene como resultado el hecho de considerarlas "ambiguas" o "flotantes" y que pueden ser interpretadas de múltiples maneras. La forma de reducir esta polisemia, a los fines de orientar el significado, es, como lo hace la publicidad, ir acompañada de un comentario verbal, un *slogan*. Este último tendría la función de anclaje, es decir, de fijar la lectura de la imagen. Bajo estas ideas directrices trabajan, generalmente, las agencias de publicidad y los asesores de imagen.

Ahora bien, una de las reflexiones que podemos extraer de la teoría de Peirce es que los signos icónicos (hipoíconos) no son reductibles a lo simbólico. Recordemos que en este último nivel se encuentran las palabras de la lengua. Existe una tradición logocéntrica en Occidente que atribuye al símbolo el poder de estabilizar y fijar sentidos. Esta posición impide ver que ícono, índice y símbolo cumplen funciones diferentes (Ransdell, 2001). Sintéticamente, diremos que el ícono transmite información al incorporar cualitativamente a su objeto. El índice transmite información al ser afectado físicamente por su objeto y el símbolo transmite información debido a hábitos o reglas (Rochberg-Halton, 1986).

Otra reflexión que podemos extraer del planteamiento de Peirce es que es difícil estabilizar el significado de un signo dado que el proceso de semiosis es "virtualmente" infinito[8]. Volveré sobre esto más adelante.

---

[6] Luego de las elecciones que estuvieron rodeadas de polémica y acusaciones de fraude, fue electo vicegobernador.

[7] Ver Petit "Propaganda política: impacto de las nuevas tecnologías. Una mirada desde lo psicosocial", en este mismo volumen.

[8] A veces se distingue entre semiosis infinita y semiosis en acto. Esta última implica una "clausura provisional" al proceso sígnico.

Llegados a este punto, nos gustaría retomar la cuestión de por qué estos afiches callejeros se transformaron -dentro del espacio público cordobés- en un ámbito privilegiado para la lucha entre adversarios políticos.

Una posible respuesta se puede comenzar a vislumbrar en la entrevista que Fernando Andacht le realizó a Joseph Ransdell. Este catedrático -especialista en la semiótica de Peirce- expresa que, muy tempranamente, los pensadores modernos sintieron aversión por la acción de las imágenes ya que éstas se encontraban fuera del control de la palabra. Esta forma de pensar de los primeros modernos se habría convertido en un campo fértil para instalar la creencia del poder corruptor de la imagen -y también de la imaginación- ya que "...llevaba el pensamiento hacia lo salvaje, donde perderíamos todos los parámetros, y sólo podríamos deambular sin rumbo, al azar..." (2001: 9). Encontrarse "fuera de control" explicaría por qué predomina, en la filosofía académica actual, un punto de vista ícono/fóbico y que Andacht retoma bajo la designación de "tecnocinismo"[9]. La filosofía de Heidegger ha propuesto que el sujeto moderno es un "sujeto dominador del mundo", por lo tanto, nada más aborrecible para este sujeto que "algo esté fuera de control" (las críticas de Heidegger se dirigen al capitalismo y al sujeto cartesiano, ideas que influirán luego en la Escuela de Frankfurt).

Lo aborrecido por algunos pensadores modernos se convierte en "energía" para el militante de base que sale a recorrer las calles. Precisamente, que la imagen escape al control de la palabra y que esté disponible para ser manipulada por el transeúnte (recordemos que son afiches que están en la vía pública y son de fácil acceso) torna inútil la labor de la más sofisticada agencia publicitaria que intenta "fijar", "anclar" -con probable éxito en el tiempo presente- la interpretación de la imagen. Un simple círculo rojo colocado en la nariz o un parche en el ojo se transforman en subversivos y el proceso de semiosis continúa con el paso del tiempo (ver imagen N° 2 y N° 3).

Ahora bien, ¿qué fundamentos podemos encontrar en el pensamiento de Peirce que nos permitan comprender la inversión del sentido en los carteles callejeros? El primero de ellos es la noción de "semiosis ilimitada" donde los signos están conectados unos con otros, eslabonados. La categoría de "semiosis ilimitada" o "semiosis infinita" no pertenece a Peirce, sino que es una elaboración de otros autores, entre los que podemos mencionar a Umberto Eco. La semiosis es un proceso que supone siempre una acción anterior que revela y explica el sentido que los signos adquieren en un contexto comunicativo pero, al mismo tiempo, está abierto hacia el futuro, es decir, hacia los efectos que puede producir en otras mentes. En el despliegue de este proceso sígnico es factible la novedad (nariz de payaso / parche de pirata) y el aumento

[9] La idea de "tecnocinismo" Andacht la toma de Horst Bredekamp.

del conocimiento (en estos casos se incorpora un nuevo significado: "poco serio", "ladrón"). Como afirma Castañares:

> En los procesos concretos de semiosis confluyen, pues, dos elementos; un elemento preexistente de carácter colectivo: una regla de interpretación; y, en muchas ocasiones, un elemento innovador que pertenece a la experiencia de los individuos pero que, gracias al carácter social de las reglas de interpretación de los signos, resulta comunicable y en cuanto tal universalizable.[10]

Otra clave para comprender esta inversión del sentido es la idea de la vaguedad de los signos o "que no hay comunicación enteramente precisa".

> Un signo es objetivamente vago, en cierta medida, dejando su interpretación más o menos indeterminada, se reserva para algún otro signo posible o experiencia la función de completar la determinación. No hay comunicación de una persona a otra que pueda ser enteramente precisa (...) dondequiera que otra posibilidad de variación continua subsista, la precisión absoluta es imposible. Es más, debe ser vaga porque la interpretación que hace un hombre de ciertas palabras nunca está basada exactamente en la misma experiencia de otro hombre. Hasta en nuestras concepciones intelectuales, cuánto más nos esforzamos por lograr la precisión, más inalcanzable ésta se hace (Pierce citado en Rochberg Halton, 1986:5).

La perspectiva de Peirce permite contemplar los aspectos relacionados con la comunicabilidad de los signos. Si la comunicación no se produce no hay representación, pero los signos utilizados en la representación son "objetivamente vagos" dejando en manos de otros signos la posibilidad de ser interpretados. En este caso, tanto la nariz de payaso como el parche de pirata constituyen signos más desarrollados (Andacht) que producen la inversión del sentido "originario" del cartel.

Por otro lado, Rochberg Halton explica que el pensamiento moderno con fuerte influencia del positivismo trató de eliminar la vaguedad del lenguaje en busca de enunciados fieles a su pensamiento. Recordemos que el positivismo concibe al conocimiento como algo observable, medible y verificable alentado en la idea de controlar "lo real". Esta concepción de la ciencia, que algunos autores denominan "clásica", se rige por el pensamiento cartesiano que plantea una división/separación entre sujeto y objeto. Este paradigma de investigación parte del supuesto que es posible conocer la "realidad" y que, para

---

[10] Cf.http://arje.atspace.com/ lenguaje3.htm: 6

alcanzar este conocimiento, el investigador debe tener una postura de distanciamiento donde deje de lado sus valores para poder descubrir cómo funciona la realidad recortada.

Ahora bien, para Rochberg Halton la vaguedad de los signos -como fue concebida por Peirce- puede "proveernos de una herramienta metodológica muy útil para obtener objetividad en la investigación empírica en las ciencias sociales" (1986:6). Esto es posible porque se puede proyectar investigaciones donde los límites y alcances se definan desde "lo analizado" y "no en supuestos a priori del investigador" (recordemos que existe la posibilidad de que otro signo o experiencia pueda completar la determinación dentro del proceso comunicativo. Explícitamente, Rochberg Halton está pensando que el discurso del encuestado o entrevistado se convertiría en un signo más desarrollado que permitiría incorporar una nueva dimensión a la investigación).

A continuación, intentamos vincular las ideas trabajadas precedentemente con el artículo de Andacht, titulado: "El signo indicial en la representación televisiva de lo real" donde afirma:

> ... describí este efecto semiótico del reality show Big Bother como "toque indicial": un impacto existencial de la clase de signo que depende para funcionar de que exista una relación real con su objeto. No es extraño por ende que estos síntomas textuales se caractericen por la presencia de la emoción de sus autoras, por la clase de reacción interpretativa que se asocia más al cuerpo, a lo gestual, que a lo verbal o simbólico-argumentativo. (...) El hastío o la rabia que detectamos en estos interpretantes escritos y especializados son un indicio confiable del funcionamiento semiótico específico de estos programas televisivos (2007: 2-3)

Observamos en el *corpus* propuesto un fuerte "toque indicial" que se caracteriza por pertenecer al orden de lo pasional. El índice es un signo que se refiere al objeto que denota en virtud de que es realmente afectado por ese objeto. La "tinta chorreante" del cartel se encuentra en una relación de contigüidad con el objeto denotado que incluye al espacial. La función evidencial del índice (Ransdell, 2001) revela una fuerte presencia emocional "que se asocia más al cuerpo", a lo espontáneo, a lo sentimental, producto de la escalada en la contienda electoral y de las excitaciones que genera la presencia del adversario político. En la concepción de Peirce, el interpretante es un efecto producido por otro signo y este efecto pasional se pone al descubierto en la espontaneidad de la tinta chorreante "registrada" en los carteles.

Pero los signos indiciales también se "presentan" en la fotografía del cartel (observar *corpus*). Es importante señalar que, para Peirce, la fotografía es "...un índice con un ícono incorporado al mismo..." (1987:4.447). En tanto que, en la Imagen N° 3, observamos una frase encerrada en un círculo que dice: "Vote y se van" (nivel simbólico). Esta frase fue pegada en los carteles con posterioridad a realizar la pintada del parche de pirata, pero el proceso electoral a través de propagandas es tan veloz que se hace difícil registrarlo por etapas.

Ahora bien, las preguntas que se nos ocurren a partir de mirar los carteles son: ¿quién debe votar?, ¿quiénes se van? Si observamos detenidamente, veremos que aparece un listado con apellidos de personas en letra más pequeña[11] (estas personas se encontraban ocupando cargos importantes como funcionarios públicos al momento de la contienda electoral). Una vez más, los símbolos indiciales adquieren una gran fuerza cognitiva a partir de la inferencia porque soy YO el que debe votar para que las personas del listado contiguo se vayan de los cargos públicos. Esta comunicación se asienta en el supuesto de que el lector del cartel tiene antipatía por las personas del listado ya que se comparte la creencia de que son "poco serios" y "ladrones".

Las afirmaciones expuestas nos llevan a pensar que, en las comunicaciones que realizamos cotidianamente, rara vez se presentan signos que pertenecen a una sola clase o a una misma taxonomía sino que lo que hay son signos de diferente naturaleza. Recordemos que para Peirce "...los signos más perfectos son aquellos en los cuales los caracteres icónicos, indicativos y simbólicos están mezclados en partes tan iguales como sea posible" (1987:4.448).

[11] Los apellidos que aparecen son: De la Sota (gobernador de Córdoba), Schiaretti (vice gobernador de Córdoba.), Carboneti (diputado), Caserio (ministro de gobierno), Alarcia (diputado). Pasadas las elecciones, la mayoría de estas personas fueron re-elegidas para seguir ocupando cargos públicos.

Imagen Nº 1: calles Corro y Montevideo, Córdoba – Octubre de 2007.

Imagen Nº 2: calle Fructuoso Rivera, Córdoba – Octubre de 2007.

Imagen Nº 3: calles Corro y Montevideo, Córdoba – Octubre de 2007

Bibliografía

Andacht, Fernando (2007) *El signo indicial en la representación televisiva de lo real.* Material del Seminario sobre la Representación Mediática de lo Real, Córdoba.

Barthes, Roland (2000) *El placer del texto y lección inaugural.* Ed. Siglo XXI, México.

Catañares, Wenceslao "La Semiótica de C.S. Peirce y la tradición lógica". Universidad. Complutense. http://arje.atspace.com/lenguaje3.htm

Peirce, Charles (1987) *Obra lógico-semiótica.* Ed. Taurus, Madrid.

Perez de Medina, Elena (1998) "Charles Sanders Peirce (1839-1914): el signo y sus tricotomías". En *Recorridos Semiológicos* (comp. Marafioti). Ed. Eudeba, Buenos Aires.

Ransdell, Joseph (2001) *Entrevista a Joseph Ransdell [por Fernando Andach].* Material del Seminario sobre la Representación Mediática de lo Real, Córdoba.

Rochberg Halton, Eugene (1986) "Inmediatez cualitativa y el acto comunicativo". En *Meaning and modernity .Social Theory and the pragmatic attitude.* Universidad de Chicago.

Verón, Eliseo (1998) *La semiosis social.* Ed. Gedisa, Barcelona.

Vitale, Alejandra (2002) *El estudio de los signos. Peirce y Saussure.* Ed. Eudeba, Buenos Aires.

3.3. Radicalización de antagonismos: discursos presidenciales durante el conflicto con el *campo* [1]

Fabiana Martínez

Introducción

El presente trabajo se propone analizar cómo desde el año 2003 se ha intensificado en los discursos presidenciales la dimensión antagónica de lo político a partir de la permanente institución de múltiples "adversarios". En los últimos años, la tematización de la figura del contradestinatario -vinculada a la polémica y la refutación, pero también a la definición de la propia identidad- aparece como una estrategia discursiva recurrente que se instituye como un principio de inteligibilidad de la política, al encontrar además una intensa circulación mediática. En particular, permite categorizar los escenarios, definir los sujetos y sus vínculos (entre el enunciador y el adversario, pero también entre el Líder y los colectivos) y reformular los sentidos de la ación política. Por otro lado, esta estrategia se vincula con el retorno de múltiples ideologemas (Angenot, 1989) desplazados en las décadas anteriores que configuran un nuevo "dispositivo ideológico" (Beauchemin, 1992) nítidamente diferenciado de los discursos de los 90: en particular, el sentido teleológico de la política y la restitución de valores ligados al tópico de la *lucha* (como la *intransigencia*) en estrecha dimensión con la configuración axiológica de los propios procesos; y también, en este escenario, la definición del sujeto político como un "héroe" que en su "deixis fundacional" remite a otros combates de su pasado.

Para encarar esta problemática, recurrimos a una perspectiva socio-semiótica sobre el discurso político, teniendo en cuenta sus particulares condiciones de producción en la actualidad. Como ha señalado Lefort (1991), la invención de la democracia como un potencial "centro vacío" y a una pérdida de fundamentos míticos e incuestionables de lo social coloca a los hombres frente a una radical indeterminación. Ésta es conjurada a partir de un intenso y permanente trabajo simbólico, que tiene como característica el situarse siempre en un "campo discursivo" (Verón, 1987) en el cual se disputa un *parecer verdadero* frente a otros discursos. La institución de esta *tecnología de producción discursiva de la verdad* en relación al gobierno de los hombres (como ha señalado ya Foucault) reemplaza de forma precaria y contingente a la palabra de

[1] Ponencia presentada en: XII Jornadas Nacionales de Investigadores en Comunicación. Rosario, Octubre de 2008 .

Rey, definida como una verdad absoluta en remisión a la figura de Dios. Su condición es la disputar frente a otros sujetos políticos un cierto orden social posible, configurarse como una *alternativa creíble y conveniente frente a otras* y de allí la dimensión adversativa constitutiva del género: el discurso político contiene en sí el "reconocimiento explícito" de esta competencia, y una de sus tareas esenciales es la "aniquilación de esos discursos *otros*, que deben ser exhibidos, en cierto modo, como radicalmente falsos" (Verón, 1980). Esto determina la multiplicación de las figuras en el orden de la enunciación política, y también complejiza el trabajo simbólico, pues a la persuasión se suma la polémica. Así, en los discursos políticos encontramos estrategias orientadas a la definición del *nosotros*, a la argumentación sobre los tópicos propuestos, y al mismo tiempo, elementos de neutralización y descalificación del otro. Como ha señalado Verón (1980), "desde este punto de vista el discurso político es portador de muerte": muerte simbólica en la reducción del Otro al silencio; o como diría Foucault, institución de un orden del discurso definido por la rareza y la escasez de los enunciados *legítimos* y por un conjunto de procedimientos de exclusión que establecen los regímenes de la verdad.

El antagonismo es entonces constitutivo de la democracia moderna como sistema en el cual se disputan perpetuamente los fundamentos de un orden posible (y esto funda la condición teleológica de la política: poder *hacer* al mundo de otro modo) y en la que también, históricamente, la expansión de los derechos (liberales, sociales) se ha dado a partir de la radicalización del conflicto, de la institución de la diferencia (más que a partir del acuerdo logrado a partir de una comunicación transparente) que se plantea en el seno de una "comunidad imaginada".

Para la formulación de este trabajo, hemos tenido en cuenta investigaciones previas sobre los discursos hegemónicos en la transición democrática y en la década del 90; en los que también hemos abordado la discursividad política desde un punto de vista socio-semiótico (a partir de postulados de Pêcheux, Foucault, Verón). En este caso, también recurrimos a categorías de análisis del discurso vinculadas tanto al enunciado como a la enunciación, relevando regularidades en un corpus constituidos por algunos discursos de la presidenta (25 de marzo al 18 de junio).

Dos postulados y un interrogante

Uno de nuestros postulados iniciales es que el discurso de los 90, complementario al del Consenso Washington y a las tendencia globales de un "nuevo capitalismo" (discursivamente diagnosticadas ya por N. Fairclough) omitió toda configuración discursiva de relaciones antagónicas. El conflicto político está articulado con ciertas condiciones discursivas de emergencia, como la definición más o menos nítida del adversario (incluyendo obviamente, algunas *otras* condiciones: como diría Foucault, nos referimos a un dispositivo en el que de modo indiscernible se articulan instituciones, economía, sociedad... y discursos sin las cuales aquellas no serían inteligibles). Estas condiciones discursivas fueron *desbaratadas* en los discursos hegemónicos de los 90, y esta regularidad es uno de los componentes que dio identidad a la formación discursiva de esa década en nuestro país.

Sintéticamente, esto se evidencia en ciertas operaciones de sentido que tuvieron una presencia regular en diferentes discursos de la década:

- en la destitución de los colectivos que definieron las matrices de los discursos populistas y de la transición, y su sustitución por lo que hemos llamado "interpelaciones individualizantes" (desaparición de "identidades narrativas colectivas" fuertes del propio peronismo: *trabajadores, peronistas, pueblo*; pero también de otras entidades más amplias del imaginario político nacional: *ciudadanos*), hasta producir un *vaciamento del campo de los actores específicamente políticos.*
- por la configuración negativa del *Estado*, que se expande hacia desvalorización aguda de todos los ámbitos y actores de lo público y, complementariamente, por la institución del "mercado" como un nuevo fetiche (Angenot, 1989) y por el desarrollo de un discurso apologético de sus actores (*empresarios, corporaciones,* entidades financieras internacionales).
- por el consecuente desplazamiento de la dimensión axiológica de la política por el de un conjunto de valores cada vez más visiblemente aglomerados en torno a este fetiche: *eficiencia, competitividad, apertura* y *flexibilidad*; criterios a partir de los cuales se juzgan las prácticas de instituciones -lo que permite desacreditar, por ejemplo, al *Estado,* los *gremios*- y también a los colectivos mismos - provocando un desplazamiento desde la *teleología* a la prescripción de la adaptación respecto a *tendencias globales.*
- por la ruptura de la densidad histórica derivada de la territorialidad compartida: al ser sustituido el espacio nacional por el espacio global, apareciendo el primero como una amenaza y el segundo como un lugar de realización de todos los valores (ejemplo: motor del *progreso*).
- por el desdibujamiento de todas las condiciones y los sujetos marginados, excluidos, vulnerados y pauperizados

durante la década del 90; y también -como consecuencia de las anteriores regularidades discursivas- por la eliminación del conflicto como constitutivo del universo político, en la medida en que este universo ya no está habitado por "subjetividades políticas" sino por "subjetividades *del mercado*" que mantienen entre sí relaciones complementaris (es decir, articuladas en torno a valores de lo económico).

En definitiva, como señala Foster, "el modelo neoliberal tiene como fundamento la reducción de la comunidad política a un contrato entre personas que intercambian bienes o servicios, expulsando de la idea misma de sistema político la democracia como ámbito del litigio y del desacuerdo... Una igualdad mercantil desplazará el litigio fundacional de lo político, transformando la escena pública en una prolongación del mundo empresarial asociado a los nuevos mecanismos privatizadores de la subjetividad contemporánea".

Según nuestro segundo postulado, una hegemonía discursiva postmenemista (que se inicia con la campaña de N. Kirchner en el 2003) se define a partir de unas estrategias que se colocan en posición polémica respecto a esta doxa. El discurso kirchnerista opera una inversión de todos los tópicos con lo que termina, finalmente, invistiendo a la esfera de la política de sentidos completamente diferentes (del *Estado* al *mercado*, de la *eficacia* a la *inclusión*, de lo *global* a lo *nacional*, etc.). Por otro lado, buena parte de estos sentidos están estructurados en torno a la institución permanente del antagonismo como articulador de las principales relaciones y subjetividades políticas. En este caso, el "conflicto" retorna al centro de la discursividad democrática, y se instaura como nuevo principio de inteligibilidad de lo social y lo político.

¿Cuál es el estatus de este *litigio*, qué articulación discursiva y narrativa reviste en los últimos años, y con qué condiciones de producción se vincula?

En cuanto a estas condiciones podemos afirmar:

1. como estrategia de diferenciación simbólica respecto a los 90, la institución permanente de adversarios a los que rápidamente se derrota (como hemos señalado en otros trabajos: *los militares, el proyecto neoliberal, los organismos-internacionales*, etc.) permite la fuerte configuración de la modalidad del poder (de la que fueron privados casi todos los actores políticos en los años 2000-2001, desde la inoperancia de De la Rúa hasta las impotencias de Duhalde) y sostiene la base de la imagen de un Líder ejecutivista, efectivamente *conductor, gestor*. A partir de estas propiedades, la principal atribución de la acción de este sujeto es *conjurar la incertidumbre del futuro,* dominando (simbólica-

mente) el escenario, controlando a sus actores y distribuyendo reconocimientos y sanciones[2] (todas acciones en los 90 atribuidas al *mercado*).

2. la particular sucesión de antagonismos instaura la idea de *litigio* como principal articulador de las *narraciones* (narración de la *memoria y el castigo*, narración de los *adversarios en la historia*) que dan sentido a los diferentes acontecimientos. En los discursos de la primera presidencia se constata la presencia de una doxa que reúne varios tópicos:

- una densa tematización del adversario, entendida como una función constante del discurso que va recibiendo diferentes investiduras[3],
- derivado del anterior, una concepción de la política centrada en los tópicos de la *lucha* y de la *intransigencia*, como valor que regula el modo específico de desarrollo de esta *lucha* (secundariamente, el vínculo que esto traza con las retóricas de los años 70)
- la configuración de ciertas alianzas entre el enunciador y los "colectivos" (a los que hay que defender del enemigo), y la cristalización de una axiología, es decir, del conjunto de valores en nombre de los cuales adquiere sentido este conflicto (entre los que ocupa un lugar central la *inclusión social*).

Ya ubicados en este marco, podemos delimitar el objeto de esta ponencia: se trata de una descripción de las estrategias discursivas desplegadas en los discursos públicos del Ejecutivo (entendidas como una radicalización de regularidades ya presentes en la anterior presidencia) durante la gestión del conflicto con las entidades rurales, análisis que tendrá particularmente en cuenta la dimensión adversativa y las alianzas entre el sujeto político enunciador y los colectivos.

Entendemos a este acontecimiento como un momento de inflexión simbólica, en el cual quedó gravemente desafiado el "escenario" y los roles exitosamente instituidos en él desde el año 2003[4], cues-

---

[2] Configuración que circula socialmente en la medida en que el discurso del Presidente confluye con la agenda temática y atributiva de los medios: esta alianza marca ya una debilidad estructural, la de la imposibilidad de instituir a los mismos *medios de comunicación* como adversarios. Éste es un límite del escenario, límite invisible hasta que algún acontecimiento lo evidencia y comienza a tematizarse. En el mismo momento en que se pone en cuestión, junto a la convergencia de las agendas, caen los "índices de imagen" del gobierno.

[3] Inesperadamente, retorno de los postulados narratológicos: unas pocas funciones explican las infinitas variaciones superficiales de estas constantes.

[4] Escenario y roles que se delinean en la campaña del 2003 y se consolidan de modo

tionando de modo dramático el consenso obtenido hasta el momento. Esto da lugar a una pregunta más general, asociada a los dos postulados antes señalados: ¿cuál es el límite del conflicto como estructurador del imaginario político en las condiciones actuales de nuestra sociedad?; ¿cómo es que en un punto, frente a la llamada *opinión pública* aparece como un exceso, va más allá de los límites de lo *admisible*, se torna, súbitamente, *inverosímil*?

En otras palabras, si la democracia es un precario equilibrio entre *litigio* y *acuerdo* (figuras que asumen pesos específicos según semiosis bien diferenciadas: por ejemplo, en la *intransigencia* el conflicto es *ilimitado*[5]), hasta qué punto la exasperación de la misma estrategia que dio grandes beneficios simbólicos a los Kirchner actuó, a partir de algún delgado límite, destructivamente respecto al mismo consenso que había ayudado a construir.

Sin dudas, no encontraremos esta respuesta *sólo* en los discursos del Ejecutivo. Lo que necesitamos interpretar es el funcionamiento de un *campo discursivo* bastante más amplio en el que se constata -a partir de este conflicto- no sólo que el discurso del gobierno se evalúa súbitamente (o no) como *inadmisible* (o al menos *inverosímil*) sino también que otros discursos logran articular discursivamente a su favor los sentidos del conflicto.

Se cumple aquí el principio de *rareza* del discurso como objeto del poder (enunciado por Foucault), la disputa por el *verosímil* social: pocos discursos pueden ser formulados como pertenecientes al régimen de verdad de una época; y quienes accedan a esta posición acceden, en definitiva, simultáneamente al único poder posible en una sociedad: el que se inviste -discursivamente- con la propiedad de la *verdad*, en un juego que siempre implica la *exclusión* de otros enunciados. Y también, en la misma perspectiva, un principio de contingencia y de indeterminación en la circulación del sentido: frente a una misma estrategia, un campo de efectos posibles, incluso contradictorios entre sí.

Tendremos en cuenta, como telón de fondo, dos elementos que posiblemente han incidido en la "saturación" de esta estrategia discursiva. En primer lugar, de un presidente a otro, permanece la intensa tematización del adversario: pero cambia sensiblemente el vínculo que

---

coherente y recurrente hasta el año 2007 - citar trabajo mío?

[5] La admisibilidad de la legitimidad del conflicto (y de sus diversas formas) está directamente relacionada con la *naturaleza atribuida al adversario:* es claro que en formaciones autoritarias el conflicto no admite negociación posible, pues el adversario es la encarnación de un mal absoluto y exterminador para la *sociedad*. Así: véase el discurso de los militares respecto a la *subversión* (Barros: 2002); el de Hitler acerca de una "solución final" (Faye, 1975); el de Bush respecto a los "parásitos terroristas" y "el eje del mal" (29/01/02). En todos los casos, un contexto de guerra permite también llevar al extremo lo que es una tendencia implícita del discurso político: desde la eliminación simbólica del adversario a su eliminación física.

el enunciador construye con el colectivo (el *pueblo,* los *argentinos*). En el caso de Kirchner es de simetría, identificación, y convergencia planteado en el *hacer conjunto,* en un poder hacer como modalidad compartida (a partir de su configuración como "hombre común"). Pero en el caso de Cristina este rasgo se modifica: es un vínculo "pedagógico", de distribución desigual del saber, de un enunciador ubicado en un plano superior (el de la posesión de la verdad, convenientemente comunicada al colectivo). Se postulan así lazos de complementariedad y jerarquía: una huella de esto es la dificultad para la institución de un *nosotros inclusivo.*

En segundo lugar, existen diferencias marcadas en el *cuerpo significante* de cada uno de estos sujetos políticos: si asumimos un contexto de democracia audiovisual avanzada (lo cual implica por otro lado gramáticas de reconocimiento vinculadas a la mediatización de estas figuras), veremos cómo los cuerpos hablan también y producen efectos de sentido. Es relevante aquí el nivel *indicial* de lo político, la construcción de sentidos sobre una materialidad significante que es soporte de lo lingüístico (pero que también parece significar por sí misma): aspecto que ya había señalado Landi en los 80 al marcar cómo -frente a la pantalla- el televidente se vuelve un "lector de indicios" y gestos que remiten a su condición moral.

Algunas operaciones discursivas

Analizaremos a continuación el modo en que la figura del contradestinatario fue constituyéndose a lo largo del conflicto, durante el que predominó un intenso tono polémico que no desembocó, como en otros casos, en un triunfo a favor del gobierno. Estos discursos desplegaron funciones complementarias en torno a las diferentes destinaciones: respecto al paradestinatario, un decir pedagógico que interpelaba a los colectivos ("argentinos") y una permanente "inversión de la creencia" que refutaba la palabra de las entidades rurales. El hacer saber fue así jerarquizado por los textos porque a través de los componentes descriptivos y prescriptivos se define un escenario, se categorizan las acciones y se postula un orden posible de acción hacia el futuro. Y en este contexto va inscribiéndose la configuración del adversario.

Así, encontramos en primer lugar la configuración sostenida de un "contrato pedagógico", de un decir político fuertemente asentado en el hacer saber, que implica:

- la configuración de una imagen del enunciador a partir de una desigual distribución del saber. Esto aparece en el nivel de la enunciación en el que los sujetos ejercen las actividades cognoscitivas, las que son jerárquicas respecto a la dimensión pragmática; en primer lugar, hacer saber, para luego poder hacer. En este caso, un enunciador situado en una posición jerárquica hace saber a un destinatario (y también a un adversario) acerca de un escenario y unas circunstancias, definiendo un vínculo fundamentalmente complementario (desde un punto de vista semiótico) respecto a ambas figuras. Esta modalidad "se presenta como un objeto en circulación inscrito en una red transitiva", es posible hablar de una producción y de una adquisición del saber pathémicamente configurada en cada discurso (Lozano, 1999). En cierta forma, el proyecto está en disputa, el *hacer saber* para la seducción es una estrategia de legitimación. Aquí son fundamentales las equivalencias, descripciones y configuraciones axiológicas: si es cierto (es decir, *verosímil*) que las retenciones garantizan la "inclusión social" y la "soberanía alimentaria"; que el sector no está en crisis y tiene "rentabilidad extraordinaria"; entonces es probable que la intervención del Estado genere cierta adhesión en los interpretantes.

- a partir de este "contrato" se despliegan una importante cantidad de componentes diagnósticos, fundamentalmente orientados a describir (incluso en términos amplios) este contexto. El escenario se define a partir de los siguientes tópicos (que suelen implicar interdiscursividad polémica (es decir, inversión de la creencia respecto a otro negativo). Los tópico son los siguientes: Argentina no está en crisis; el sector tiene una "renta extraordinaria"; esa "renta" debe entenderse como una consecuencia del modelo económico, de las acciones del Estado y el gobierno, incluso del aporte del colectivo[6]; este sector representa el "interés de los poderosos" (y de ninguna manera el interés general: refutación de la fórmula *el campo somos todos*); el conflicto remite a dos modelos en pugna (el de la *concentración de la riqueza* vs. *inclusión, redistribución del ingreso, lucha contra la pobreza*).
- el *saber* del enunciador se construye a partir de abundantes datos y referencias económicas (como en el discurso del 27 de marzo) que intensifican la configuración del adversario: no sólo tiene *rentas extraordinarias*, también se vincula con un modelo de *concentración de la riqueza*. Como la verosimilitud de esta construcción ha sido pues-

[6] Y de allí el uso ocasional del nosotros inclusivo: somos todos nosotros los que con el esfuerzo sostenemos este modelo y permitimos que los sectores que tienen mayor competitividad puedan tener también una mayor rentabilidad.

ta en duda por la *opinión pública*, la estrategia es poner en juego un conjunto de datos objetivos, que en modalidades delocutivas sostienen este hacer saber (discurso con gran cantidad de datos sobre concentración de los cultivos de la soja: *hay que tomar una decisión, el tema es cuál es el modelo de distribución en la República Argentina y cómo se concentra la riqueza...; Un poco el modelo de 1910, del Centenario, donde un pequeño sector concentraba la riqueza...pero también éramos un país con mucha miseria...; un campo dedicado a la soja requiere 1 o 2 puestos de trabajo...una minipyme familiar...genera de 12 a 14 puestos de trabajo; estos gráficos son demostrativos de una Argentina cada vez más concentrada en determinados sectores...*). En este discurso, la Presidenta habla (casi) como un Ministro de Economía.

- las estrategias de veredicción (datos, estadísticas, demostraciones) se articula con la persuasión incluyendo tanto la promesa (como anuncio de un valor: la *inclusión*) como la amenaza (anuncio de un antivalor: *miseria, pobreza, concentración de la riqueza*). En todos los casos, el destinatario aparece configurado como un sujeto paciente, y sin atribuciones de acciones específicas.

Este conjunto de explicaciones (que construye un contexto, un marco, que permite categorizar cada componente del acontecimiento) es el que permite pasar a un enunciado definicional que establece una equivalencia semántica: *porque las retenciones no son medidas fiscales, son profundas medidas redistributivas del ingreso* (una estrategia que Kerbrat-Orecchioni reconocería como un "eufemismo", al sustituir una designación por otra mejor connotada).

Estos diagnósticos incluyen también la configuración de una cierta *temporalidad social* que establece las diferencias entre el pasado y el presente a partir de un nítido conjunto de parejas axiológicas entre los 90 y el momento actual: en el pasado *los productores se debatían entre el remate de sus campos y la falta de competitividad, les remataban los campos*; a partir del 2003: *realmente comienza a tener rentabilidad, sostener un tipo de cambio competitivo...como lo hace el Estado argentino, política sustentada por el Gobierno, condiciones macroeconómicas del modelo, sectores que tienen rentas extraordinarias, intereses...muy poderosos*. Esto permite oponer el tiempo de una "verdadera crisis" (los 90, el 2001) a una presente definido como una "oportunidad histórica".

En este contrato así definido el adversario ocupa un lugar relevante. En el principio del conflicto se trata de una figura fundamentalmente económica, vinculada a la posición de un grupo dominante en la economía. De los primeros discursos proviene la oposición "piquetes de la abundancia" / "piquetes de la miseria" (25/03). Por extensión, el conflicto presenta el mismo carácter: es un "paro empresarial", un "lockout patronal", una demanda económica de los "pooles sojeros" (y no de los "pequeños productores").

La condición económica del adversario se vincula con una oposición más general que también contribuye a definir a los actores, y cuyos polos están constituidos en un extremo por el modelo de los 90 y en el otro por el modelo de la propia gestión[7]: *si queremos volver al país de unos poquitos o queremos volver a un país más justo, con mayor equidad, mayor distribución; no es una política anti-soja, es una política pro-Argentina, pro-pueblo, pro-campo; porqué un paro empresarial, un lockout patronal por tiempo indeterminado para privar de alimentos a los argentinos; no piden por los pequeños productores...piden por la totalidad de la eliminación de las retenciones, la de los pooles sojeros también, la de los grandes productores también; decretando un paro, un lockout patronal contra el Gobierno, contra el pueblo* (27/03).

Se articula, entonces, en torno a un interés económico particular que afecta al bien común, que agrede a un valor axiológico: la ingenuidad política de no advertir que toca una parte de la renta extraordinaria de un sector para distribuir mejor el ingreso (31/03); lo que queda es esto: la reacción de alguien que se niega a contribuir en la redistribución del ingreso para los que menos tienen (09/05).

Un tercer actor central se configura como gestor de las transformaciones: el *Estado*, que interviene activamente en la economía generando las condiciones que favorecen a este sector económico. Se le atribuyen un conjunto de acciones económicas: *compra dólares, desacopla precios del combustible, paga subsidios, sustenta condiciones macroeconomicas, refuerza infraestructura, invierte* en *obras, rutas, educación.* Y estas acciones se articulan en un proyecto político del cual aparece como garante: *volver a retomar los instrumentos básicos de la política económica del Estado como son los derechos de importación y de exportación para apuntalar un proyecto nacional y popular* (18/05). Por otro lado, su principal alianza es con el colectivo (cuyos intereses representa, y por los resultados de las elecciones): *distribución del ingreso que tiene que ver con un modelo de país, la retenciones no son solamente una medida*

---

[7] En los discursos de Kirchner, ya desde la campaña del 2003, aparece una oposición recurrente entre el "modelo de los 90" (organismos internacionales y capitales financieros, concentración económica, especulación, recetas neoliberales, globalización, país para unos pocos, reducción del gasto público, angustia, hambre, desesperación, desocupación) y el "modelo de la Patria" (recuperación de la movilidad social, Estado regulador, proyecto nacional y popular, inclusión, inversión en obra pública, un país para todos, derecho al salario digno, al trabajo, la educación, la dignidad, la igualdad, prioridad del trabajo y el capital nacional). Estos modelos articulan valores de todo tipo: económicos, sociales y también axiológicos.

anti-inflacionaria para que el alimento del pueblo, de todos, de los obreros, de los que trabajan en el comercio, los que trabajan en los talleres, en los servicios, en las fábricas...puedan estar accesibles los alimentos...no es una política antisoja, es una política esencialmente pro-Argentina, pro-pueblo" (27/03)

Por lo que se construye una equivalencia de orden muy general: agredir al proyecto es agredir a *todos los argentinos.*

Esta construcción no fue suficiente para obtener el consenso de la "opinión pública", y los siguientes discursos complejizaron entonces la figura del contradestinatario a partir de dos estrategias de larga tradición en otros discursos políticos argentinos: una referida a la moral negativa del adversario; otra referida a su condición *golpista* (lo que lo coloca en una absoluta exterioridad del campo político, como veremos a continuación).

Estrategia 1: una moral universal

El discurso del 27 de marzo constituye una verdadera construcción del enunciador y del adversario a partir de la distribución de cuatro propiedades que ya no se asocian a una posición económica sino a una condición moral negativa.

Prestemos atención a la apertura del discurso, situada en una fuerte construcción de ethos[8]: *Siempre he creído que cuatro son las condiciones que caracterizan la condición humana: la racionalidad, la sinceridad, la sensibilidad y la responsabilidad. Y bajo esta caracterización de lo que creo los cuatro atributos de todo ser humano, cualquiera sea el lugar que ocupe...todos, absolutamente todos debemos actuar bajo estas cuatro premisas...*

Como puede verse, los componentes diagnósticos (económicos) han sido sustituidos por enunciados didácticos, referidos a un saber general y una dimensión axiológica (o moral), difícilmente refutables por los términos abstractos que los componen: la figura del adversario se complejiza, comienza a sumar dimensiones; se asocia a valores inadecuados.

La argumentación demuestra cómo la acción presidencial se inviste de estas propiedades, mientras que se le niegan al adversario:

- el enunciador define una moral de condición *universal*, establece los límites de la axiología admisible en el campo político incluyendo a todos los actores posibles: prescriptivamente regula tanto a un "Presidente" como a un "dirigente sectorial..social..o de una ONG..."; es decir,

[8] Fundamentalmente, predominan los enunciados elocutivos, es decir, la escena es plenamente ocupada por el ethos del enunciador.

a los lugares del interés general o del interés particular. Esta moral parece establecer los parámetros a partir de los cuales podría existir un reconocimiento de la alteridad legítima.

- en la medida en que un actor no se invista de estas propiedades, aparece condenado a un campo de absoluta *exterioridad* (Verón, 1987); pues no reúne las condiciones para constituirse en una alteridad legítima.
- el *enemigo* se desplaza desde las referencias sociales y económicas hacia un universo de significados abstractos, en términos de Kerbrat-Orecchionni (1997), se configura a partir de subjetivemas axiológicos y afectivos, los que por ser difícilmente demostrables (aunque sí fácilmente argumentables) ostentan una particular condición polémica. Al abundar en estas formas, el discurso se acerca, de alguna manera, a las formas de la *injuria* y la *denostación.*
- en conclusión, la relación es ya *algo más* que polémica: en efecto, mientras que los dos modelos se encuentran en un plano de simetría (aunque de inversión de la creencia); en este discurso ya no hay un eje de *pertinencia*, el adversario no llega ni siquiera a adquirir *condición humana*. No tiene los atributos mínimos como para constituirse en otro reconocible en los parámetros de lo que es admisible en el campo político. Se coloca, así, en una pura exterioridad axiológica.

Verón y Sigal (1987) han señalado cómo "Perón consigue despojar a sus enemigos de toda substancia: éstos se definirán de un modo puramente negativo...estar contra Perón es, simplemente, estar contra la Patria misma". Para esto, la doctrina se coloca fuera del campo político, fuera de las *banderías* o de la *política*, es la verdad misma, en cierta forma, es "trans-ideológica". Así, "el plano de la Doctrina es el del problema social. Este plano concierne a toda una serie de colectivos todos perfectamente positivos... *patrones, obreros, Estado.* Esta lista podrá prolongarse indefinidamente... Éste es el plano, por así decirlo, de la pertinencia nacional. *En otro nivel* están los "verdaderos enemigos". Se los calificará con categorías que evidencian el vaciamiento del campo político: dichas categorías remiten ya a la moral (*maldad, engaño, traición*), ya sea a una suerte de "orden de la sombra" (*fuerzas ocultas*); ya sea al orden de la verdad y el error (*falsos* apóstoles); ya sea, en fin, directamente al concepto de un descentramiento, de una pura *alteridad*". El otro no es el complemento de la "patria", tiene siempre una posición *descentrada*: no hay eje común entre doctrina-ideología, Perón-políticos; los segundos términos siempre son inferiores, no son complementarios de los primeros.

Junto a las apelaciones clasistas (*oligarcas, explotadores*) aparece la dimensión de la moralidad: "estos actores sociales son esencialmente inmorales, y la fuente principal es el egoísmo". Lo central es que "este adversario no tiene proyecto político, es sólo aquel que pone obstáculos a la marcha inexorable de Perón, en la cual coinciden la verdad y la realidad. Es el enemigo del pueblo, del país, de la Nación". A pesar de ser muy diferentes los dispositivos generales de cada discurso (por ejemplo, el "modelo de llegada" de Kirchner es completamente inverso al de Perón: proviene de la política misma, incluso de la *verdadera política* -que es la de los estadistas y no la de los gestores, la anterior a la década del 90), encontramos algunas analogías: el proyecto de la "inclusión" aparece en un plano superior al de los "intereses particulares"; es identificado con los metacolectivos (*es pro-pueblo*) y sus adversarios se verán paulatinamente vaciados de sustancia (al configurarse desde la sombra, la moral negativa y la exterioridad del campo político legítimo).

Estrategia 2 - Lo que Landi llamó el lugar "de la Argentina imposible"

Este *enemigo inadmisible* (cuyo carácter ya no es económico o moral, sino también histórico y político) termina de configurarse como tal en una segunda estrategia. Se trata de la asignación de una propiedad (el *golpista*) que se inscribe en una densa trama de memorias discursivas que han ido construyéndose a partir de la transición democrática; de una *posición de sujeto* imposible en un imaginario político constituido en torno a este valor-fetiche.

Por tratarse de un tópico de máxima legitimidad en el estado del discurso social desde la post-transición, al ponerlo el cuestión se coloca al adversario en un lugar imposible, aberrante; en una exterioridad absoluta respecto al campo discursivo y al propio campo político. En este caso, además, el adversario se vincula con el "imaginario de la sombra", sólo deja huellas difusas. La dimensión adversativa pone en juego ahora una compleja relación entre el *ser* y el *parecer*, el orden de la verdad y el orden de la mentira.

Por otro lado, por oposición, configura al enunciador como propietario de la condición democrática (que en este caso aparece como equivalente a *buen gobierno*, defensa del interés general, capacidad de diálogo -todas propiedades negadas al adversario-; y sólo en los últimos tiempos del conflicto, vigencia de las instituciones).

Una escena *golpista* del pasado había sido ya aludida en el discurso del 25 de marzo (las analogías hacen sentido): *las imágenes que me tocó ver este fin de semana largo...casualmente en Semana Santa, siempre Semana Santa ha sido emblemática para los argentinos, y como si fuera una señal pegada...a la memoria de una de las peores tragedias que tiene la historia Argentina, y que fue la del 24 de marzo de 1976.*

Para el jueves 27 ya los actores son visibles, es posible identificarlos por sus rostros, por sus palabras: por las huellas que comienzan a inscribirse en la escena discursiva: *en estos días que han pasado...vi escenas, vi carteles, escuché voces, discursos, caras que poco tenían que ver con una conflictividad sectorial con un sector económico...decía "Videla volvé"...vi también caras de conocidos defensores y defensoras de los genocidas.*

Este adversario remite a lo que Landi llamó la *Argentina imposible* (en su análisis sobre la denuncia realizada en plena campaña electoral por Alfonsín acerca de la existencia de un pacto militar-sindical), la del retorno a un pasado marcado por el genocidio, la violación a los derechos humanos y presentado como el principio de un modelo económico orientado a la concentración de la riqueza. La cuestión económica se desplaza a la política y al rubro de los derechos humanos: *de qué naturaleza es el conflicto para algunos sectores? De una naturaleza política. Pero no política por partido, política por modelo de país. ...algunos defensores y defensoras de los genocidas* (01/04); *en estos días de marzo...he visto nuevamente el rostro de un pasado que quisiera querer volver. ...Juan Cabandié, hijo de la tragedia de los argentinos* (01/04).

Y comienzan así las analogías entre este "paro empresarial" y el "lockout golpista del 76: *un 24 de febrero de 1976 también hubo un lock out patronal, las mismas organizaciones que hoy se jactan de poder llevar adelante el desabastecimiento del pueblo llamaron también a un lockout patronal allá por febrero del 76. Un mes después, el golpe más terrible, la tragedia más terrible que hemos tenido los argentinos. Esta vez no han venido acompañados de tanques, esta vez han sido acompañados por algunos "generales" multimediáticos.*

Este enemigo ha operado además desde la *sombra*: su configuración se articula con una nueva estrategia discursiva, la que establecerá los límites de ahora en más entre el *ser* y el *parecer*. Esta estrategia tiene múltiples funciones: develar los verdaderos objetos que han sido puestos en juego en el conflicto; redefinir el marco de los acontecimientos y de su sentido; ilustrar al colectivo (*los argentinos*) acerca de la amenaza cierta que se oculta tras las apariencias, y en este movimiento, *develar al verdadero enemigo*. Tras esta operación, los objetos en juego se agravan (del "modelo de la inclusión" a la *democracia* misma) y también la condición del adversario, siempre en un juego del ser y el parecer que marca un paulatino develamiento del verdadero conflicto a cargo del enunciador: *lo que disparó esto que se presenta como un conflicto con un sector económico...parece algo más que eso, parece un conflicto político, fundamentalmente de aquellos sectores que condenan nuestra política de derechos humanos y aquellos que han perdido las elecciones; qué fue realmente lo que disparó este conflicto; cuando vine aquí el 1 de abril...yo creía que estaba ante la batalla por la distribución del ingreso...pero luego cuando comenzaron a pasar los días...me dí cuenta de que estaba ante otra situación muy diferente...se estaba socavando, se estaba interfiriendo en la misma construcción democrática...Yo quiero en nombre de la vigencia democrática, en nombre de la Constitución, en nombre de las leyes de la República....volver a recuperar la responsabilidad institucional y vigencia de la Constitución* (18/05).

Esta construcción permite avizorar la salida del conflicto, y constituir al enunciador como garante de los valores democráticos: así, el envío del proyecto al Congreso no aparecerá ya como un fracaso, sino como el triunfo de un "ethos democrático".

Estamos en condiciones de afirmar que el adversario se construye en torno a un *doble pasado imposible*: el del gobierno militar, en su condición política y axiológica antidemocrática ; y el de los 90, por su proyecto económico neoliberal. El enunciador se configura en oposición a ambas doxas; definiendo los sentidos de la política en torno a un litigio permanente respecto a estos adversarios: esta oposición le permite constituirse en torno a un conjunto de tematizaciones que vinculan su hacer con la ética de la *lucha*, como un tópico discursivo que define su identidad.

Como sujeto político, entonces:

- se configura como un héroe, dispuesto al sacrificio y al martirio (inversión de la moralidad negativa definida por el egoísmo): Sé que hay costos personales que pagar, sé que cuando uno elige el camino del pueblo, cuando elige el camino de los derechos humanos, cuando uno elige el camino de una sociedad más justa y equitativa, las cosas se hacen siempre más difíciles. Pero tengo la convicción, tengo la fuerza, y tengo el coraje para llevar adelante el mandato que me confirió el pueblo argentino. No los voy a traicionar (01/04); sé que siendo mujer me va a costar un poco más...tengo ejemplos de mujeres que vencieron a lo que ningún hombre podía vencer. Allí están, a un costado, con sus pañuelos blancos en la cabeza, ellas son el ejemplo de que las mujeres, con objetivos, con ideales, con valentía, son capaces de vencer las adversidades más terribles..." (01/04); sabía que como Presidenta de la República iba a tener que dar alguna otra gran batalla ???
- modaliza su propio saber y poder hacer frente al enemigo a partir de una "deixis fundacional" (Maingueneau, 1989) que remite a un pasado y un origen también luchador, militante y heroico: muchos de ustedes me conocen antes de ser Presidenta de la República Argentina,

me conocieron como senadora defendiendo la soberanía nacional de nuestros Hielos Continentales, me conocieron también los ex combatientes de Malvinas cuando los acompañé en sus luchas...me vieron también los argentinos sentada en mi banca...reclamando la anulación de las Leyes de Obediencia Debida y Punto Final; me vieron los trabajadores y sus dirigentes sindicales negarme a votar, allá en el 98, la ley de flexibilización laboral (18/05).

- configura una ética que define la condición de esta lucha (como intransigente, basada en la lealtad, opuesta a la traición, una lucha definitiva): pero así como les digo y los llamo a la reflexión, también les digo que no me voy a someter a ninguna extorsión (23/03); me han visto en muchas batallas, dadas con la convicción, con la pasión de mis ideas (18/05); también somos las mujeres las que jamás abandonamos nuestro puesto y nuestro lugar de lucha (27/03); tengo mi compromiso con el pueblo, con mis ideas, a las que expuse libremente en elecciones democráticas, donde compulsamos con otras ideas...La voluntad del pueblo siempre es inapelable, nos guste o no nos guste el resultado, y a eso me remito, argentinos y argentinas...A este proyecto de inclusión social, de redistribución del ingreso, de la vigencia irrestricta de los derechos humanos (01/04).
- interpela a otros sujetos para completar su modalidad del poder hacer: Y les pido a todos que me ayudan a seguir luchando....necesito de la fuerza indestructible e inagotable del pueblo (01/04).

No es posible deducir de este análisis los efectos de sentido realizados en los sectores sociales: sin ninguna duda, no fueron los pretendidos por estas estrategias. La mediatización del conflicto presentó su propia lectura de estos discursos, en la que se resaltaban fundamentalmente estas modalidades antagonistas (antes que los componentes del "contrato pedagógico" en el que se desplegaban los fundamentos de la decisión política); y por otro lado, la "opinión pública" pareció identificarse rápidamente con el discurso del "reclamo del campo", produciéndose entonces algunas equivalencias con demandas de sectores urbanos. El límite del antagonismo se planteó a partir de este desfasaje; y fue necesario detener el *litigio* recurriendo a las *instituciones democráticas* (el Congreso): otro camino para obtener lo que el *adversario* ya no podía habilitar, es decir, la reconstitución de una imagen de gobierno que garantice la *gobernabilidad* y conjure la incertidumbre del futuro.

Bibliografía

Angenot, M. (1989) *1889. Un état du discours social.* Le Preambule, París.
Beauchemin, J. (1992). "Les aspects étiques du discours politique duplessiste: la représentation dans la société liberale". En: *Discours Social/ Social Discourse*, v. 3/4, CIADEST, Canadá.
Cheresky, I. (2004) "Argentina. Cambio de rumbo y recomposición política". Revista *Nueva Sociedad*, N° 193, Buenos Aires.
Barros, S. (2002) *Orden, democracia y estabilidad. Discurso y política en la Argentina entre 1976 y 1991*. Alción Editora, Córdoba.
Faye, J.-P. (1974) *Los lenguajes totalitarios*. Taurus, Barcelona.
Foster, R. (2008) "Política, el desacuerdo y la igualdad". Página 12, 12 de julio de 2008.
Foucault, M. (1970) *El orden del discurso.* Tusquets, Barcelona.
Greimas, A. (1990) *Semiótica. Diccionario razonado de la teoría del lenguaje*. Gredos, Madrid.
Kerbrat-Orecchioni, C. (1997) *La enunciación. De la subjetividad en el lenguaje.* Edicial, Buenos Aires.
Landi, O. (1988) "El discurso sobre lo posible. La democracia y el realismo político". En: *Reconstrucciones*. Punto Sur, Buenos Aires.
Lefort, C. (1991) *La invención democrática*. Nueva Visión, Buenos Aires.
Veron, E. (1980). "Discurso, poder, poder del discurso". *Anais do Primeiro Colóquio de Semiótica*. Río de Janeiro, PUC/Edicoes Loyola.
Veron, E. y Sigal, S. (1987) *Perón o muerte. Fundamentos discursivos del fenómenos peronista.*
Veron, E. (1987) *El discurso político*, Hachette, Buenos Aires.
Veron, E. (1980). "Discurso, poder, poder del discurso". *Anais do Primer Coloquio de Semiótica*, Loyola, Río de Janeiro.

<u>Fuentes</u>

Discursos de Cristina Kirchner:
25 de marzo, Acto de firma de convenios entre AySA y municipios bonaerenses.
27 de marzo, Encuentro en Parque Norte.
31 de marzo, Acto de anuncio de nuevas medidas para los pequeños y medianos productores agropecuarios en Casa de Gobierno.
1 de abril, Encuentro por la convivencia y el diálogo en Plaza de Mayo.
9 de junio, Lanzamiento de un fondo de redistribución social para hospitales, viviendas populares, urbanas y rurales, y caminos rurales, en Casa de Gobierno.
17 de junio, Conmemoración del 53 Aniversario del Bombardeo a Plaza de Mayo.
18 de junio, Acto por la Democracia en Plaza de Mayo.
Discurso de Néstor Kirchner, "Kirchner con los intelectuales", diálogo con miembros del espacio Carta Abierta, *Página 12*, 14 de julio de 2008, págs. 2 y 3.

4.1 Violencia, medios masivos de comunicación y nuevas tecnologías.

Ana Luisa Cilimbini
Colaboraron:
Cecilia Dionisio y Gabriela Macció

El siguiente artículo es una reflexión en torno a la apropiación de las nuevas tecnologías para registrar escenas de la vida cotidiana. Entendemos a la noción de "apropiación" como una forma de interactuar con la tecnología, ya sea con programas o contenidos donde factores sociales y culturales están permanentemente entretejiéndose. La apropiación de tecnologías combinadas (celular, internet, cámaras digitales) se produce tanto por parte de niños, jóvenes y adultos (que realizan sus propios productos a partir de la *web* 2.0 y los difunden por internet) como por los medios de comunicación "tradicionales" (radio, prensa gráfica y televisión). Estos últimos, generalmente, cuentan con una sección dedicada a comentar "lo más visto por internet" o, en el caso de la televisión, abre un espacio para que las personas manden sus propios videos (denuncias, fotos).

Adorno, Horkheimer y Marcuse – más allá de sus diferencias conceptuales - explican que, en el capitalismo avanzado, se produce una conjunción entre ciencia y tecnología que posibilita un aparato de control y dominio. Esto se extiende no sólo sobre la naturaleza sino también sobre las relaciones interpersonales. Así, con la aplicación de la razón instrumental -modo de pensamiento prevaleciente-, el mundo se transforma en un "mundo administrado", sumido en la utilidad y el cálculo. Marcuse, por su parte, entiende a la tecnología como la totalidad de los instrumentos, mecanismos y aparatos que caracterizan a la edad de la máquina, destacando la capacidad que éstas poseen para organizar, perpetuar o cambiar las relaciones sociales y de producción. Al mismo tiempo –para el autor frankfurteano– la tecnología es una forma de pensamiento, un modelo de comportamiento y un instrumento de dominación y control.

En una publicación póstuma, Marcuse afirmó: "La técnica por sí misma puede propiciar el autoritarismo así como la libertad , la escasez así como la abundancia, la extensión al igual que la abolición del trabajo arduo" (2001:64). Sabemos que las tecnologías no son neutras sino que responden a una visión de mundo. También sabemos que pueden ser utilizadas para generar más sufrimiento o para mitigarlo.

Para nuestra reflexión, partimos de una serie de hechos heterogéneos como son: la difusión por *You tube* de un video sobre un alumno quemándole el pelo a una docente; el caso de una celadora que fue fotografiada manteniendo relaciones sexuales en el colegio donde trabajaba (imágenes que llegaron a manos de los alumnos y fueron usadas como formas de pornografía y chantaje). Mencionamos además la filmación de una pelea colegial extramuro con telefonía móvil, que fue difundida a través de los celulares por el sistema *bluetooth*.

Estos casos adquirieron visibilidad y centralidad pública porque fueron tomados y re-tomados, hasta el hartazgo, por los medios masivos de comunicación tradicionales. Pero existen otros hechos de similares características que ocurren a diario y que no gozan de la trascendencia pública de los anteriores. Por ejemplo, en una reunión informal con docentes de nivel medio privado, se comentó la siguiente situación: "hace poco una chiquita integrada[1] -con la aceptación de ella- la pintan, la ridiculizan y le sacan fotos, no sé si las subieron o no a la *web*, pero el hecho de ridiculizar es una agresión, y más a una persona que no está en las mismas condiciones". Según lo relatado por los docentes estas fotos fueron tomadas con cámaras digitales y circularon entre algunos alumnos. En ese transitar, llega a manos de una estudiante que, al ver las fotos se siente mal y habla con los directivos de la institución. De esta forma, lo sucedido tomó estado público entre el cuerpo docente.

Ahora bien, a partir de lo expuesto, nos planteamos los siguientes interrogantes: ¿qué reflexión podemos hacer en torno a estos hechos?, ¿tienen algún aspecto en común los casos mencionados?, ¿con qué categorías teóricas contamos para analizar los casos descriptos? En un intento por dar respuesta, podemos decir que, en primer lugar, tienen como rasgo compartido el hecho de que se violenta el cuerpo o la intimidad (agresiones, ridiculizaciones, chantajes) tanto de jóvenes como de adultos. Hay algunos indicios de que esta violencia es planificada. En segundo lugar, están involucradas las tecnologías que son vitales para el registro y la posterior difusión del episodio. Y, en tercer término, estos registros (filmaciones, fotos) adquieren el *status* de un "espectáculo" que circulando en espacios específicos y, en algunos casos, se venden y se compran, o se chantajea al involucrado. La característica de "mercancía" no desaparece. Aún cuando periodistas y animadores de programas intentan retomarlos con una mirada crítica, no debemos olvidar que "la noticia" es un producto que surge de una serie de criterios, entre los que interviene fuertemente la valoración económica (Thompson, 1998). Retomaremos algunos de estos puntos en las reflexiones finales del artículo.

La violencia puede tener lugar en distintos espacios subjetivos como el individual (intrasubjetivo), vincular (intersubjetivo) y social (transubjetivo) (Berenstein, 2000). En los casos citados, los involucra-

---

[1] La docente explicó *off de record* que se trataba de una adolescente con capacidades diferentes

dos estarían ligados por una cierta relación (docente/alumno, compañeros de aula o de colegio, celador/alumno), lo cual nos coloca, desde el punto de vista relacional, en el espacio de la violencia intersubjetiva. Al respecto, Berenstein afirma:

> ...la violencia consiste en los actos que se realizan entre un sujeto y un otro vinculados, consistentes en el despojo de su carácter de ajenidad y el intento de transformarlo en semejante o idéntico a sí mismo. Se asocia al borramiento de la subjetividad del otro, la cual se apoya no sólo en la especificidad de su deseo sino en su carácter de otredad en un vínculo, sea éste familiar o social. Es ni más ni menos que hacerlo desaparecer como un YO distinto. (...) Diré que hay tres sectores ajenos al Yo: el propio inconsciente, lo ajeno del otro y lo ajeno del conjunto social al cual pertenezco. La violencia opera distinto en cada una de ellas. (2000:259-260).

Este autor explica que, cuando no se escucha que el Otro no autoriza o no desea una determinada acción, se trata de una *violación,* en el sentido amplio del término, de obligar por la fuerza.

El despojo del carácter de ajenidad y el borramiento de la subjetividad del Otro está presente en todos los casos expuestos. Aún entre pares, quizás sea más evidente en el caso de la adolescente con capacidades diferentes, hay un intento de hacer desaparecer al Otro como un "Yo distinto". Al mismo tiempo, tenemos elementos para afirmar que las agresiones grupales cuando llegan a los medios masivos de comunicación terminan convirtiéndose en una forma particular de violencia social. Examinaremos este aspecto a continuación con mayor detalle.

Cyberbullying

Los especialistas han inventado la noción de *ciberbullying* para dar cuenta de intimidaciones, acosos o mensajes crueles que puede recibir una persona a través del uso de la tecnología. La palabra *cyberbullying* fue utilizada, por primera vez, por el educador canadiense Bill Belsey[2]. Define al fenómeno de la siguiente manera:

> como el uso de algunas Tecnologías de la Información y la Comunicación como el correo electrónico, los mensajes del teléfono móvil, la mensajería instantánea, los sitios personales vejatorios y el comportamiento personal en línea difamatorio, de un individuo o un grupo, que deliberadamente, y de forma repetitiva y hostil, pretende dañar otro.[3]

---

[2] Creador y presidente de los sitios *web* www.bullying.org y www.cyberbullying.ca. A través de esta última página se difundió el término *cyberbullying*.

[3] Cf: III Congreso Observatorio para la Cibersociedad, www.cibersociedad.net/ con-

Existen otros términos para identificar este tipo de fenómenos como "ciberacoso", "acoso *online*", "acoso electrónico", "e-acoso", "acoso *sms*", "acoso móvil", "internet-acoso" y "acoso digital".

Si descomponemos el término *cyberbullying*, observamos que está conformado por las palabras inglesas *cyber* (que alude a cibernético) y *bullying* (proveniente de la palabra inglesa *bully*: intimidar; nombre que se le da al acoso escolar) siendo este último tipo de hostigamiento el más conocido y trabajado por los especialistas.

Ahora bien, algunos especialistas diferencian el *cyberbullying* del *bullying* pero la gran mayoría de los expertos considera que el primero es una extensión del segundo utilizando medios digitales y no un fenómeno completamente nuevo y diferente.

El *cyberbullying* comparte con el *bullying* tres características principales:

1. La intencionalidad del daño
2. La reiteración de la conducta agresiva
3. El desequilibrio de poder entre la victima y su agresor

De esta forma, el *cyberbullying* es voluntario, intencional y además implica un daño recurrente y repetitivo a la víctima. Se busca causar angustia emocional, intimidación y humillación al otro. En segundo lugar, requiere la reiteración de la conducta agresiva a través del uso de los medios electrónicos, donde no sólo los ataques son repetidos sino que el hecho de que el agresor esté en internet por tiempo indefinido es percibido por la víctima como una agresión constante. Y en último lugar, el desequilibrio entre la victima y el agresor se evidencia en el *cyberbullying* en la indefensión que sufre la víctima, su vulnerabilidad y, como contraparte, el poder y dominio que adquiere el agresor.

Sin embargo, podemos identificar características propias del *cyberbullying* que lo distinguen del *bullying*. En primer lugar, implica el uso y manejo de las TICs (tecnologías de la información y la comunicación). En algunos casos, puede que el *cyberbullying* sea la continuación de un *bullying* ya iniciado y, en donde la víctima, conoce a su agresor. Pero otras veces, la víctima ignora quién es o quiénes son y desconoce el motivo que desencadenó el acoso. Este tipo de acoso es indirecto y el agresor es anónimo, lo cual intensifica la indefensión e impotencia de la víctima y agudiza el hostigamiento. Por otro lado, el acoso se hace público, hay un gran número de espectadores y un posible aumento de éstos como consecuencia de la difusión que pueden adquirir en la *web* las agresiones. Es un acoso que supera las barreras espacio-temporales ya que no expira, persiste en el tiempo y se extiende globalmente. Por

---

gres2006 (20/11/06)

último, el *cyberbullying* es un fenómeno silencioso, difícil de detectar y de punir. Al sentirse la víctima culpable del acoso, muchas veces no lo comenta con nadie, lo que dificulta la detección de este tipo de abuso. Por otro lado, los mismos compañeros del niño acosado no denuncian esta situación por distintas razones. Puede ser que se diviertan con la humillación de la víctima o por temor a sufrir ellos mismos posibles ataques. Aun así, hay que tener en cuenta que no son sólo los niños los que no denuncian estos episodios, muchas instituciones no hablan del tema ya que lo perciben como dañino para su propia imagen.

Al silencio de los diversos actores, se le suma el hecho de que este tipo de agresiones (sobre todo por su anonimato) son difíciles de punir, es decir, hay un desamparo legal con respecto a estas formas de acoso. Los mismos jóvenes tienen la sensación, muchas veces, de que en internet no hay normas ni reglas morales que regulen esos espacios. Paradojalmente señalamos que un estudio exploratorio –realizado en la Facultad de Psicología- reveló que la gran mayoría de los jóvenes daría información confidencial a través de internet o conocen a alguien que ha cometido un ilícito ("piratería") por este medio.[4]

Por todas estas razones, el *cyberbullying* puede ser más dañino para la integridad física y emocional que el *bullying* convencional. Las consecuencias que produce son altamente dañinas tanto para las víctimas como para los agresores. Entre ellas las más destacadas son:

- <u>En las víctimas</u>: disminución de la autoestima, ansiedad, depresión, fobia, estrés, fracaso escolar, desajuste psicosocial, dificultades en las relaciones interpersonales y hasta intentos de suicidio.
- <u>En los victimarios:</u> socavamiento de los valores humanos, conducta antisocial, vandalismo, uso frecuente de drogas.

En un intento por recabar información sobre los posibles perfiles de víctimas y victimarios (para intentar intervenciones preventivas de acoso escolar), se ha mencionado en diversos estudios que las víctimas suelen ser personas de baja autoestima, inseguros, con poca vida social y solitarios. En cuanto a los hostigadores, se menciona una alta autoestima y seguridad en sí mismos, un deseo de superioridad y dominio que logran dañando a alguien. Asimismo se considera que el victimario, en algún momento, posiblemente haya sido acosado por sus pares o por familiares y que así aprendió la técnica de hostigamiento.

Por ahora, no existen investigaciones profundas sobre las posi-

[4] Hacemos referencia al trabajo de investigación titulado: "Las competencias necesarias para el aprendizaje en entornos virtuales -Un estudio exploratorio en la cohorte 2006 de ingresantes a la carrera de Psicología de la UNC". Éste fue desarrollado durante 2006-2007 con aval de SECyT.

bles motivaciones de la aparición de este fenómeno, aunque algunas hipótesis sostienen que es probable que el agresor reproduzca un modelo de abuso en el que establece un vínculo de tipo dominio-sumisión y lo extrapole a los espacios escolares.

> ... estos fenómenos de violencia deben ser interpretados como el resultado de la participación en procesos interpersonales que incluyen distintos grados de la misma violencia estructural de la sociedad y se hacen presentes en las actitudes y actividades que se desarrollan dentro del aula (Ortega y Mora Merchán, 1996/2000:3).

Premisa de trabajo

Con la finalidad de contribuir al debate, nuestra mirada se desplaza de los jóvenes hacia los medios de comunicación. Sostenemos la premisa de que los medios de comunicación tradicionales, cuando difunden un video vinculado a un hecho de violencia que ocurrió entre pares y se divulgó por internet, incrementan la angustia e indefensión de las víctimas al aumentar la exposición o probabilidad de exposición a las imágenes (la agresión no expira sino que se suman nuevas vías de difusión, es decir, al sistema *bluetooth* o Internet, se agrega la amplificación de los medios masivos tradicionales). De esta forma, se intensifica la humillación de la/s víctima/s ya que se exhibe públicamente la agresión, abarcando a sectores poblacionales que no tienen acceso a internet o que no son usuarios de sitios *web* como los *blogs* o similares a *You tube*[5].

A continuación, exponemos lo que publicó el diario cordobés *La Voz del Interior* sobre un hecho de violencia ocurrido en la ciudad de Río Cuarto (Córdoba) donde dos alumnas de nivel medio se pelearon a la salida del colegio, y las escenas de "pugilato" fueron filmadas mediante telefonía móvil. Este hecho habría pasado desapercibido si la filmación de la pelea no hubiese sido tema de noticias en los medios locales y nacionales. Abordaremos la información que publicó el diario a partir de una metodología del análisis discursivo y finalmente presentaremos las conclusiones.

---

[5] Para el lector menos familiarizado con estos sitios *web*, explicamos: el *weblog (o blog)* es utilizado para registrar lecturas *on line* y se expone el material en forma cronológica, éste es actualizado asiduamente. El creador o los creadores administran el sitio conservando la facultad de exponer o quitar lo que deseen (el uso más frecuente es publicar diarios íntimos pero existen otras apropiaciones como compartir noticias o expresar opiniones que contienen *links* a otros sitios). Por otro lado, el fotolog "es un *blog* fotográfico. A diferencia del *weblog*, donde es posible postear el texto, material audiovisual y fotos; en el *fotolog* es condición *sine qua non*, la inclusión de una imagen" (Ferrante, 2008:102)

La Voz del Interior: el caso Las Higueras/Río Cuarto[6]

La noticia estuvo en la agenda de *La Voz del Interior* durante los días 5 y 6 de agosto de 2008. Sintéticamente, diremos que se trata de una pelea a la salida de un colegio. Si bien la agresión se llevó a cabo en Río Cuarto, el colegio está ubicado en la localidad contigua de Las Higueras.

El 5 de agosto recibe un tratamiento central, la noticia se encuentra en la portada del diario. El titular afirma: "La golpean, la filman y venden el video", con una volanta que dice: violencia (Ver recuadro)

LA VOZ DEL INTERIOR

Martes 5 de agosto de 2008

Comienzan a definir qué hará Embraer en Córdoba

El 18 de este mes, funcionarios de Defensa viajarán a Brasil para determinar cuáles aeropartes se fabricarán en la planta concesionada a Lockheed.

Sólo tres provincias reciben fondos para sus cajas

Santa Cruz, Buenos Aires y Chaco son las únicas a las que la Nación envió recursos.

Ex diputada, obligada a devolver $ 100 mil

Durante cuatro años, Ana Richter cobró jubilación y dieta al mismo tiempo.

Los dueños del oro ya están en Beijing

La selección argentina de básquetbol se instaló ayer en la Villa Olímpica.

Menéndez, otra vez en el banquillo

Será juzgado junto con Antonio Domingo Bussi.

VIOLENCIA

La golpean, la filman y venden el video

Una alumna de 16 años fue agredida por otra, de 13. La grabaron con un celular y lo subieron a YouTube.

Con esta edición

El Clasif.

Atlas Universal

---

6 Para el análisis, tomamos la edición impresa del diario *La Voz del Interior* (está disponible para consultar parte del material en la versión *on line*). El relevamiento incluyó al diario *Puntal* (Río Cuarto) entre los días 4 de agosto y 10 de agosto de 2008. Esta información fue aportada por Gabriela Macció.

La bajada de la noticia afirma que la escena fue registrada con un celular y subida al sitio *You tube*. De esta forma, es el propio diario quien contribuye a divulgar que la filmación está disponible en internet.

Los acontecimientos son presentados de esta manera: una joven baja del colectivo para golpear a otra chica de trece años y todos sus compañeros lo hacen detrás para convertirse en espectadores. La noticia está construida sobre la estrategia de otorgar la palabra a los testigos lo que le confiere mayor verosimilitud (se entrevista a estudiantes del colegio y a la madre de la adolescente agredida). Es importante destacar que es la madre de la alumna agredida quien da a conocer la información a los medios locales y de allí se difunde hacia otros medios de mayor cobertura. Este hecho pone al descubierto una creencia extendida en amplios sectores de la sociedad (en particular, lo observamos en la familia de la víctima) sobre la posibilidad de que los medios de comunicación tengan un rol de mediación en la resolución de conflictos. Lo que está operando es el poder de la creencia en este rol social atribuido a los medios por sobre una evaluación de las consecuencias que trae al ser colocado el tema en la agenda pública. Parte de estas consecuencias serán analizadas más adelante.

En otro pasaje de la noticia, se expresa: "La moda de filmar agresiones parece campear en Río Cuarto. Anoche, Canal 13 de Río Cuarto mostró otro video en el que se muestra una pelea sucedida hace días en el Colegio Nacional. Aunque en ese caso, a pedido de la directora de esa escuela, la filmación no habría sido distribuida a través de Internet" (La Voz del Interior, 05/08/08). La moda –como se afirma en el texto- parece estar sostenida más en una naturalización de la agresión que en la renovación de signos exteriores. Esta naturalización conlleva la imposibilidad de reflexionar acerca de por qué necesitamos difundir este tipo de imágenes y de ver al medio de comunicación –que repite las imágenes de la "pelea"- como un actor que genera mayor violencia, estigmatizando, imposibilitando que los jóvenes resuelvan este tipo de situaciones sin ser expuestos mediáticamente.

Aún para aquellos que desde los medios plantean una mirada crítica o aleccionadora para el conjunto de la sociedad: ¿hay posibilidad de una reflexión crítica a partir de difundir las mismas imágenes que tratamos de cuestionar? ¿Debemos inventar un nuevo lenguaje o formato para hablar de estos hechos?

El 6 de agosto se publica, en la sección sociedad (página 15A), el siguiente titular: "Niegan haber vendido el video de una agresión entre dos chicas" que es acompañado por una nota complementaria que dice: "25% les tiene miedo a los compañeros".

A partir de ese día, la noticia referida al caso de Las Higueras/Río Cuarto sale de agenda y vuelve a entrar los días 12 y 13 de agosto. El día 12/08/08 -en la sección Sociedad- bajo el siguiente titular: "Otro capítulo de la «pelea filmada» en Las Higueras". El espacio que ocupa esta información es bastante pequeño, allí se explica que la madre de la alumna agredida tendría mucho malestar porque se le sugirió desde la escuela que pidiera el pase de su hija hacia otro establecimiento educativo. El titular "Otro capítulo..." es indicador del tratamiento trivial que recibe la información bajo la forma de un folletín[7]

El día 13/08/08, en la sección Sociedad, se exhibe el siguiente titular: "Expulsan a la alumna que golpeó a otra". Y en la bajada se explica: "La estudiante que había sido atacada denunció a la policía que también fue agredida en el nuevo colegio al que concurre". El espacio que abarca esta información es casi la mitad de la página. La información principal es acompañada por dos notas complementarias: 1) Hay una síntesis de los hechos ocurridos para familiarizar al lector no informado 2) Una nota de opinión firmada por Mariana Otero, enfocada al sistema escolar y a la cuestión vincular, donde se pregunta: ¿cómo hacer? Interrogante que apunta a reflexionar sobre cómo restaurar los vínculos para poder enseñar.

Ahora bien, sobre la base de considerar confiable la información de que la alumna agredida fue cambiada de institución por sus padres y que, en el nuevo colegio, vuelve a recibir una golpiza, nos preguntamos: ¿la exposición a/en los medios tiene como efecto que los adolescentes no hayan sido resguardados?, ¿la visibilidad que adquirió la agresión acaso no facilitó que sus protagonistas se convirtieran en "chivos expiatorios"? Recordemos que la alumna señalada como "la agresora" fue expulsada del colegio y la otra alumna fue nuevamente agredida en el nuevo colegio.

Reflexiones finales

Lo ocurrido puede enmarcarse como un hecho de violencia entre compañeros. Estas situaciones de peleas no son nuevas y cualquiera de nosotros podrá recordar, sin tanta dificultad, algún hecho de este tipo durante su adolescencia. En el caso que nos ocupa nos llama la atención que haya sido un hecho grupal y que quienes pusieron límite a la golpiza fueron personas totalmente ajenas al grupo.

Ahora bien, habría que distinguir lo que es un hecho más o menos espontáneo y aislado de un hostigamiento donde hay reiteración de la conducta agresiva y una imposibilidad de conocer quiénes son los agresores, ya que la mediación de la técnica facilita el anonimato. El análisis muestra que hay rasgos compartidos con el *bullying* y otros completamente distintos al *cyberbulling* ya que se conoce con nombre y apellido a los involucrados en la escena de violencia.

Un aspecto innovador es la utilización de la técnica para registrar y difundir este tipo de situaciones. Lo que la técnica posibilita es

[7] El folletín es un fragmento de novela que se publica por partes en los periódicos

la difusión y rápida circulación bajo la forma de "espectáculo", "entretenimiento" o "mercancía" de los hechos. Las situaciones de violencia se encuentran banalizadas y consideramos que los principales responsables son los medios de comunicación tradicionales cuando ofrecen el sufrimiento de las personas bajo la forma "espectáculo-mercancías". Pensemos en programas como *Policías en Acción*, *reality shows* y hasta las mismas imágenes de los casos mencionados que fueron bajadas de *You tube* y repetidas una y otra vez, que contribuyen así a la sensación de indefensión e impotencia de la/s víctima/s.

La cultura nos ofrece la clave para comprender que lo que los jóvenes hicieron -relacionarse con las imágenes de violencia bajo la forma de "espectáculo-mercancía"- es lo que a menudo realizan los medios de comunicación tradicionales (también presente en ciertos usos de los sitios *web*). Esta forma de vinculación se encuentra en la base de la sociedad, en tanto forma extendida de relación mercantilizada abarcando a todos los sectores. Al mismo tiempo, observamos la falta de capacidad crítica de algunos actores para intervenir en el debate público.

La violencia como espectáculo reconoce sus antecedentes en los antiguos circos romanos. Recordemos que, para la Escuela de Frankfurt, la emergencia de la subjetividad occidental se constituyó a partir del miedo al "otro" ("otredad" entendida como naturaleza y como individuo) (Benhabib, 2005). Para superar este miedo, la civilización occidental puso en marcha "el proyecto" de dominar la otredad, de ahí que la violencia, es decir, este "no reconocimiento del Otro" -asociado al intento de hacer desaparecer al Otro como un yo distinto esté operando en los cimientos mismos de la sociedad occidental. [8]

[8] La Escuela de Frankfurt continúa en sus reflexiones –de forma crítica- parte de las ideas seminales de Heidegger. Lo expresamos en una cita de J. P. Feinmann: "Heidegger dice: el hombre ha olvidado el llamado del ser porque se ha consagrado al dominio de los entes, a la tecnificación de los entes para dominarlos, mercantilizarlos, tecnificarlos, desvastar la naturaleza, arrasar la naturaleza, conquistar la naturaleza. Esa relación de conquista que tiene el hombre con la naturaleza es profundamente inauténtica, porque consiste en arrasar la naturaleza para cosificarla, para entificarla, para mercantilizarla, para transformarla en negocio" (2006:48)

Bibliografía

Benhabib, Seyla (2005) "La crítica de la razón instrumental". En *Ideología. Un mapa de la cuestión* (Zizek comp.). Ed. Fondo de Cultura Económica, Buenos Aires.

Berenstein, Isidoro (2000) "Notas sobre la violencia" en *Revista de la Asociación Psicoanalítica de Buenos Aires. Violencia visible e invisible VOL XXII –N °2.* Ed. APA, Buenos. Aires.

Feinmann, José Pablo (2006) *¿Qué es la filosofía?* Ed. Prometeo, Buenos. Aires.

Ferrante, Natalia *"Weblogs y Fotologs:* nuevos modos de subjetividad" en *Oficios Terrestres N° 21. Comunicación y Arte.* (Revista Digital). Facultad de Periodismo y Comunicación, Universidad Nacional de La Plata. Recuperado en diciembre de 2007.

Marcuse, Herbert (2001) *Guerra, tecnología y fascismo.* Ed. Universidad de Antoquia, Colombia.

Ortega, R y Mora-merchan, J. A (2000) *Violencia escolar: Mito o realidad.* Ed. Mergablum, España.

Thompson, John (1998) *Los media y la modernidad. Una teoría de los medios de comunicación.* Ed. Paidós, Buenos. Aires.

Sitios *web*

www.bullying.org

www.cyberbullying.ca

www.cibersociedad.net/congres2006

http://es.wikipedia.org/wiki/Cyberbullying

Diarios

La Voz del Interior: ediciones 5, 6, 12 y 13 de agosto de 2008.

4.2 Cine violento: algunas reflexiones sobre sus espectadores

Enrique Virdó

Los espectáculos violentos han gozado históricamente del fervor de ciertos públicos: el circo romano, las tramas sangrientas del teatro isabelino e incluso el boxeo son manifestaciones claras de este fenómeno.

El cine y la televisión siguen explorando y explotando la violencia, ofreciendo al público/consumidor escenas cada vez más extremas de agresión, destrucción y daño de personas y objetos.

Pero, paradójicamente, los seres humanos han aprendido e internalizado (en un arduo proceso de socialización) que las acciones violentas están prohibidas en el contrato social que asegura la convivencia y el desarrollo de las sociedades civilizadas. Día a día se ofrecen a los ciudadanos nuevas soluciones no violentas y constructivas para los conflictos y se proponen intercambios que destierren las conductas agresivas para la resolución de los enfrentamientos. La humanidad ha comprendido que la violencia debe ser extirpada de raíz.

¿Cómo logran, entonces, los medios de comunicación que un número considerable y rentable de espectadores disfrute de escenas con alto contenido de violencia explícita sin sentir incomodidad o culpa? ¿Cómo sostienen la imagen de héroes (representantes del bien y la justicia), que no dudan en asesinar, a lo largo de una película, a sus múltiples adversarios y conservan, aún así, la adhesión y la admiración masiva del público? Y finalmente, ¿cómo consiguen que un asesino brutal se convierta en un personaje popular, admirado y protagonice, por ejemplo, tres libros y dos filmes?

Marcado para la muerte. Héroe y villano: ¿qué los diferencia?

a) El relato universal

Las películas son, básicamente, relatos. "Todo relato consiste en un discurso que integra una sucesión de acontecimientos de interés humano en la unidad de una misma acción (...) una secuencia de actos que integran un sentido general" (Bremonde, 1988:74).

Los relatos y las películas tradicionales constan de una estructura bastante previsible[1] y la sucesión de hechos es casi siempre la siguiente:

---

[1] Un antecedente importante, en este sentido, es la investigación realizada en Rusia por Propp, quien recopiló y estudió la estructura básica de los cuentos populares.

- Transgresión: en el comienzo de toda historia, el equilibrio del "universo" (o de la realidad) es perturbado por la acción de un antagonista ("villano") quien transgrede una prohibición o viola una norma:"el daño es en definitiva lo que produce una ruptura, es lo disfuncional, lo amenazante para la marcha del sistema (robos, asesinatos, secuestros, agresiones, etc.)" (Prieto Castillo, 1990:67). El causante de este hecho es el antagonista, "... representante del mal, (...) posee a veces los atributos de fealdad, deformidad, sus actos rayan en lo grotesco" (Prieto Castillo, 1990:66).
- Reparación del daño: son las acciones de retaliación que intentan, generalmente a través del combate, restaurar el daño causado por el antagonista (vengar la muerte, devolver lo robado, castigar). La reparación está a cargo del héroe. " El héroe represor es un agente social personalizado (...) su invencibilidad es la prueba de que el aparato represivo de una sociedad es invencible (...) al estar al servicio de la sociedad, el héroe puede protagonizar cualquier forma de violencia, se justifican todas sus acciones agresivas." (Pietro Castillo, 1990:68)
- Recompensa: es el reconocimiento social que recibe el héroe por reconstituir la realidad. "En los héroes benefactores, la recompensa es la adoración, un culto que sus admiradores comparten" (Pietro Castillo, 1990:71). Por lo general, los relatos terminan con un final feliz.

b) La lucha del héroe contra el mal

Este esquema, bastante simple, suele enriquecerse en los argumentos de los filmes actuales, pero conservando esta linealidad y esta lógica[2].

La película que se analizará, *Marcado para la muerte*[3], responde casi puntualmente a la secuencia explicitada anteriormente. Seagal interpreta a John Hatcher, un ex agente de la DEA retirado, que vive pacíficamente en compañía de su hermana y la pequeña hija de ésta en el antiguo hogar de su juventud donde conserva sus recuerdos y *souvenirs*. Esta existencia es perturbada cuando un grupo de narcotraficantes (antiguamente perjudicados por la profesión de Hatcher) atenta contra

---

[2] Este esquema tradicional del relato puede observarse en tramas más creativas y complejas. A modo de ejemplo: *Rambo II* (con Sylvester Stallone), *Comando* (con Arnold Schwartzenegger), *El cuervo* (con David Lee), *El Ojo del tigre* (con Gary Bussey), etc.

[3] Título original: *Marked For Death*, (*Twentieth Century Fox*, 1990, dirigida por Dwight Little y protagonizada por el actor y experto en artes marciales Steven Seagal).

su hogar, baleando a la mujer y a la niña, a quienes hieren gravemente. No contentos con esto, irrumpen una noche en que el protagonista no se encuentra en su hogar y someten a su hermana a un extraño ritual que implica rociarla con sangre y a otros actos propios de las religiones paganas.

Hasta aquí, la primera parte del relato se ha cumplido: la realidad armónica del héroe fue brutalmente perturbada y se han violado normas morales universales, se dañó a una inocente niña y se mancilló un hogar a través de salvajes rituales.

No es casual que los antagonistas, aparte de dedicarse a una actividad despreciable (comercian con drogas ilegales), son de raza negra y, aparentemente, jamaiquinos pues portan atributos propios de esa cultura (*dreadlocks* -las trenzas típicas de la religión rastafari-; collares de hueso; pulseras, etc.).

En este punto del relato, el público ya ha establecido claramente qué es lo bueno, lo normal y lo ideal y qué es lo malvado, lo extraño y lo que debe ser castigado. Cuando atentan contra el héroe, han atentado contra los espectadores pues los mecanismos de identificación proyectiva e introyectiva ya han tenido lugar. La platea ya está emocionalmente preparada para la necesaria e inmediata venganza del héroe.

Comienza recién ahora la verdadera acción que el público espera del experto en artes marciales que protagoniza el film. Por cierto que Hatcher no acude a la policía para hacer justicia. Personalmente -y con ayuda de un antiguo compañero de armas- persigue y elimina a toda la banda de narcotraficantes, en un inacabable y despiadado combate cuerpo a cuerpo donde quiebra huesos, mutila, hunde ojos, destroza columnas vertebrales y demás agresiones físicas que son obviamente disfrutadas por sus *fans.*

c) El Imperativo social de la venganza

Pero no escapa a cualquier espectador que la violencia que desata el protagonista es absolutamente desproporcionada en relación con la que él mismo sufrió (de hecho, su sobrina se restablece al final del film). El héroe se permite matar a sangre fría a decenas de personas, a título personal, haciendo justicia por mano propia y soslayando absolutamente el sistema legal formalmente legitimado de la sociedad en la que habita.

Pero, si también él ha quebrantado la ley, ¿puede seguir siendo héroe?

Quizá para comenzar a entender esta paradoja, es necesario considerar ciertas "reglas culturales" fundamentales que están absolutamente vigentes en la vida cotidiana. Algunas de estar reglas son:

> El imperativo de "reciprocidad" (...) por el cual las personas tienen un derecho, en realidad casi una obligación moral, de devolver las acciones de los otros con la misma moneda. Por consiguiente, según los estándares culturales comunes, la bondad se devuelve con bondad y la hostilidad con hostilidad (...) El segundo imperativo, es el de la "retribución". Mientras es apropiado en virtud de la reciprocidad imperativa devolver actos negativos con la misma moneda, cuando la hostilidad del otro no responde a ninguna provocación, y carece de motivo, sobresale un segundo imperativo: el de castigar al provocador. No basta con que un ladrón atrapado con los bienes robados sea obligado a devolverlos a su propietario. El ladrón además debe ser castigado por el crimen (...) la norma de retribución da el derecho –si no el deber- de añadir peso punitivo al esfuerzo (Gergen, 1998: 277-278).

Desde esta perspectiva, primeramente, los espectadores del film justifican la desproporción de la respuesta vengativa del héroe: las hostilidades fueron iniciadas por los antagonistas. Y aunque previamente habían sido hostigados por Hatcher desde su rol de agente de la DEA, estaba autorizado formalmente pues era un representante de la ley.

d) Desde la psicología profunda: el espectador regresivo

Lo fundamental es el mecanismo psicológico que se dispara en el público: la "autorización emocional" que se otorga al héroe para ejercer violencia. Sobre él han recaído las identificaciones positivas y las idealizaciones (es valiente, afectuoso con su familia, fuerte, etc.) y se ha generado un rechazo absoluto por los antagonistas que representan el mal, lo indeseable y lo que debe ser destruido.

Este juego maniqueo de introyecciones y proyecciones de los espectadores, recuerda el funcionamiento arcaico y esquizoide representado en la metáfora kleiniana "pecho bueno-pecho malo", como una forma de vinculación infantil con el mundo y la realidad.

> Klein supone que todo bebé experimenta al pecho materno como si le brindara dos tipos de sensación totalmente distintos (satisfacción y frustración) y en consecuencia relaciona esto con dos objetos esencialmente distintos: el "pecho bueno" y el "pecho malo". Esto se logra mediante un proceso de escisión (...) El *yo* escinde el objeto, proyectando e intentado poner distancia del "pecho malo", y conservar al "pecho bueno" introyectándolo (...) he aquí la formación de las primeras relaciones objetales y las más tempranas experiencias de amor y odio, de lo bueno y de lo malo" (De Board,1980: 40).

Los espectadores introyectan en su "yo" la figura del héroe y proyectan lo destructivo y persecutorio en los antagonistas sobre quienes recaen los impulsos agresivos.

El argumento de la película favorecería, quizá por la movilización emocional intensa que provoca (y también porque el espectador se entrega al disfrute de una ficción), la reedición de estos mecanismos elementales, regresivos y constitutivos de las primeras relaciones entre un sujeto y el objeto. Y de tal forma se anularían parcial y momentáneamente las restricciones, "la prohibición a la violencia", que la socialización posterior impone a los sujetos. El resultado es el goce sin limitaciones de la violencia en la pantalla y la proyección de los ideales en el héroe cuya imagen permanece inalterable.

Tiempos violentos: Un caso de identidades multifrénicas

a) La violencia posmoderna

Tiempos violentos[4], dirigido por Quentin Tarantino, marcó un hito en la década de los noventa. Junto a Asesinos por Naturaleza de Oliver Stone, se constituyó en su momento, como el paradigma del cine violento de la posmodernidad.

La estructura argumental de este film no es lineal, varias tramas paralelas se entrelazan y comunican haciendo que prácticamente todos sus personajes se contacten entre sí en algún momento del relato fílmico.

Pero son justamente los personajes (y sus acciones) los que rompen con el estereotipo héroes/villanos que pudo observarse en el apartado anterior.

Consideramos, a modo de ejemplo, las siguientes escenas del film:

- Una pareja de novios que se hacen mutuas promesas amorosas, sentados a la mesa de un restaurante, de pronto se ponen de pie, desenfundan sus pistolas y amenazando a gritos al resto de los clientes, los asaltan.
- Dos matones (interpretados por John Travolta y Samuel Jackson) ingresan a un edificio. Hablan de temas casuales e intrascendentes y se observa que son amigos hace tiempo. Se detienen frente a la puerta de un departamento, y Jackson murmura: "-Bien, asumamos nuestro rol". En los siguientes minutos, irrumpen por la fuerza en un pequeño ambiente, aterrorizan a tres jóvenes (les demandan algo que pertenece a su jefe, presumiblemente un traficante de drogas) y los asesinan a tiros.
- Otra vez los personajes interpretados por Travolta y Jack-

[4] Título original: *Pulp Fiction*,(Miramax, 1994).

son. Conduciendo un automóvil y, jugueteando con una pistola, se les escapa un tiro que le vuela la cabeza a uno de los jóvenes que llevaban como rehén. Necesitan urgentemente alguien que los ayude a "limpiar" este error (es decir, la limpieza del auto empapado en sangre, y disponer del cuerpo del desafortunado). Telefonean a un sujeto maduro (interpretado por Harvey Keitel) que parece estar en su hogar, a su espalda hay un festejo, quizá el cumpleaños de uno de sus hijos. El hombre parte de inmediato y, con rapidez y profesionalismo, les resuelve el problema: borra todas las pistas del "accidente".

- El personaje que interpreta Jackson le comunica a su amigo que ha decidido abandonar su vida de matón: "-Quiero ser como Caine, de la serie *Kung-Fu*. Viajar y meditar".

El espectador de esta película se encuentra ante personajes que pueden, casi simultáneamente, expresar amor y amenazar de muerte a un grupo de personas; ser un pacífico padre de familia y trabajar como encubridor de crímenes; asesinar a jovencitos y proponerse casi a continuación, ser un monje budista.

Es complicado para la platea identificarse con ellos pero tampoco puede rechazarlos u odiarlos y ni siquiera percibirlos como casos psicopatológicos. Resulta muy difícil encuadrar sus personalidades. ¿Cómo son? ¿Quiénes son?

b) De la modernidad a la posmodernidad

"La ciencia enseña que el mundo se compone de entidades fijas y reconocibles. Lo mismo debería ser válido para las personas (...) Habría [hombres] 'sinceros' y 'falsos', 'valientes' y 'cobardes,'rectos' e 'inmorales' (Gergen, 1992:63). Así, según Kenneth Gergen, el pensamiento científico propio de la modernidad define la realidad y a las personas. Y agrega:

> El posmodernismo, en cambio, está signado por una pluralidad de voces que rivalizan por el derecho a la existencia (...) a medida que esas voces amplían su poder y presencia, se subvierte todo lo que parecía correcto, justo y lógico (...) En el mundo posmoderno cobramos creciente conciencia de que *los objetos de los que hablamos no están "en el mundo", sino que más bien son el producto de nuestras perspectivas particulares* (Gergen, 1992:26).

Esta mirada posmodernista, ¿también afectaría el concepto de personalidad o del "yo"?

> Las personas existen en un estado de construcción y reconstrucción permanente (...) el proceso de *saturación social* está produciendo un cambio profundo en nuestro modo de comprender el "yo" (...) la saturación social nos proporciona una multiplicidad de lenguaje del "yo" incoherentes y desvinculados entre sí. Para cada cosa que "sabemos con certeza" sobre nosotros mismos, se levantan resonancias que dudan y hasta se burlan. Esa fragmentación de las concepciones del "yo" es consecuencia de la multiplicidad de relaciones también incoherentes y desconectadas, que nos impulsan en mil direcciones distintas, incitándonos a desempeñar una variedad tal de roles, que el concepto mismo de "yo auténtico", dotado de características reconocibles y estables, se esfuma. Y el "yo" plenamente saturado, deja de ser un "yo" (Gergen, 1992:26).

Los factores de saturación del "yo" son, primeramente, los resultados provenientes del avance tecnológico: la tv por cable o satelital que conecta a las personas con las imágenes y la información de todo el mundo, los teléfonos celulares que producen un estado de "comunicación" incesante, la popularización de los viajes en avión que enfrentan al viajero con otras culturas, las innumerables voces *on line* a las que se accede vía internet. En un segundo momento, la complejización de la vida en las metrópolis: el contacto cotidiano con la diversidad social, racial, sexual, ideológica etc.

> A través de un conjunto de nuevas tecnologías, el mundo de las relaciones se ha ido saturando más y más (....) y a medida que se amplían nuestras relaciones, la validez de cada racionalidad circunscrita corre peligro. Lo que es racional en una relación es cuestionable o absurdo en otra (...) y al introducir a los otros en el "yo" se infiltran sus gustos y preferencias, sus objetivos y valores (Gergen, 1992:107-112).

De tal forma, el "yo" se vuelve relacional: el comportamiento de las personas se modifica en función de la relación que se establece con el otro que se tiene delante. El "yo" es *multifrénico,* múltiple/multiplicado, está escindido por innumerables investiduras que asume de acuerdo al tipo de vínculos que mantiene. El "yo" es p*roteico,* en alusión a Proteo, el personaje de la mitología griega que podía transformarse en cualquier cosa, a su voluntad.

c) ¿Quiénes son y quiénes somos?

Desde esta perspectiva, se comprende quiénes son y cómo son los personajes de *Tiempos Violentos*. Se comportan de acuerdo al rol que deben jugar en un momento determinado y lo reemplazan por otro, instantáneamente, cuando su circunstancia social/relacional varía. Y por cierto, sin contradicciones ni crisis de identidad o moral (la moral es otra dimensión que entró en crisis en la posmodernidad).

El espectador del film comprende, después de un momento de perplejidad, que ya no podrá rotular a los personajes ni estereotiparlos en las categorías tradicionales. No hay "buenos" y "malos" sino sujetos complejos, multifacéticos, inclasificables, de los cuales se pueden esperar comportamientos quizá imprevisibles pero lógicos en función del los innumerables contextos que los rodean y de las diversas relaciones en las que aparecen involucrados a lo largo del film.

Si el espectador acepta la premisa de este guión cinematográfico, ¿aceptará también, por añadidura, que él también está inmerso en este proceso de deconstrucción/construcción de su propio"yo", y se reconocerá a sí mismo en la saturación, en la multifrenia, en la "proteidad"?

Hannibal Lecter. La estética del asesinato

El personaje de ficción literaria y cinematográfica Hannibal Lecter es un psiquiatra brillante, un hombre culto y refinado, un exquisito *gourmet* y artista talentoso. También, un asesino serial y un caníbal. Protagonizó tres novelas del escritor y criminólogo Thomas Harris: *El Dragón Rojo, El Silencio de los Corderos y Hannibal.*

En el cine, hizo su primera aparición en una poco conocida película de Michael Mann: "Cazador de Hombres", adaptación bastante libre de la novela *El Dragón Rojo*. Pero fue con el film *El Silencio de los Inocentes*[5] cuando alcanza verdadera popularidad (de hecho, la película ganó el máximo premio Oscar de ese año). Casi diez años después, Hannibal Lecter regresa al cine con la adaptación, que dirige Ridley Scout, de la novela *Aníbal*, en la película homónima. No es casual que en Internet existan más de diez sitios dedicados al este personaje, con anécdotas, fotos, referencias a los libros y las películas, etc. Sus fanáticos aumentan día a día.

a) Historia natural de los asesinos seriales

En los últimos años, ha habido un incremento en la fascinación por los asesinos seriales. La rápida forma en que se diseminó el término ("asesino serial") es un síntoma de esa fascinación. Aunque siempre pudieron haber exis-

[5] Título original: *Silence of the Lambs* (Universal,1991) dirigida por Johnathan Demme

tido personas que han asesinado a otras, una tras otra, el reconocimiento genérico de "asesinato serial" indica una transformación en la modalidad de las prácticas (...) Uno de los puntos en que se observa la transición de la modernidad a la posmodernidad es justamente en la experiencia discursiva de lo social: lo social es reemplazado por la" simulación de lo social (...) Con el enorme flujo de la información, el incremento del uso de los medios de comunicación, se ha rieficado lo social, lo social se transformó en una simulación (...) el espectáculo no es una colección de imágenes, sino un tipo de relación entre las personas. Y en la conformación del espectáculo a través de los medios de comunicación, lo moral es reemplazado por lo estético como el modo de definir las experiencias. La relación entre la ética y la estética como la primera dominadora sobre la segunda, se ha invertido en el siglo veinte. La norma social en la sociedad pos-industrial, y en la cultura posmoderna ya deja de ser el mundo ético de lo real, sino el reino estético de lo hiperreal (...) En la modernidad, se pensaba que el crimen siempre tenía un motivo, no podía pensarse un crimen cometido sin una razón, o sin beneficio económico o sin pasión o que al menos fuera producto de alucinaciones patológicas. El asesino serial no está loco; ni tampoco persigue un motivo, sino una *organización*, son crímenes organizados. (por ejemplo, el "Asesino del Zodíaco" en California, asesinaba siguiendo el orden de los signos zodiacales a los que pertenecían sus víctimas).
Otra característica de este tipo de asesino es la importancia de la repetición, la importancia de lo excesivo y la importancia del espectáculo (...) es fundamental la experiencia de un espectador. El espectador a quien narran (los medios de comunicación) el crimen. Es el receptor de la experiencia "estética". (Por ejemplo en la televisación del juicio de Jeffrey Dahmer, un asesino serial de EEUU, en el cual se explicó a los espectadores cómo el criminal guardaba en su domicilio los frascos que contenían trozos de los cuerpos de sus víctimas.) ... Ninguna persona se haría famosa por matar a golpes a su esposa, debido a una emoción violenta. Los asesinos seriales, en cambio, alcanzan notoriedad, se escriben artículos y libros sobre ellos, los shows de televisión hablan de sus vidas. (Stratton, 1996: 78,79, 84, 96).

Hasta aquí, una breve descripción del fenómeno social/estético/mediático del asesino serial.

b) Hannibal, el caníbal

¿Es posible definir al personaje de *El Silencio de los Inocentes* y

Hannibal como un asesino serial, de acuerdo a los parámetros definidos en el apartado anterior?

"Hannibal Lecter tiene un gusto burgués y modales socialmente aceptables, aunque tenga deseos inmorales que no duda en satisfacer" (Stratton, 1996:94). Las películas lo muestran amante de la música y del arte, incluso obtiene por concurso el cargo de conservador de un palacio-museo de Florencia debido a sus conocimientos sobre el Renacimiento.

Posee, además, un cierto gusto por lo excesivo. Cuando en el *Silencio...* huye de la prisión/jaula donde tres agentes de la ley lo controlaban, no sólo los mata sino que monta una escena dantesca con el cuerpo de uno de ellos, desgarrando su torso y crucificándolo luego. En *Hannibal,* droga a una de sus víctimas y la induce a cercenarse a sí misma su rostro y alimentar con esa carne a sus perros.

Pero quizá la escena más extrema ocurre al finalizar *Hannibal.* El castigo que le inflige a un corrupto agente del FBI (que durante la película acosó a Clarice Sterling, investigadora y gran amor de Lector) es ejemplar. Literalmente abre la tapa de los sesos del policía y, manteniéndolo con vida, lo obliga a comerse lonjas de su propio cerebro, saltado en manteca y finas hierbas.

Ante tanta truculencia, ¿cómo surge la adhesión del público por Hannibal Lecter?

> El mecanismo identificatorio de "El Silencio de los Inocentes" orienta al espectador primeramente hacia Clarice, que representa las fuerzas del bien y el orden y que debe aprehender a Buffalo Bill, un asesino que desolla a sus víctimas. Para encontrarlo necesita la ayuda de Lecter, hombre refinado e inteligente, pero atroz, despreciable y caníbal. Como resultado, la capacidad de identificación del espectador se escinde, por una parte la honrada, la insobornable Clarice, por otra, el diabólico Lector (...) la autorrepresión (Clarice) y la libertad absoluta de los instintos (Lecter): una doble identificación que sugiere una desintegración absoluta del *yo* (Losilla, 1993:181).

Aún siendo un representante del mal, el caníbal promueve un movimiento identificatorio de los espectadores sobre él ya que representa los aspectos salvajes y asociales de la personalidad (léase ELLO, en términos psicoanalíticos), lo que sin duda provoca un efecto liberador y excitante.

Pero además de puro impulso animal, hay en Lecter una moral, además de una estética. Una escala de valores egoísta, personal y autónoma pero eficiente y vital.

En el primer film citado, Lecter ayuda a aprehender al asesino, sólo por el interés que tiene sobre Clarece, porque su desprecio y rechazo por las otras instituciones (policiales, políticas, etc.) es ostensible.

Pero es en el segundo film donde se potencializa esta escala moral de Lecter y es aquí también donde se conduce sutilmente al espectador a compartirla. Por ejemplo, el policía italiano que lo busca en Florencia lo hace sólo por la recompensa que pesa sobre la cabeza de Lecter. Los representantes de la ley en E.E.U.U. (el FBI) no salen mejor parados: perjudican a Clarice obligándola a renunciar injustamente y, particularmente, Paul Krendler (el policía que termina devorando su propio cerebro) la acosa sexualmente. En un mar de intereses mezquinos, politiquería e ineficiencia, Hannibal Lecter dicta sus propias leyes y las hace cumplir (se encarga de ajusticiar también a un millonario que en su juventud pervertía a niños). El caníbal actúa con cierta pureza ética de la que carecen los organismos legales o jurídicos que lo persiguen.

Aquí hacen síntesis y se potencian los elementos que favorecen la identificación e incluso la idealización de este asesino serial. Es inteligente, libre, ama intensa y sacrificadamente (no duda en cercenarse un brazo para proteger a Clarice) pero fundamentalmente desafía y triunfa sobre las instituciones que tradicionalmente instauran la ley (sin su ayuda, el FBI es impotente para hallar al asesino Buffalo Bill). Y, por otra parte, los espectadores sienten que comparten con Lecter este mundo donde las instituciones están en crisis, la moral universal está cuestionada y la Justicia es sospechada de ser parcial e interesada. Lecter materializa la imagen idealizada del individuo que sortea la ineficiencia y corrupción de las oficinas estatales y las normas sociales anacrónicas y mediocres. Es el triunfo de la autodeterminación y del ingenio individual por sobre las restricciones sociales o la chatura e ineficiencia institucional.

Es imposible rechazar a Hannibal Lecter. Él es, en definitiva, el héroe de la película.

Puede decirse, sin temor a equivocaciones, que los medios de comunicación han encontrado la fórmula para asegurarse el éxito permanente de la violencia en las pantallas. Primeramente, establecen un contrato psicológico con el espectador facilitando un juego de identificaciones y proyecciones y movilizando aspectos parciales, arcaicos y profundos de la personalidad. Pero también, avanzan un poco más, transforman al público en un cómplice cuando cuestionan las normativas sociales y las instituciones cuya función es justamente la represión o la prevención de la violencia. Junto con las estructuras sociales, se disuelven los aspectos del Yo que las han internalizado y, con ellas, la culpa y las restricciones morales. El mal y el bien, lo legal o lo prohibido, se vuelven un tema individual y privado y no leyes universales compartidas por el conjunto social.

Además, si lo espectacular es lo prioritario por sobre lo moral, basta con que la violencia se muestre en forma llamativa, excitante y estética para que, incondicionalmente, los públicos la acepten y la disfruten.

Bibliografía

AA.VV. (1988) *Análisis estructural del relato.* Ed. Premia, México.

De Board, Robert (1980) *El psicoanálisis en las organizaciones.* Ed. Paidós, Buenos Aires.

Gergen, Kenneth (1993) *El Yo saturado.* Ed. Paidós, Buenos Aires.

-----------------------(1996) *Realidades y relaciones.* Ed. Paidós, Barcelona.

Losilla, Carlos (1992) *El cine de terror.* Ed. Paidós, Barcelona.

Prieto Castillo, Daniel (1990) *Retórica y manipulación masiva.* Ed. Premia, México.

Stratton, John: *"Serial Killings and the Transformation of the Social"* en *Theory, Culture &*

Society, Volume 13, Number 1, February 1996. Sage Publications. Alden Press, Oxford. USA.

4.3. La crueldad del neocapitalismo: hostel. El nuevo cine violento

Enrique Virdó

La película *Hostel*, estrenada en 2005, obtuvo un llamativo éxito de boletería estimulando a su director, Eli Roth, al lanzamiento de la secuela, apenas dos años después, con resultados económicos similares.

Una explicación superficial sobre el fenómeno, supondría que el contenido, groseramente truculento, de ambos films impactó favorablemente en una audiencia sedienta de escenas sangrientas, descuartizamientos y mutilaciones, coincidiendo con una progresiva desensibilización de los públicos cinematográficos actuales, ya habituados a la crueldad y la violencia gratuita.

Sin embargo, el gusto por los espectáculos macabros no es privativa de audiencias contemporáneas, hay antecedentes históricos que así lo demuestran. La cuestión sería descubrir cuál es el atractivo que ofrecen estas formas de esparcimiento. *Hostel* se podría encuadrar en un género cinematográfico denominado *slasher* (literalmente: cuchillada), el cual tiene una larga y nutrida trayectoria en la historia del cine, pero más adelante veremos que *Hostel* inaugura una variación provocativa y perturbadora.

a) Lo básico de *Hostel I* y su secuela *Hostel II*:

El concepto de *Hostel I* y *II* es similar, salvo las variaciones obvias en el guión de la segunda parte, que complejiza la trama original de la primera.

Los *films* muestran cómo un grupo de adolescentes que realizan un viaje de placer por Europa son "captados" por personas atractivas mediante engaños (generalmente la promesa de sexo sin compromiso y a bajo precio) logrando que se trasladen a Eslovaquia. Una vez que llegan a esa región aparentemente sin leyes, devastada y empobrecida, los jóvenes son secuestrados y encarcelados en una fábrica abandonada, convertida en un calabozo gigantesco. En él, magnates de todo el mundo, previo pago de una cifra de dinero considerable, están habilitados a torturar al joven de su elección, de la manera en que lo deseen y utilizando los instrumentos o artefactos más bizarros. Por supuesto, también matan a su víctima impunemente.

El impacto visual y emocional de estas películas se centra en las largas y excesivamente explícitas escenas de tortura donde se producen desmembramientos, decapitaciones, etc. y en la angustiante idea de que alguien totalmente indefenso, estando a merced de otro, puede sufrir la profanación de su cuerpo más imaginativa y espantosa.

b) *El Grand Guignol*: lo truculento siempre tuvo éxito

París, 1899, Rue Chaptal, barrio de Montmartre. Capas largas, sombreros de copa alta, carruajes suntuosos, joyas, perfumes caros. Caballeros y damas de alta sociedad se adentran en las oscuras calles de un barrio decadente, y entran en un edificio que alguna vez fue una capilla. Adentro, les espera una orgía de sangre, sexo, traiciones, torturas, asesinatos, mutilaciones y violaciones. Cuando un ojo es arrancado con una cuchara del rostro de una bella mujer se desmayan unos cuantos, cuando una prostituta es degollada algunos salen a tomar aire y son atendidos por un doctor, otros corren a vomitar su vértigo cuando una piel es arrancada de la espalda de una persona viva. Pero todos se quedan hasta el final. Para eso han venido.

Todo horror tiene nombre, y este se llamaría Grand Guignol. Teatro violento, descarnado, visceral, de bajas pasiones, uno de los secretos sucios y fascinantes de París, una atracción turística que llegó a ser en su tiempo tan indispensable para el turista como el Louvre o la Torre Eiffel.

El lugar tenía un aforo de unos 280 puestos, y un pequeño tablado, sobre el que se dramatizaban historias muy cortas que provocaban sin duda una electrizante catarsis aristotélica en los presentes. En una noche, se llevaban a cabo hasta cinco representaciones, y su éxito se medía por la cantidad de asistentes desmayados. Para los "efectos especiales" se utilizaban ojos de animales, vísceras, sangre falsa, materiales varios con aspecto de piel humana, y una serie de instrumentos trucados e ingeniosos, como cuchillos con hoja retráctil[1]

La intensa experiencia que proveía el *Grand Guignol* a sus habitués en el siglo XIX no le resultaría extraña al espectador del cine de terror de los siglos XX y XXI. En ambos casos, se trata de una audiencia que asiste a un espectáculo para que la emocionen, la perturben, la asqueen y la asusten, en definitiva para que la diviertan.

El sujeto sabe que lo que sucede ante él es una simulación, un truco, pero mientras dura la función se pone en marcha un mecanismo psicológico que se denomina "suspensión de la incredulidad"[2], es decir, un deliberado abandono del "principio de realidad" que normalmente rige el funcionamiento del YO y, de esa forma, se permite creer que lo que se desarrolla ante sus ojos está sucediendo realmente.

---

[1] Cf: E:\caja virtual El Grand Guignol, para bien o para mal.htm.

[2] ehttp://www.mediacollege.com/glossary/s/suspension-of-disbelief.html

Este dispositivo psíquico que habilita al disfrute emocional del espectáculo es diferente al goce perverso que obtiene alguien que está frente a un acontecimiento de violencia real. En otras palabras, es un estado subjetivo cualitativamente distinto a la euforia que sentía el ciudadano romano en el circo, cuando presenciaba leones devorando esclavos o gladiadores matándose mutuamente.

El espectador de cine de terror reconoce que presencia una ficción y, protegido por esa idea, se permite emocionarse o sorprenderse ante lo que se le muestra. Incluso le divierte el ingenio empleado para simular un efecto sangriento o brutal.

Por ello, lo que sucede con las audiencias actuales no es que se están desensibilizando ante la crueldad sino que se han vuelto más y más exigentes con las simulaciones, ya no toleran efectos especiales de cartón pintado, demandan uno tan original y sofisticado que los deje pensando: ¿cómo lo habrán logrado?

En ese aspecto, *Hostel* supera a muchos otros *films* no sólo en la crudeza y lo explícito de las imágenes sino también en el hiperrealismo de las escenas de tortura física. Lo que se presencia en la pantalla es demasiado verosímil, muy parecido a cómo sería en la realidad. Esa es una de las explicaciones del éxito del film pues se somete al espectador al esfuerzo de decirse: "Sé que no es real, pero se parece demasiado a lo real". En muchos otros sentidos, el *film* es también demasiado parecido a lo real.

c) El género *slasher:* el sangriento destino de los adolescentes

Tal como se adelantó, *Hostel* podría encuadrarse en un género cinematográfico llamado "slasher" Este género, de corte popular, generalmente cultivado por adolescentes, tiene tramas bastante simples.

> Se trata de un subgénero del cine de terror. Típicamente es un psicópata enmascarado que asesina a adolescentes o jóvenes fuera de la supervisión de algún adulto. La mayoría de las veces las víctimas están envueltas en sexo prematuro o consumo de drogas. ...Se origina en los años '60 con Peeping Tom de Michael Powell y Psycho de Hitchcock...Las tres películas que hicieron famoso a este género fueron: La Matanza de Texas, de Tobe Hooper, Halloween de John Carpenter y Viernes 13 de Sean Cunningham[3]

Evidentemente, *Hostel* compatibiliza aceptablemente con la descripción del género. Se trata de adolescentes solos, vagando libres en un lugar extraño, y en busca de aventuras sexuales.

[3] Cf: mhtml:file//E:Slasher-Wikipedia, la enciclopedia libre.mht

Quizá, una diferencia entre el *slasher* y *Hostel* radica en la construcción del asesino. En *Psycho* (Psicosis), el criminal es un psicótico con doble personalidad. En *La Matanza de Texas*, es un ser anormal y con un obvio retardo mental. En los casos de *Halloween* y *Viernes 13*, se trata de sujetos monstruosos, indestructibles e inhumanos. Además materializan la metáfora de una dura reprimenda moral ya que su violencia se dirige casi exclusivamente hacia adolescentes renuentes a reprimir sus instintos sexuales, como si tuvieran la finalidad de transmitir una ética conservadora y algo retrógrada, en definitiva, complaciente con el *status quo*: si los jóvenes expresan libremente su sexualidad y/o usan drogas, su destino es una muerte espantosa.

En cambio, en *Hostel*, los sádicos torturadores de jóvenes pertenecen a un "club" exclusivo de millonarios y empresarios exitosos. Son miembros activos y relevantes de la sociedad y, tal como se muestra, hombres de familia comunes y normales .No son desquiciados ni criaturas sobrenaturales. Y esta variación en el género vuelve a *Hostel* bastante más siniestra que sus antecesoras.

Los hombres/objeto de la sociedad de consumidores

Una escena esencial de *Hostel II* nos conduce en una explicación un poco más compleja acerca del interés que despertaron estos *films*. En ella se muestra cómo después de enviar fotos de los jóvenes secuestrados en Eslovaquia, a través de internet, se realiza una subasta, *on line* y global (participan empresarios de todo el mundo utilizando su *blackberry*), que habilita al mejor postor a adquirir a la muchacha más atractiva o al joven más saludable. No muy diferente de las subastas de *E-bay* o de la local *deRemate.com*. ¿Personas rematadas como objetos?

Estos párrafos de Zygmunt Bauman nos permiten comprender este fenómeno:

> ...el mundo creado y sostenido por la sociedad de consumidores está netamente dividido entre cosas elegibles y electores, los productos y sus consumidores (...) Sin embargo, la sociedad de consumidores es lo que es precisamente porque no es así en lo absoluto. Lo que la singulariza y distinto de otros tipos de sociedad es justamente que las divisiones antes mencionadas son borrosas, y finalmente terminan por borrarse. En la sociedad de consumidores nadie puede convertirse en sujeto sin antes convertirse en producto...ese marco existencial que conocemos como "sociedad de consumidores" se caracteriza por refundar las relaciones interhumanas a imagen y semejanza de las relaciones que se establecen entre consumidores y objetos de consumo (2007:24)

De esta forma, ya se esboza otro nivel de explicación ante una conducta aparentemente tan bizarra como la de subastar seres humanos. En una sociedad sustentada en los intercambios de bienes de consumo, las personas no son la excepción .Este planteo supone una ideología de base fundamental y propia de la sociedad de consumidores: todo se puede comprar y aquellos que han acumulado riqueza suficiente acceden a imponer sus deseos particulares por encima de todo derecho, norma, leyes locales o justicia universales. La ley del mercado prevalece.

Así como se explicitó anteriormente que la atracción de *Hostel* se debía en parte al realismo en las escenas de sadismo, también en este caso la idea de un remate de personas le resulta al espectador un concepto muy verosímil porque responde al espíritu de la época en la que está viviendo.

El miedo líquido: mi semejante es mi enemigo

Los asesinos en *Hostel* son magnates globalizados. Vimos que, por disponer de capital, pueden disponer de seres humanos.

Pero, ¿por qué el espectador del *film* acepta sin demasiada sorpresa que personas normales, con familias y, en cierto modo, semejantes a él pudieran desplegar tal grado de sadismo? ¿Es posible que, en cualquier otro, en ese extraño que se cruza en la calle de una gran ciudad, se oculte un monstruo sediento de sangre? ¿Éste es uno de los temores de la modernidad líquida?

> La consecuencia fundamental y posiblemente más siniestra de este descubrimiento, o constatación es la actual crisis de confianza. La confianza está en un aprieto desde el momento en que nos damos cuenta de que el mal puede ocultarse en cualquier parte, de que no se destaca de la masa ni lleva marcas distintivas o carné de identidad. Y de que cualquiera puede estar actualmente trabajando a su servicio, o ejerciendo de reservista suyo en excedencia, o aguardando su turno como recluta potencial para su causa (...) De ahí que (como los expertos en cálculo de riesgo le recordarán) la apuesta que parece más segura es la de asumir que todas las personas sin excepción son proclives a ser reclutadas al servicio del mal. Mantenga bien abiertos sus ojos, no baje nunca la guardia. O, lo que es lo mismo, como el subtítulo de una serie de telerrealidad estadounidense advierte en forma de una especie de alerta a sus millones de ávidos espectadores, agradecidos por la "información" que con ella se ofrece: no se fíe de nadie (...) Los "otros" (entendidos como unos otros extraños, anónimos, sin rostro, con quienes nos cruzamos diariamente de pasada o pululando por nues-

> tras densamente pobladas urbes) son fuente de las que emana una amenaza vaga y difusa, lejos de transmitirnos una sensación de seguridad y protección frente al peligro. No esperamos solidaridad alguna de ellos (...) Podemos afirmar que la variedad viene marcada por un miedo que tiene principalmente como objeto a la maleficencia humana (...) Este miedo se inocula a través de la sospecha de la existencia de una motivación malévola en hombres y mujeres concretos, o en ciertos grupos (...) Castel achaca a la individualización moderna la principal responsabilidad por semejante situación. Sugiere que al sustituir las comunidades los lazos estrechos que antaño definían las reglas de protección y los derechos y obligaciones individuales, por el interés y el cariño por uno mismo, la sociedad moderna se construyó sobre las arenas movedizas de la contingencia. Exhortados, presionados diariamente a cuidar de sus propios intereses, los individuos modernos creen que los otros individuos que les rodean se guían por motivaciones egoístas parecidas (...) En una sociedad así, la percepción es que la compañía humana es fuente de inseguridad y un territorio plagado de trampas y emboscadas. (Bauman, 2007:90-170-171).

Conclusiones

Como se observa, el éxito de *Hostel* no surge de la simple afición de los públicos por las escenas tremendas de sadismo, o al menos no únicamente. Los espectadores descubrieron en el *film* un contexto que no les resulta extraño, es más, les es muy reconocible: los negocios a través de las nuevas tecnologías *on line*; el poder omnipotente del neocapitalismo, la transformación de los ciudadanos en consumidores egoístas y centrados exclusivamente en sus deseos; la crueldad y la desconfianza que surge del individualismo extremo y la desaparición de redes sociales solidarias.

Hostel es en definitiva un tratado sobre lo que Bauman llama "modernidad líquida", y de lo que la mayoría de la gente reconocería como su realidad cotidiana.

Bibliografía

Bauman, Zygmunt (2007) *Miedos líquidos*. Ed. Paidós, Barcelona.

------------------------- (2007) *Vida de consumo*. Ed. Fondo de Cultura Ecónomica, Buenos Aires.

5. La escuela: espacio público privilegiado en la apropiación crítica de ofertas mediáticas y en procesos a desarrollar con tics

Cristina M. Petit

La Televisión puede ser un importante educador primario y un educador general de costumbres, una manera de trasmitir actitudes y supuestos.
John Hartley.

La Televisión es uno de los símbolos más espectaculares de la democracia de masas; se depositan en ella toda clase de esperanzas, siendo así ella incapaz de satisfacerlas.
Dominique Wolton

1) Introducción

En los comienzos del tercer milenio, de la mano de la televisión y de las TICs, nos enfrentamos a cambios y reestructuraciones sin precedentes que están produciendo transformaciones culturales globales e impactando en nuestra cultura nacional particularmente.

Según Alaim Renaud, "el conjunto de los gestos culturales se encuentra modificado, desplazado y reestructurado; ya se hable del tratamiento del ejercicio social del saber, de la producción material, de la memoria, de la comunicación o de la creación" (1990:12)

Los sujetos nacen en un espacio simbólico cuyo predominio cultural son los medios de comunicación, en especial y de forma predominante, la televisión. Así los niños y los adolescentes -sujetos en constitución socioafectiva y en construcción cognitiva - aprenden a ser espectadores antes de la adquisición del lenguaje y, en consecuencia, antes de la adquisición de la lectoescritura.

2) Consideraciones para una apropiación crítica

2.1) Cultura audiovisual

Las nuevas tecnologías de la imagen, surgidas por la necesidad del desarrollo militar y de sus demandas estratégicas y luego apropiadas por los mercados para sus fines comerciales, construyen nuevas relaciones con lo visible, con la imagen. Ésta permite anticipar activamente lo real - físico, reproducirlo y manipularlo mediante simulación interactiva.

El discurso de la imagen imprime un nuevo régimen de discursividad, por lo tanto de saber y de aprendizaje. Una nueva lógica, la lógica de la acción, de lo puntual, de lo descontextualizado, de lo particular y fragmentado.

Asumimos el planteo de Alain Ranaud respecto de que los cambios producidos en la visibilidad cultural y, por lo tanto, en las formas de comprender, de pensar, de semantizar, de los individuos. Se pone así en acción un deslizamiento tecno-cultural, general y profundo, de las sociedades industriales que progresivamente tiende a desestabilizar el panorama constituido por las prácticas y los conceptos.

"...las nuevas imágenes expresan (...) tecnificación, industrialización de lo imaginario, por lo tanto aplastamiento del sujeto cultural". (Renaud, 1990:17)

Con respecto a la percepción del tiempo, el relato televisivo ha impuesto el "*sensorium* audiovisual", las narraciones a través de la experiencia de lo simultáneo, lo instantáneo y el flujo permanente.

Estos desafíos, por un lado, implican cambios, progresos, reestructuración y nuevas creaciones; y por el otro, un atentado contra las identidades culturales, por la fragmentación de los públicos y por la desarticulación de sentidos culturales de las comunidades.

2.2) Cambios en la sociabilidad:

Los nuevos avances tecnológicos también producen cambios en las formas de vincularnos con el mundo y con los otros. Roman Gubern, en su estudio sobre la sociedad informatizada de los países desarrollados, señala: "la existencia de una tendencia a la 'claustrofilia' en las formas de relación psicosocial y cultural, como opuesta a la 'agorafilia'". (Gubern, 1991:180)

Las nuevas formas de sociabilidad manifestarían así, una preferencia por la reclusión hogareña, por el espacio cerrado de la casa en detrimento de la extraversión y de la exploración del espacio abierto de la calle, la plaza, la fábrica, el club. Las tecnologías de la comunicación se han orientado a privilegiar como modalidad de recepción: la individual, la privada y la domiciliaria.

Por su lado, el relato televisivo descontextualiza el texto, debilita el pasado y deshistoriza, atentando así las vinculaciones de los sujetos con sus otros anteriores, con sus antepasados, lo histórico y lo fundacional.

3) Escuela: espacio público central

Frente a lo dicho, nosotros creemos que la escuela tiene y deberá tener un rol importantísimo que es el de re-valorizar el espacio de lo público.

La escuela, en tanto institución social base de las comunidades, sigue y seguirá siendo un espacio permanente, en las sociedades latinoamericanas, para la entrada de todo sujeto en sociedad/cultura, en la lecto/escritura y en costumbres/valores. Es el "lugar" privilegiado que toda comunidad tiene para incorporar a los sujetos, entonces, activa, lúcida y creativamente en los cambios que las nuevas tecnologías de la imagen imponen y seguirán imponiendo.

A través de la escuela, el sujeto niño/adolescente entra en la socialización secundaria de forma sistemática y organizada. Al ser esta institución el espacio social desde donde reafirma y resignifica su pertenencia a una determinada comunidad histórica, es que la consideramos "el lugar privilegiado para afrontar los nuevos cambios tecnoculturales".

Pero, ya no es la escuela el canal único mediante el cual las nuevas generaciones entran en relación con el conocimiento y la información. La palabra del docente y los textos escritos han dejado de ser los soportes exclusivos de la comunicación educacional.

3.1) Apropiación por parte de niños y adolescentes

La influencia y la pregnancia de los medios de comunicación social, en especial los de la televisión y de las TICs, han generado una serie de debates sobre: sus efectos, su vinculación con los públicos y su fragmentación, su polarización entre la individualización y la globalización; sobre si la recepción es pública o privada, pasiva o interactiva, si provoca renuncia intelectual por parte de las nuevas generaciones, si el espectador es libre, si debemos fomentar la lectura crítica. En el marco de estas problemáticas hay un público que nos preocupa fundamental y prioritariamente, el infantil y juvenil.

Los niños y los adolescentes, en tanto sujetos en formación y construcción de lo socioafectivo y de lo cognitivo, se encuentran, especial y particularmente, expuestos y vulnerables ante la dominante cultura de la imagen, del espectáculo y de la acción del discurso audiovisual.

La presencia ante los medios, desde tempranísima edad, especialmente de la tv, se va dando en una interacción que compromete no sólo nuevos saberes sino también nuevos modos de conocimiento, cuestionando la hegemonía racional y normativa de la escuela e instalando nuevas lógicas o "alfabetizaciones posmodernas".

Dada la centralidad de los medios audiovisuales en nuestras culturas, la escuela tiene que dar cuenta de la civilización de la imagen, proponiendo una la "alfabetización audiovisual". Las nuevas tecnologías ofrecen a diario, nuevos efectos especiales que impactan sobre los procesos perceptual-cognitivo, emocional y social,. obligando a repensar el funcionamiento de las instituciones.

El niño se encuentra más expuesto porque los mecanismos de defensa del Yo, -necesarios para diferenciarse, para discriminarse, y discernir- son rudimentarios y están en proceso de construcción. El desarrollo de su inteligencia también se encuentra en proceso de estructuración y carece de la posibilidad de diferenciar entre lo real y aparente, lo bueno y lo malo, lo real y lo virtual, faltándole aún una noción acabada del tiempo y espacio.

Desde el punto de vista de los contenidos emitidos, las programaciones televisivas, muchas veces, le adelantan al niño realidades de la vida que evolutivamente no necesitan plantearse aún, ni están en condiciones psicológicas socio-afectivas, dada la etapa evolutiva.

A los sujetos-niños, muchas veces, les cuesta clausurar, dar un sentido y una contextualización a los relatos, dada la variedad y vorágine continua de los discursos, no alcanzando así a discernir los mensajes. Como dice Castoriadis, "la psiquis humana tiene una necesidad absoluta de sentido 'y' las instituciones al socializar al individuo lo proveen de sentido" (2000: 14).

> La televisión, en tanto un medio audiovisual, tiene la posibilidad de generar y actualizar en la audiencia infantil mecanismos de identificación y proyección en forma constante. Promueve una gran movilización emocional a través de la música, de los sonidos, de los cambios de colores, voces en *off*, diálogos, movimientos de personajes, tomas y efectos especiales.

Por otra parte, los sujetos están atravesados por el síntoma postmoderno de lo individual y lo privado en detrimento de lo social y lo público. Esto lo percibimos en los niños y jóvenes que eligen el video por sobre el cine, el *shopping* por sobre la plaza, la calle, el barrio, el club y la naturaleza. Los juegos en computadora y *videogames* por sobre la barra, los amigos y los compañeros, el compartir el humor en grupo por la ridiculización del otro a través del acoso de la práctica del *cyberbuling*.

4) Escuela: espacio público para desarrollar prácticas de recepción y apropiación crítica

Ante esta realidad, proponemos re valorizar a la escuela como lugar pertinente para preparar al niño y brindarle las herramientas y aprendizajes que necesita para enfrentar los cambios culturales contemporáneos.

Como dice Brunner, la escuela se encuentra frente a una nueva revolución. Según este autor, asistimos a la 4° Revolución, la de las Tecnologías de la Información y la Comunicación.

Esto es un desafío, ya que la escuela, en especial la primaria, carece de las herramientas, metodologías y capacitación apropiadas para acompañar los cambios culturales que imprimen los medios de comunicación social y las cambiantes y revolucionarias tecnologías comunicacionales.

De alguna manera e incipientemente, se ha comenzado a dar respuesta desde la Nueva Ley de Federal de Educación que contempla un apartado sobre la capacitación en lectura crítica de los medios de comunicación social.

La escuela debe proveer la capacitación del niño y del adolescente en el aprendizaje de estrategias para abordar la lectura de imágenes ya que éstos son "analfabetos" en relación con esos discursos de la imagen.

A su vez recuperar la institución escolar, significa revalorizar ese espacio/proceso en el que los niños y jóvenes desarrollan prácticas sociales en las que vivencian, juegan, aprenden y transcurren gran parte de sus vidas y se incorporan paulatinamente a la socialización secundaria, y también apropiándose adecuadamente de las ofertas de los mensajes televisivos.

La escuela es uno de los pocos espacios públicos que continúan vigentes y desde allí podríamos desarrollar recursos y destrezas para apropiarnos adecuadamente de las producciones de las nuevas tecnologías. La escuela y el docente siguen significando un lugar y un modelo de contención y de autoridad para el niño (tal vez no así para el adolescente). Aquello que se aprende con el docente tiene una gran posibilidad de internalización, principalmente en la socialización primaria, por el fuerte lazo afectivo entablado.

También el grupo de pares, los compañeros, en la etapa de la socialización secundaria ocupa un lugar importante. Cumple un rol primordial en las prácticas de "pensar juntos", "aprender juntos", "significar juntos", "criticar juntos", "construir juntos", "elaborar juntos". Tiene una fuerza identificatoria muy grande todas las tareas que se realizan y se comparten con sus pares.

El niño pone su líbido al servicio del aprender social e intelectual. Goza cuando vuelve a su casa vivenciando y confirmando que logró un nuevo aprendizaje, que puede manejar y controlar una "realidad", o parte de ella, antes desconocida, siente seguridad, se afirma.

El aprender con otros y desarrollar "juntos" una actitud crítica, un hábito u entrenamiento de crítica y recepción activa frente al discurso televisivo, también provoca placer; y mucho más porque se trata de "ese aparato que tanto le gusta, lo atrae y lo seduce".

Es increíble el placer que demuestran y expresan los niños y los adolescentes al poder analizar y decodificar los mensajes. Pareciera ser que perciben el salto que dan de la impotencia de sólo ver y disfrutar, a elaborar algunos criterios y herramientas de pensamiento sobre mensajes, a poder verbalizar todo lo que el mensaje les ha hecho sentir y, a posteriori, encontrarle un sentido, sentido que lo dan "entre todos" y con la señorita y/o el profesor.

Como propone Jesús Martín Barbero, "lo que hay que interrogar no es un 'efecto', sino *la nueva percepción del mundo que engendra la espectacularización:* esa sensación de "participación" que engendra la satisfacción de ver" (1998:65).

"...la televisión es una de las únicas instancias en las que finalmente la sociedad reflexiona sobre sí misma y a la que todos tienen acceso a su propia representación" (Wolton, 1990:129)

Estos cambios constantes de reconstrucción a los que, desde diferentes perspectivas de análisis, aluden Martín Barbero y D. Wolton, los podemos visualizar a diario cuando nos encontramos con los padres de niños y adolescentes que están faltos de criterios, que sólo opinan, actúan con contradicciones o no tienen repuestas sobre las realidades más importantes y comprometedoras de la familia: límites, sexo, violencia, el sentido de la vida, etc.

Somos conscientes de que vivimos en un momento en que las sociedades profundizan las diferencias. Se han perdido las prácticas de solidaridad, deteriorado los vínculos sociales y prevalece la fragmentación, el repliegue sobre sí mismos, la pérdida de prácticas públicas, en definitiva, se camina hacia un desarrollo a ultranza de lo privado, lo individual y lo eficiente.

Frente a esto, la escuela sigue ofreciendo un espacio de vínculos, de contención grupal, de modelos identificatorios, de referentes y un espacio de identidad cultural. Tiene, entonces, hoy la posibilidad de facilitar y corporizar mejor el vínculo social, fomentar la solidaridad y las construcciones conjuntas, proveer de categorías de pensamiento que vayan a constituir "habitus". Debe posibilitar al docente, al niño, a los padres y a la comunidad educativa, el acceso a prácticas que les permiten aprender a leer el discurso televisivo y análogamente que puedan releerse y autocriticarse, para comprender mejor el sentido de los cambios culturales profundos que acontecen, ya que "hay algo que se torna cada día más difícil, casi imposible: es el mantenimiento o la recuperación de la identidad cultural de cada grupo". (Martín Barbero, 1996:54). En este sentido, la institución escolar deberá capacitar a los niños para que puedan acceder a nuevos símbolos y códigos de lectura, de semantización y así, resignificar y resemantizar la producción de esta cultura de la imagen en el marco y a la luz de nuestra identidad nacional y latinoamericana.

Estas preocupaciones son compartidas con autores como Luciano Gallino, quien plantea:

> ...la posibilidad de separarse con adecuada vigilancia crítica de los modelos mentales que la cultura le propone -en este caso, mediante los *mass media* - para elegir, reflexio-

> nando los que hay que adoptar para sus propios fines de formación y defensa de la identidad, de individualización, de elaboración de afinidades culturales. (1990: 48 y 49)

De no ser así, la resultante puede llegar a ser que nuestros niños sean "dependientes para pensar y libres en el consumo", ya sea de discursos, imágenes u objetos. Como lo señala María Reigradas,

> el ingreso temprano de los niños en la psicoesfera de los Medios Masivos y de las nuevas tecnologías comunicacionales, video juegos etc., connlleva el riesgo de que sus modos de simbolizar lo real y de construir sus identidades personales y colectivas sean promovidas y provistas más por los Medios Masivos de Comunicación que por sus familias y grupos primarios. (1991: 5)

Esclavos para crear, para aprender, para pensar, para escribir y libres para consumir. Como profesionales de la salud, debemos seguir buscando estrategias alternativas para dar respuestas al momento histórico - cultural que nos toca vivir.

Creemos que, en un proceso lento pero eficaz, podríamos salvar lo que en este momento se presenta como oposiciones irreconciliables o como conflictos que sólo tenderán a agudizarse: familia versus televisión, escuela versus tv, lectura versus tv, escuela versus TICs.

Señalamos que podemos salvar estas oposiciones justamente porque el espacio institucional educativo es generoso para este desafío y se convierte en una de las pocas alternativas, ya que posibilita:

- el proceso de la socialización secundaria con referentes (maestros/docentes) y las identificaciones con los pares.
- un espacio institucional público abierto, solidario, y generador de prácticas conjuntas.
- la recepción activa como un aprendizaje más de la cotideaneidad educativa.
- el desarrollo de actitudes críticas respecto de los mensajes televisivos.
- aprendizajes de nuevas formas de lecturas y destrezas perceptuales y de resemantización.
- la reactualización y resignificación de imaginarios colectivos, de identidades histórico-sociales que afirman las identidades individuales, sociales y culturales que todo grupo necesita para seguir construyendo su historia, sus proyectos y en definitiva, sus utopías.

Diferentes autores, desde diversas perspectivas de análisis y niveles de explicación, nos brindan los fundamentos para incorporar la posibilidad de resignificación de los discursos televisivos y las TICs por parte de la escuela como propuesta de enseñanza.

En el contexto de las profundas transformaciones culturales que transitamos, de las resistencias que las identidades culturales realizan y dada la complejidad de los intercambios, hoy es imposible dar respuestas globales para el conjunto. Estamos convencidos que es una etapa de pequeños cambios, menos ambiciosa que irán sembrando frutos y generando respuestas alternativas, como la propuesta que presentamos a continuación.

5.1) Introducción

La televisión sin lugar a dudas se ha convertido en "el fenómeno social y cultural más impresionante de la historia de la humanidad" y "el mayor instrumento de socialización", como reflexiona Joan Ferrés.

Basta con detenerse a prestar atención al tiempo que niños, jóvenes, adultos y ancianos dedican a ver televisión: entre cinco y ocho horas diarias en nuestro país.

En los últimos años, nos encontramos con opiniones tanto a favor como en contra de la televisión que oscilan entre considerarla uno de los males más grande, hasta la postura ingenua de su inocuidad.

Creemos hoy que cualquiera de estas posturas cae en una mirada reduccionista e impide un análisis del medio en su complejidad.

Por ello, este trabajo intenta dar cuenta de una metodología que permita abordar el análisis y la lectura del relato audiovisual de una manera activa, crítica y creativa, en especial para niños pero también para padres y docentes.

Venimos poniendo en práctica esta metodología en colegios primarios y secundarios de Córdoba capital e interior, desde 1992, habiendo logrado resultados positivos y una buena recepción y entusiasmo, por parte de alumnos, maestros, profesores y padres[1].

A partir de las primeras experiencias, fuimos transformando esta metodología en un programa -con diferentes etapas bien delimitadas- que nos permitió una sistematización y planificación. Éste tuvo una excelente acogida en el ámbito educativo tanto público como privado.

Mientras íbamos avanzando en esta tarea preventiva de la salud mental -la de fomentar la recepción activa de mensajes televisivos, por parte de niños y adolescentes, y desarrollar una actitud crítica frente a los diferentes discursos de imágenes-; se promulga la Ley Federal de

[1] Por ejemplo niños de tercer grado, que al aplicar nuestra metodología lograron analizar y discernir la temática de la envidia en un capítulo de la serie *Los Simpson*. Y sobre la película *Tiempos Modernos*, con Charles Chaplin, lograron expresar que hablaba de *solidaridad*. Esto es lograr un nivel de análisis ideológico por parte de los niños.

Educación que plantea en uno de sus puntos: "Desarrollar (...) una actitud reflexiva y crítica ante los mensajes de los medios de comunicación social"[2].

Esto nos alentó a seguir avanzando ya que, desde la nueva Ley de Educación, se reconocía y legitimaba el espacio que veníamos construyendo, la capacitación en recepción activa de los mensajes mediáticos, y fue así que seguimos mejorando nuestra propuesta.

Aunque, en realidad, la demanda de capacitación en lectura crítica y activa del lenguaje audiovisual comienza allá por 1989, cuando el gremio docente de la U.E.P.C. (Unión Educadores de la Provincia de Córdoba) nos convoca para el dictado de talleres de capacitación para docentes de nivel primario, secundario y terciario.

También algunos grupos de padres nos requerían para dictar talleres de formación crítica frente al lenguaje televisivo y desde allí acompañar y dar respuestas a sus hijos.

Las demandas surgían en forma desarticulada. Nos requerían los docentes, los padres y las autoridades de instituciones educativas -tanto de primario como de secundario- para abordar las diversas temáticas acerca de las programaciones televisivas. A veces, hacían hincapié en un género como el de acción -para analizar la problemática de la violencia-, así también como la publicidad, entre otros.

Desde ese entonces, proponíamos a los docentes aceptar a la televisión como una realidad socio-cultural más y tratábamos de persuadirlos para que no la perciban como la culpable de todos los males y/o atacarla.

Como psicólogos sociales especializados en comunicación social podíamos comprobar claramente la necesidad de articular dos aspectos: la crítica intelectual para develar los contenidos ocultos en los mensajes; y la connotación o expresión de las emociones y sentimientos.

Nuestra mirada psicológica fue la que nos llevó a plantear la necesidad, primero, de expresar y poder poner en palabras el sinnúmero de emociones y estados de ánimos que los relatos televisivos reactualizan y promueven. Para, luego poder intentar tomar una distancia y un discernimiento más racional con el corpus del relato y desentrañar lo ideológico o la definición de la realidad propuesta en el mensaje.

Para ello creamos un programa denominado: *También leemos imágenes.* Su nombre hace referencia a que las imágenes son polisémicas y por lo tanto pueden ser leídas y decodificadas. Así, reconocemos el importante papel que cumple la televisión en la mediación simbólica y en los mecanismos cognitivos de construcción social de la realidad.

---

[2] Ver: Título II que trata de Principios Generales, el Capítulo V de la Educación Polimodal, el art. 16 de los objetivos del ciclo polimodal, en el inc. e.

5.2) Fundamentación del proyecto de intervención en la institución escolar

Las nuevas tecnologías de la comunicación atraviesan las relaciones entre los enseñantes y los enseñados, es más, se sitúan en el centro mismo de la comunidad educativa, y en la transmisión de conocimientos, actitudes y valores.

Por ello este espacio es irrenunciable para la institución educativa. Debemos asumir la realidad de la "cultura de la imagen", aprender a enseñar a tomar una distancia crítica que permita discernir y resemantizar recuperando, así, el valor de la palabra y el lenguaje.

Las nuevas políticas educacionales, los centros de formación públicos y privados de educación deben dar respuestas desde sus programas formales, a este nuevo reto de la comunicación que enfrentamos los pueblos y las culturas latinoamericanas, elucidando las reales significaciones en las que se inscriben las prácticas de comunicación en la vida cotidiana.

En la actualidad, la escuela posee un doble valor: 1) es el lugar de educación institucional primero y 2) es un espacio público insustituible. Esto último es relevante cuando se han reducido todos los espacios públicos: el gremio, la militancia política, los centros vecinales, los cines clubes, los debates, encuentros culturales y deportivos populares que eran los que posibilitaban los espacios comunitarios para la construcción y el aprendizaje conjunto de las identidades culturales.

Con el propósito de poder dar algunas respuestas acerca de la comunicación social para la educación formal y, más precisamente, para el nivel primario, es que proponemos capacitar a los docentes para que acompañen al niño a crear una actitud crítica frente a los mensajes mediales de imagen, posibilitándoles discriminar y discernir mejor y fomentando la resemantización del espacio propio, el de su propia identidad cultural.

En este marco creamos una metodología de análisis grupal para los niños, desde nivel inicial a sexto grado, acorde a la etapa de su desarrollo, su nivel cognitivo y a la currícula del grado en curso

5.3) Antecedentes de la intervención

El proyecto fue llevado a cabo en dos colegios primarios privados de clase media, uno en la ciudad de Córdoba y otro, en Malagueño. Hemos obtenido, en ambos, muy buenos resultados, tanto en la capacitación de los docentes como en los talleres con niños, utilizando las guías construidas por nosotros que denominamos: guías M.A.C.L.T. (Metodología de Actitud Crítica y Lectura Televisiva)

Por su parte, el Programa de Capacitación Docente formó parte de los Proyectos de Transformación e Innovación del Ministerio de Educación de la Nación en 1993.

A continuación desarrollaremos cada una de las etapas del proyecto en la escuela.

5.4) Etapas del proyecto de intervención: "También leemos Imágenes"

1. Capacitación de directivos, docentes y personal especial con un total de 20 horas de taller teórico-práctico.
2. Encuesta a cada alumno desde nivel inicial a sexto grado, para relevar géneros, programaciones y tendencias de recepción y consumo.
3. Tabulación y análisis de gustos, tendencias y tipo de programaciones escogidas por los niños de acuerdo al grado que cursan.
4. Encuesta a los padres de los alumnos sobre el tipo de programaciones, horarios que los niños se exponen frente al televisor y tipo de tecnologías que utilizan.
5. Selección de las primeras seis proyecciones a ser exhibidas en clase, de acuerdo a lo recogido por las encuestas, al nivel madurativo y evolutivo y a la programación curricular del grado.
6. Preparación y adaptación de las guías (M.A.C.L.T.) Metodología de Análisis Crítico Lectura Televisiva para los alumnos desde nivel inicial a sexto grado de acuerdo a su nivel de desarrollo.
7. Puesta en marcha de la campaña: "También leemos Imágenes" desde nivel inicial a sexto grado.
8. Evaluación de logros con docentes, directivos y personal especializado, por grado.
9. Ajustes y reprogramación de las próximas seis proyecciones.

1° Etapa: capacitación docente

Frente al avance y la presencia cada vez mayor de los mensajes de la televisión en nuestra cultura y el fuerte impacto que ésta imprime sobre la educación formal, se hace imprescindible la capacitación del docente en primera instancia.

Éste debe tener la posibilidad de adquirir técnicas y metodologías específicas que le permitan leer e interpretar críticamente las propuestas de vida, los modelos, las formas de vincularse y los valores propuestos, y definidos en los mensajes televisivos.

Se transforma, así, el docente en agente de la reflexión, la crítica y de la defensa de las identidades culturales, y posibilitando modelos más solidarios y libres.

Objetivos

Introducir docente a la problemática de las influencias y apropiaciones de los mensajes del los medios de comunicación social: la televisión y los niños de edad escolar.

Conocer las estrategias motivacionales y persuasivas de diferentes géneros: publicidades, series, dibujos animados, telenovelas, programas ómnibus, etc.

Experimentar cómo se organiza, estructura e interpreta la percepción humana y el fenómeno de selectividad del que somos parte.

Aprender el funcionamiento y la dinámica de las motivaciones humanas que se re-actualizan en los procesos mediales.

Ejercitar, descubrir las motivaciones y búsquedas implícitas en todo mensaje audio-visual.

Aprender a decodificar los modelos y valores culturales propuestos en los mensajes audiovisuales.

Comprender la lógica de la narración televisiva, la polisemia de la imagen y los ejes semánticos implícitos.

Fomentar, mediante la M.A.C.L.T. propuesta, una actitud activa y reflexiva frente a las influencias y los intentos persuasivos.

2° Etapa: encuesta a alumnos.

Para aplicar esta Metodología de Análisis Crítica de Lectura Televisiva, implementamos con los alumnos la campaña: "También leemos imágenes". Se aplica simultáneamente desde nivel inicial hasta 6° grado. Para ello realizamos previamente a todos los alumnos una encuesta semidirigida-anónima-individual que nos permite recabar los siguientes datos e informaciones: tipo y género de programaciones, horarios, tiempo, tipo de tecnología que usan, con quién ven, preferencias, gustos, etc.

3° Etapa : tabulación de encuesta

La tabulación y análisis de las encuestas nos permite descubrir cuáles son los programas, géneros y gustos de los niños en "ese momento" respecto de su consumo televisivo. Con ello identificaremos por edades, cursos y etapas qué es lo que más se está viendo y el porcentaje que accede a televisión por cable, por canal de aire y qué ve por video-cassettes.

4° Etapa: encuesta a padres

Nos posibilita apreciar cualitativamente lo que los padres dicen, creen y opinan sobre lo que televisivamente consumen sus hijos. Y apreciar así los aciertos, desaciertos y distancias que puedan existir entre lo que los niños dicen ver y lo que sus padres creen que ven.

5° Etapa: selección de las primeras proyecciones

De acuerdo a los datos recogidos en las encuestas seleccionamos las primeras seis (6) proyecciones para cada grado y por edades. En esta selección alternamos los programas que los niños ven más, sean documentales, naturaleza, humor, narraciones de niños, telenovelas, series violencia, etc.

Esto les posibilita descubrir, comparar y analizar diferentes tipos de mensajes, de géneros, de posibilidades de lenguajes, música, colores, etc., a la vez que leer críticamente cada proyección y vivenciar las diferentes resemantizaciones con los compañeros del grupo.

6° Etapa: reparación y armado de guías para trabajo grupal (M.A.C.L.T.)

Le brindamos a cada docente una guía plancha en forma apaisada para que los alumnos trabajen en ella después de cada proyección, quedándoles así, a los niños, los seis análisis de las proyecciones. Esto les permite visualizar las diferencias de género, modelos, etc., y el análisis de los tres niveles en cada proyección: denotativo, connotativo y de definición de la realidad.

Estas guías grupales son adaptadas al nivel de cada grado y van incrementando la profundidad y la abstracción en los grados superiores.

7° Etapa: periodicidad

Recomendamos realizar un taller de proyección y trabajo grupal con las guías, una vez por semana. Así, el niño sabe que tiene un espacio para ver televisión en la escuela. Y en ese ejercicio afianzan el hábito de la crítica en forma sistemática y también el contenido de la proyección puede ser utilizado en las distintas materias durante la semana.

Al cabo de un mes y medio, ya tenemos iniciada esta práctica y estamos en condiciones de evaluar.

8° Etapa: evaluación

Los docentes realizan una reunión general donde trabajan en grupo por grado, con el número total de guías-grupo que cada una tenga.

Se analizan logros, capacidad de discriminar valores, antivalores, re-conocimiento de situaciones destructivas, capacidad de expresar las emociones que sintieron y los modelos que les proponían.

Luego, cada grado expone los avances y descubrimientos logrados, y las dificultades.

Se realiza una apreciación general de toda la campaña, y de cómo descubrieron los valores y modelos latentes o implícitos.

9° Etapa: ajustes y reprogramación

Luego de la reunión y de descubrir tipos de análisis logrados, se seleccionan nuevamente entre seis a ocho nuevas proyecciones para cada grado y se continúa con la campaña.

A través de este proyecto, el docente se adentra cada vez más en el hábito de lectura crítica de los mensajes y el alumno re-semantiza la gran cantidad de influencias y estímulos que le llegan en un contexto de contención y de posibilidad de poner en palabras todo lo vivencial y lo emocional del mensaje.

Bibliografía:

AAVV (1989) *El nuevo espacio público.* Ed. Gedisa. s/d.

AAVV (1990) *Videos culturas de fin de siglo.* Ed. Cátedra, Madrid.

AAVV (1997) *Conceptos clave en comunicación y estudios culturales.* Ed. Amorrortu, Buenos Aires.

Bonilla Vélez, Jorge (1995) *Violencia, medios y comunicación.* Ed. Trillas, México.

Brunner, José Joaquín (2000) *Educación y escenarios de futuro. Nuevas tecnologías y sociedad de la información.* Revista N° 16 del PREAL.

Bryant, Jennines y Zillman Dolf (1996) Los efectos de los medios de comunicación. Ed. Paidós, s/d.

Castells; Manuel (2000) La era de la información. La sociedad red. Vol. I. Ed. Siglo XXI, s/d.

Castoriadis, Cornelius (2000) "Subjetividad histórico-social". En Revista Zona erógena, N° 15, año IV.

Fuenzalida, Valerio (1999) Televisión abierta y audiencia en América Latina. Enciclopedia

Latinoamericana de Sociocultura y Comunicación. Ed. Norma, Buenos Aires.

Gubern, R. (1991) El simio informatizado. Ed. Eudeba, Buenos. Aires

Hartley, John, (2000) Los usos de la televisión. Ed. Paidós, España.

Hopenhayn, Martín (2006) Educar a sujetos críticos para la sociedad del conocimiento. En conexión con Villa María desde Santiago de Chile. Teleconferencia

Martín Barbero, Jesús (1987) Procesos de comunicación y matrices de cultura. Itinerario para salir de la razón dualista. Ed. FELAFACS G. Gilli, México.

--------------------------- (1991) De los medios a las mediaciones. Ed. FELAFACS G. Gilli, México.

Martín Barbero, Jesús y López de la Roche (1998) Cultura, medios y sociedad. Ed. Ces/Universidad Nacional, Colombia.

Martín Barbero, Jesús y Rey, Germán (1999) Los ejercicios del ver. Hegemonía audiovisual

y ficción televisiva. Ed. Gedisa, Barcelona.

Moscovici, Serge (1986) Psicología Social. Tomos I y II. Ed. Paidós. Barcelona.

Pasquali, Antonio (1990) Comprender la comunicación. Ed. Monte Ávi-

la, Caracas.
Reigadas, M. (1991) El libro y la cultura de la imagen. En cuadernos nº 4 – Biblioteca
Nacional de maestros. Ministerio de Cultura y Educación. Buenos.Aires.
Silverstone, Roger (1996) Televisión y vida cotidiana. Ed. Amorrotu, Buenos. Aires.
Verón, Eliseo (1998) La semiosis social. Ed. Gedisa, Barcelona.
Wolf, Mauro (1987) La investigación de la comunicación de masas. Críticas y perspectivas. Ed. Paidós, España.
Wolton, Dominique (1990) El elogio del gran público. Una teoría crítica de la televisión. Ed. Gedisa.
Zecchetto, Victorino (1986). Comunicación y actitud crítica. Ed. Paulinas, Buenos Aires.

6.1 Internet: realidad virtual o virtual realidad

Judith Yurman

Asistimos a procesos de profundos cambios en el conocimiento, en el manejo de la información, y en los modos de relación. Participamos de una revolución que está transformando al hombre -producto de una cultura preponderantemente escrita- en un "homo videns". La palabra ha sido destronada por la imagen (Sartori, 1998).

Si lo analizamos de manera progresiva, podríamos ver que es el paso de la comunicación oral a la comunicación escrita lo que da inicio a un proceso civilizatorio en una sociedad. Las civilizaciones se desarrollaron con la escritura: primero con textos reproducidos de manera manual y luego, con el advenimiento de la imprenta, se produjo un salto tecnológico que, entre otros tantísimos fenómenos, dio lugar a la aparición del periódico.

Ya en el siglo XIX se producen otros giros en la tecnología que van a introducir nuevos cambios en la sociedad y proponen formas diferentes de entender la comunicación: el telégrafo y, posteriormente, la llegada del teléfono. Y a esto agregamos la aparición de la radio que, mediante la voz humana, acerca y difunde información, ya sin la necesidad de saber leer ni escribir.

El quiebre se produce a mediados del siglo XX con la llegada de la televisión y con ella la presencia absoluta de la imagen en detrimento de la voz o del habla. Prevalece "el acto de ver" que es acompañado y reforzado por "el acto de hablar". El habla comenta la imagen y depende de ella.

Este nuevo estado trae aparejado a un hombre en situación de mirar, llevándolo de "regreso" al puro y simple acto de ver. Se producen imágenes, se anulan los conceptos y, de alguna manera, se atrofia nuestra capacidad de abstracción.

Según Ignacio Ramonet[1], hasta ahora se decía de la televisión que tenía tres funciones: informar, educar y distraer; siendo esta última la más criticada. Una distracción puede convertirse en alienación y conducir al descerebramiento colectivo, al condicionamiento de las masas y a la manipulación de los espíritus.

Con la aparición de internet, el temor principal en la actualidad es que este nuevo media lleve adelante, principalmente, las funciones de vigilar, anunciar y vender:

---

[1] Doctor en Semiología y en Historia de la Cultura y Director de *Le Monde Diplomatique*.

- Vigilar, porque cada intervención sobre la red deja un rastro de forma que, poco a poco, el internauta dibuja su autorretrato en términos de centros de interés (culturales, ideológicos, lúdicos, consumistas) y, una vez establecido este retrato, ya no tiene ningún secreto para los amos de internet que podrán manipularlo a su conveniencia.
- Anunciar, porque la economía de internet es esencialmente publicitaria. La cultura de gratuidad de la red no es posible sin que los anunciantes asuman los costos del funcionamiento del sistema, repercutiendo sobre las compras efectuadas por los internautas.
- Vender, porque éste será, a partir de ahora, el objetivo principal de internet (lo era ya el de los medios de comunicación tradicionales cuando hacían publicidad en periódicos, radio y televisión). La diferencia capital es que, con los otros *media*, no se podía comprar directamente sino a través de un intermediario: el teléfono, el fax, el correo, el automóvil para trasladarnos al lugar, etc. Mientras que, con internet, la misma máquina que me permite navegar por la red me sirve también para encargar, comprar, pagar, directamente, el producto o el servicio en cuestión.

Se trata de una verdadera revolución copernicana. Antes, los *media* vendían información (o distracción) a los ciudadanos. Ahora, a través de internet, venden consumidores a los anunciantes (Ramonet, 2000).

Internet está camino de cambiar en profundidad no solamente la totalidad del ámbito de la comunicación sino también el de la economía. Y, sin duda, de forma progresiva, el de amplios aspectos de nuestras sociedades (Ramonet, 1998).

Para John B. Thompson, la reordenación del espacio y el tiempo, ocasionada por el desarrollo de los *media*, es parte de un conjunto de procesos más amplios que han transformado (y siguen transformando) el mundo moderno. Estos procesos se describen comúnmente con el nombre de "globalización", aludiendo al crecimiento de la interconectividad entre diferentes partes del mundo.

Si bien para el autor la práctica de transmitir mensajes a través del espacio no es nueva, hubo que esperar al siglo XIX para que las redes de comunicación se reorganizaran sistemáticamente a escala global. Por lo tanto, la globalización de la comunicación tuvo lugar en ese siglo y estaba vinculada a cuestiones económicas, políticas y militares.

Thompson se centra en tres desarrollos clave: 1- el de sistemas de cable subacuáticos por los poderes imperiales europeos: 2- el establecimiento de agencias internacionales de información con su división del mundo en esferas exclusivas de operación y, 3- la formación de organizaciones internacionales especialmente preocupadas por el reparto del espectro electromagnético.

Aunque los orígenes de la globalización de la comunicación pueden situarse a mediados del siglo XIX, este proceso es fundamentalmente un fenómeno del siglo XX. Es durante el siglo pasado que el flujo de información y comunicación a escala global se ha constituido como una característica regular y omnipresente de la vida social.

Las nuevas tecnologías de la información (TICs) y modos de interacción

Al fenómeno de internet resulta difícil definirlo. Esta "red de redes" (Sartori) combina el uso del ya consolidado teléfono con la cada vez más protagonista computadora (PC). En internet confluye una serie de elementos que ningún otro medio de comunicación había logrado en períodos precedentes pues es radio, tv., prensa, cine, libro, teléfono, correo, lugar de encuentro, lugar de estudio, lugar de esparcimiento -entre otros-, donde los sujetos interactúan a escala planetaria. De clic en clic, se puede pasar de la prensa local a la biblioteca de alguna universidad europea, conocer personas, intercambiar datos, charlar, comprar y vender en pocos minutos, en tiempo real. La información está en continua producción y actualización las 24 horas del día, es una cotidianeidad con un sentido distinto donde los sujetos pueden establecer redes de apoyo y cooperación a escala global.

Internet es también un prodigioso instrumento multitarea: transmite imágenes, pero también texto escrito, posibilita el diálogo entre los usuarios que se buscan entre ellos e interactuando mediante *e-mail*, *chat*, comunidades virtuales y, también, permite una profundización prácticamente ilimitada de cualquier curiosidad.

El interrogante que podríamos plantear es acerca de esta nueva presencia en nuestras vidas, del impacto que provoca y de los cambios fundamentales en los modos en cómo las personas se comportan, se organizan e interactúan como resultado de esta nueva tecnología.

Nuevas formas de interacción: conociéndonos en el ciberespacio

Si nos remitimos a la etimología del término interacción, éste sugiere la idea de una acción mutua, en reciprocidad. La interacción tiene lugar cuando una unidad de acción producida por un sujeto A actúa como estímulo de una unidad de respuesta de un sujeto B, y viceversa. La expresión viceversa remite a la noción de *feedback*, término que viene de la cibernética y que designa un proceso circular donde la respuesta de B se convierte en un estímulo para A. Convendría añadir a esta noción la de "copresencia" o de frente. Se trata de esa especie de sucesos que tienen lugar en virtud de una presencia conjunta (Goffman, 1970). Este criterio permite distinguir la noción de interacción de otras cercanas como las de relación o de vínculo, que no implican necesariamente la de copresencia.

La interacción social aparece como un proceso de comunicación. La pregunta que nos planteamos es ¿qué es la comunicación?

El modelo más simple que explica qué es la comunicación es el del emisor enviando un mensaje al receptor. Este esquema (derivado de la ingeniería) muestra sus límites. La lingüística ha contribuido a potenciarlo subrayando que no existe comunicación sin un código común entre el emisor y el receptor, es decir, sin un proceso de codificación y descodificación. El lenguaje no es sólo transmisión de informaciones sino también la elaboración y el reparto de significaciones en un contexto portador de sentido.

Sin embargo, la comunicación es además un proceso psicológico. La recepción de un mensaje no es un registro pasivo sino una actitud activa de escucha en la cual intervienen múltiples factores que regulan la interpretación del mensaje.

Desde esta perspectiva, la comunicación aparece como un fenómeno relacional en el que los interactuantes, la situación, los comportamientos, interactúan estrechamente entre ellos, formando un sistema circular de acciones y reacciones, de estímulos y respuestas. Este sistema tiene su propia dinámica y sus propias regulaciones.

La comunicación implica percepciones mutuas, mecanismos de interpretación, motivaciones (concientes e inconscientes), lo que nos sugiere que se trata de un proceso intersubjetivo.

Las cuestiones asociadas a este concepto conciernen a la relación interpersonal entre *ego* y *alter*, el modo de relación que se instaura, la posibilidad de una comunicación entre conciencias subjetivas y la parte de lo psicológico y de lo social en este proceso.

Teniendo en cuenta los conceptos que conciben al proceso de interacción desde esa perspectiva, podríamos plantear el siguiente interrogante: ¿en las relaciones que se establecen a través de internet existe una interacción y se crea un vínculo? A su vez, las relaciones que se establecen en el ciberespacio: ¿son reales?, ¿existen?

Nos permitimos inferir que se dan las dos posibilidades (la de interacción y la de vínculo) sin descartar ninguna. La interacción sugiere la idea de una acción mutua, en reciprocidad, que demanda también una copresencia; distinguiéndose de la noción de vínculo que no implicaría necesariamente la idea de copresencia. La duda se plantea cuando pensamos en la idea de copresencia, por nuestra manera usual y "tradicional" de concebir la presencia efectiva de un otro.

¿Acaso aquellas relaciones que establecemos de manera "virtual", y que son portadoras de las mismas cargas afectivas que tienen las relaciones "reales", no son válidas?

Quizás en este punto sea pertinente una metáfora que intenta explicar el mundo virtual o realidad virtual. En el libro *A través del espejo y lo que Alicia encontró al otro lado* de Lewis Carroll[2], cuando Alicia atraviesa el espejo, se encuentra a sí misma representada en un espacio virtual que está lleno de metáforas y referentes del mundo real, pero que de manera arbitraria se comportan de formas diferentes. Nuestra sociedad ha atravesado el cristal con Alicia para convertirse en entidades digitales con vidas paralelas. Aunque nunca hemos abandonado del todo el lado real, nos encontramos representados virtualmente como individuos de maneras tan simples como un nombre de usuario (*nickname*) en una sala de *chat*, o tan complejas como un avatar tridimensional en *Second Life* (www.secondlife.com)

Para algunos autores la llamada realidad virtual[3] es una irrealidad que se ha creado con la imagen y que es realidad sólo en la pantalla. Lo virtual amplía desmesuradamente las posibilidades de lo real pero no es realidad.

Para otros, ya podríamos hablar de ludopatía como síndrome de dependencia de internet (*Internet Addiction Disorder*) en donde se plantea el uso desmesurado de los recursos *on-line*. Este modo conductual es cuestionado ya que el consumo no permitiría una relación con el goce efectivo, sino que cumpliría la función de aplacar ilusoriamente la angustia y de llenar otros vacíos existenciales del individuo.

Y para muchos el debate está abierto. Si bien es innegable que en internet no existe una relación cara a cara con otra persona, todo lo que se desprende de este modelo de relaciones tiene implicancias en la vida real. Cada vez más se incrementa el número de personas que buscan iniciar relaciones en el ciberespacio; llevados quizás por el relativo anonimato de internet que permite un amplio margen a la fantasía; incluso argumentado que en este tipo de relaciones es más auténtica ya que es posible librarse de la apariencia física del interlocutor; como así también las relaciones sociales que continúan manteniéndose gracias al ciberespacio: por *e-mail*, *chat* o por comunidades virtuales como *facebook*; en donde la interacción "cara a cara" ya no es limitante para que los sujetos formen, establezcan y sostengan relaciones interpersonales.

Internet ya no es una novedad, aunque sí un continuo desafío que plantea un cambio cualitativo en torno a modalidades vinculares, de interacción y de comunicación entre los sujetos dado que, tradicionalmente, las relaciones sociales se articulaban en función de la dis-

---

[2] Seudónimo por el que es conocido, en la historia de la literatura, Charles Lutwidge Dodgson, sacerdote anglicano, lógico, matemático, fotógrafo y escritor británico, conocido sobre todo por su obra *Alicia en el país de las maravillas*

[3] No tomamos éste término para referirnos a la actividad de usar casco y guantes y practicar simulaciones sino sólo como otro tipo de realidad.

tinción básica entre presencia/ausencia, poniendo en evidencia que, a través de este medio, la presencia de un "otro", en el sentido físico, principalmente; no es limitante para la interacción y la comunicación. Hoy, mediante los avances tecnológicos de la comunicación, vemos cómo la interacción está dada sobre la base de la ausencia (física).

Aún en ciertos grupos sociales y por diferentes motivos de orden cronológico, cultural y social, el uso de internet es temido y genera rechazo ya que propone la transformación de los muchos órdenes hasta ese momento vigentes.

Los interrogantes están expuestos. Y se podría andar por caminos infinitos para abordar el tema desde las distintas aristas que presenta el fenómeno internet y sus impactos sociales. Es innegable que esta innovación tecnológica ha logrado que ciertos paradigmas respecto de los modos de relacionarnos cambiaran sustancialmente.

Bibliografía

Berger Peter y Luckmann Thomas (1979) *La construcción social de la realidad.* Ed. Amorrortu, Buenos Aires.

Cardoso, Oscar "Por si misma Internet no cambia el mundo". Diario *Clarín,* 8 de julio de 2001.

Diario *Clarín* "La universidad estudia el efecto internet", 4 de junio de 2001.

Dogana, Fernando (1984) *Psicopatología del consumo cotidiano.* Ed. Gedisa, Barcelona.

Estallo Martí, Juan Alberto (1997) "Ciberadicción: ¿una nueva ludopatía?" http://www.ub.es/personal/psicopat.htm

Goffman, Erving (1970) *Ritual de la interacción.* Ed. Tiempo Contemporáneo, Buenos Aires.

Marc, Edmond y Picard, Dominique (1992) *La interacción social.* Ed. Paidós, Buenos Aires.

Ramonet Ignacio (2000) *La golosina visual.* Ed. Debate, Madrid.

Ramonet Ignacio (1998) *Internet, el mundo que llega.* Alianza Editorial, Madrid.

Sartori, Giovanni (1998) *La sociedad teledirigida.* Ed. Taurus, Buenos Aires.

Thompson, John B (1998) *Los media y la modernidad.* Ed. Paidós, Barcelona.

6.2. La construcción de subjetividad mediada por las nuevas tecnologías

Enrique Virdó

Un nuevo y provocativo objeto de estudio se inauguró para los psicólogos cuando las nuevas tecnologías (TICs) empezaron a atravesar la cotidianeidad de las personas impactando dramáticamente en sus prácticas y, por lo tanto, en su subjetividad.

Antes de desarrollar algunas ideas al respecto, es importante refrescar lo que algunos autores entienden por subjetividad. Para Vanina Papalini es:

> (...) una instancia individual y colectiva a un tiempo, capaz de emerger (...) como territorio existencial *sui-referencial* en relación de delimitación con una alteridad (...) la subjetividad se constituye relacionalmente, en vinculación a lo dado, y esto refiere tanto a las condiciones de existencia (materiales e históricas) como a las relaciones sociales encarnadas por sujetos (2006: 22).

Y agrega: "La subjetividad está abierta hacia lo *distinto y* se constituye en relación a lo *otro* para definir lo *uno (...)* en ella se revela la posibilidad de recombinación, transformación, ruptura, a través de la interpelación de ese "otro" móvil y múltiple" (2006, 23). Surgen de estos conceptos las ideas de "construcción", de "referencia al *alter*", de "dinamismo" y "transformación".

Cristina Corea alude a la subjetividad cuando hace referencia a los niños lectores de *Harry Potter:* "...desde el punto de vista de la subjetividad, lo que constituye una experiencia no es el soporte material, no es que haya una *cosa libro,* sino el tipo de operaciones que se pueden hace sobre eso" (Corea, 2004: 208). Se observa, en este caso, que el concepto se relaciona con experiencias, es decir, con situaciones que dejan "marca" y con operaciones, con comportamientos, con actividades que el sujeto lleva a cabo con la realidad material de la que dispone.

Con el aporte de estas explicitaciones, se facilita el establecimiento de nexos con los conceptos elementales de las TICs.

Cibernética, espacios virtuales e interactividad

El término ya algo anacrónico de cibernética (generado por Norbert Wiener en 1947) sigue siendo usado frecuentemente en referencia a las TICs (por ejemplo, se habla de cibernautas al definir a aquellos que navegan en la *web*), y cobra un sentido relevante cuando se rastrea etimológicamente su significado: "...la palabra griega *kybernetykos (...)* puede traducirse como *'bueno para el timón'* (...) la idea de espacio navegable y del timonel que maneja la nave" (Manovich, 2005:319).

Ya de entrada aparecen indicadores de una subjetividad afectada por las nuevas tecnologías: la actividad y la capacidad de elegir el rumbo. Un comportamiento notoriamente novedoso si se lo compara con el del receptor radial o televisivo, descrito tradicionalmente como pasivo y, además, dependiente absoluto de la programación de las emisoras.

Por otra parte, los nuevos medios digitales remiten a otro término: usuario, en lugar de receptor. El usuario opta, busca, guarda, relaciona, navega, opina, juega, produce, se comunica, etc. Es decir, es activo con la tecnología y, en su actividad, proyecta su individualidad: recorre los sitios *web* sobre temas de su interés, baja la música que le gusta, interviene en las salas de *chat* donde se siente cómodo, expresa sus puntos de vista en un *blog,* o integra una comunidad virtual con otros millones de personas, como en el caso del sitio *Facebook.* De esta forma, realiza operaciones y su subjetividad se plasma y, a su vez, se modifica en ellas.

El espacio de las TICs no es físico sino virtual. "En el mundo de lo virtual, las cosas existen sin ocupar un lugar físico; sin embargo ocupan un lugar conceptual" (Montagu, 2004: 47). El espacio virtual donde transita gran parte de la actividad digital no es el espacio material de tres dimensiones. Pero, por un lado, lo virtual no equivale a irreal, inexistente o insignificante, sobre todo si se lo considera en su impacto en lo subjetivo (podría afirmarse sin dudas que terminar con una relación sostenida a través del espacio virtual afecta en lo emocional tanto como terminar con un vínculo cara a cara). Lo importante aquí es que los usuarios naturalizaron el espacio virtual y lo asimilaron a su vida cotidiana como una dimensión vital, relevante y cargada de sentidos. Y, por otra parte, "los espacios virtuales no pretenden reemplazar lo real (...) No se constituyen como espacios opuestos, sino que son lugares alternativos de conocimiento" (Monagu, 2004:59). Esta noción es fundamental ya que habilita a relativizar algunos pronósticos agoreros referidos al uso de las nuevas tecnologías que proyectaban una noción del usuario como un ser solitario, aislado socialmente o alienado frente a la pantalla de su computadora. En realidad, lo virtual agrega posibilidades, tanto en la interrelación de personas como en la búsqueda de información, de esparcimiento, de experiencias novedosas. Es cierto que algunos se refugian en la realidad virtual para huir de la realidad material pero, evidentemente, ya constituirían casos de interés exclusivo para la psicopatología.

En el uso diario del espacio virtual puede percibirse el compromiso de la subjetividad tanto en la idea de operaciones como en la de nuevas "condiciones de existencia" conceptos que, como se vio, nutrían las definiciones presentadas al inicio.

En el concepto de interactividad, se manifiesta con claridad ese componente de la subjetividad que refiere a la presencia del Otro, del *alter,* frente al sujeto. Asimismo, la idea de interpelación de lo distinto y la de recombinación y transformación.

> Los nuevos medios son interactivos. A diferencia de los viejos medios donde el orden de presentación viene fijado, ahora el usuario puede interactuar con el objeto mediático (...) en este sentido el usuario se vuelve coautor de la obra (...) los sitios web cambian con cada visita a la página (Manovich, 2005: 97).

No es necesario referirse a los intercambios que sostienen los habitués de las salas de *chat* o a los adolescentes que compiten mediante videojuegos en red, para aportar ejemplos prototípicos de la interactividad. Piénsese solamente en los comentarios de los lectores que se acumulan a continuación de cualquier noticia en un periódico digital. El sentido de la información va mutando con la suma de nuevas y nuevas opiniones que pueden agregarse casi ilimitadamente.

La construcción colectiva de los *blogs,* los incontables videos que se incorporan diariamente a *YouTube,* o los aportes más o menos académicos a *Wikipedia* -la enciclopedia "libre, democrática y global"- son ejemplos paradigmáticos de los niveles de participación que tiene el usuario en la transformación de los *websites* en los que navega y de los cuales termina apropiándose. Como muestra minúscula y particular -y ya reflejando un impacto individualizado-, la foto personal que cuelga un *flogger* en *Fotolog* recibirá tantos (¿decenas, cientos?) halagos o críticas que determinará, quizás, que su autoestima se eleve o se deprima.

Es innegable que, a lo largo de la historia, los medios de comunicación (gráficos, radiales, cinematográficos, televisivos) brindaron experiencias estimulantes, espacios de fantasía, de refugio y ciertos niveles de actividad y participación. Nunca un lector de un diario o un televidente fueron/son totalmente pasivos. La actitud crítica, la percepción activa, siempre han existido en los receptores. E, indudablemente, las subjetividades de los consumidores de medios siempre estuvieron afectadas por su influencia.

Pero las nuevas tecnologías alcanzaron un grado de penetración cualitativamente diferente en las interacciones humanas actuales, de forma tal que "...la vida social ya se ha transformado en una vida *electrónica o cibervida*, y donde gran parte de la vida social se desarrolla en compañía de una computadora, un iPod o un celular..." (Bauman, 2007: 13).

En otras palabras, la tecnología no sólo es parte de la vida; ahora, para muchos, *es* la vida porque resulta difícil pensarse sin las tecnologías. ¿Serán los seres humanos por fin los *cyborgs* (amalgamas biológicas y cibernéticas absolutamente integradas) que previó la ciencia ficción hace decenas de años? Si así fuera, la construcción de subjetividad no será nunca más lo que era.

Bibliografía

Bauman,Zygmunt (2007) *Vida de consumo.* Ed. Fondo de Cultura Económica, Buenos Aires.

Corea, Cristina. y Lewkowicz, Ignacio (2004) *Pedagogía del aburrido.* Ed. Paidós, Buenos Aires.

Manovich, Lev (2005) *El lenguaje de los nuevos medios de comunicación.* Ed. Paidós, s/d.

Montagu, Arturo *et alt.* (2004) *Cultura digital.* Ed. Paidós. Buenos Aires.

Papalini Vanina (editora) (2006) *La comunicación como riesgo. Cuerpo y subjetividad.* Ed. Al margen, La Plata.

6.3 Marcas de la cultura ciber/mediática: imperativos culturales y (des)anclaje educativo

Georgina Remondino

Introducción

El impacto que las tecnologías informáticas de la comunicación e información (TICs) tiene sobre el actual tejido social engendra categorías ampliamente difundidas en el discurso social y académico. "Cultura digital", "cibercultura", "cultura informática" son nociones utilizadas para destacar la centralidad que esas tecnologías adquieren en nuestros modos de vivir. Otras categorías más amplias y, a la vez, más difusas (como "sociedad de la información", "sociedad red" o "sociedad informatizada") hacen referencia al todo social que se funda bajo las condiciones histórico-materiales que ciñe el orden tecnológico del capitalismo tardío. Ese orden tecnológico en la sociedad de la información se traza sobre el flujo mundial de datos pues, en torno a la información, se fundan los poderes individuales y colectivos que motorizan todas las esferas de la sociedad.

La creencia en las tecnologías como garantías de progreso de la humanidad está en la gesta del ideario moderno, pero lo que se vuelve central en este nuevo estadio de la modernidad es la asociación entre tecnología e información. Por eso, una definición de la sociedad de la información reducida a internet y a las tecnologías informáticas es errónea pues el punto neurálgico, en esta sociedad, es precisamente el valor de mercancía que adquiere la información en sus acoplamientos con el desarrollo tecnológico.

La información se vuelve no sólo bien de cambio sino que se erige en categoría central que ordena nuestra mirada del mundo. La metáfora "código genético" da cuenta del estatus medular de la información dentro de las significaciones imaginarias sociales de nuestra época. En esta metáfora, nuestro cuerpo es pensado como "banco de información" y, desde esta concepción, se explican las bases de nuestra condición humana, de nuestra existencia material. Esta posición cardinal de la información en nuestro sistema de pensamiento es posible bajo las condiciones socioeconómicas y políticas de la sociedad postindustrial. Hacia fines de los años cincuenta y principios de los sesenta, el paradigma de la mecánica -que impera en las ciencias sociales- se ve afectado por una nueva concepción que tratará de dar cuenta de la condición de la sociedad postindustrial: el paradigma de lo "fluido" que hará de la información el tejido conectivo de lo social. El nuevo paradigma informacional desplaza –aunque en una convivencia más armónica que conflictiva– al viejo paradigma de la máquina.

> Con la decadencia de aquella sociedad industrial poblada de cuerpos disciplinados, dóciles y útiles, decaen también figuras como las del autómata, el robot y el hombre-máquina (...) Alejados de la lógica mecánica e insertos en el nuevo régimen digital, los cuerpos contemporáneos se presentan como sistemas de procesamientos de datos, códigos, perfiles cifrados, bancos de información (Sibilia, 2005: 14).

Bajo este paradigma de lo fluido, se figura también la totalidad de lo social. Así, el vínculo social se explica en torno a la imagen) de los "flujos de información". La cibernética se constituirá en torno a este pensamiento y le dará impulso. Comenzará a dar sus primeros pasos en el estudio de los sistemas complejos de información y del lenguaje de las máquinas analógicas y digitales. Pero sus modelos se trasladarán a la interpretación de la sociedad y serán las bases de propuestas teóricas, actualmente tan en boga, como la teoría de la complejidad, el análisis organizacional, el análisis para la toma de decisiones, la teoría de la información, etc. Así, la cibernética se desarrollará en campos de estudios tan diversos como los de la comunicación, la matemática y la neurología –entre otros– y será decisiva en la revolución tecnológica informática de las últimas décadas de siglo XX.

Con la revolución informacional, las habilidades para producir e interpretar la información se vuelven un punto crítico pues se complejizan y desafían los sistemas cognitivos y perceptuales que marcan todas las dinámicas sociales. Martín Becerra señala que esta revolución vuelve a la información un insumo y un factor vital en la reestructuración de los procesos productivos. A la vez que el costo de la producción y el procesamiento infocomunicacional es menor, se incrementa la capacidad de producir, procesar, almacenar y enviar volúmenes cada vez mayores de información. Y agrega que "el verdadero problema se traslada entonces al acceso y a la habilidad de codificación y decodificación, (...) y pasa entonces a ser parte de los procesos críticos que involucran el desarrollo de la sociedad informacional" (Becerra, 2003: 21). Esto tendrá grandes consecuencias en nuestros modos de concebir la inclusión social y la educación. Pues el "acceso" a la información y el desarrollo de las competencias necesarias para el manejo en entornos informáticos serán los nuevos temas en las agendas educativas, políticas y sociales. La reducción de la "brecha digital" aparece como un desafío asociado –incluso homologado– a la lucha contra la vulnerabilidad social y a la reducción de la desigualdad a nivel social e internacional.

Ante este cuadro socio-tecnológico, el campo de la educación se hace eco de las necesidades que actualmente se imponen a los sujetos y al colectivo. Estas nuevas exigencias tecnológicas e informáticas repercuten de manera neurálgica en la "institución educación" en tanto que orden reproductor de lo social. La educación halla en estas condiciones un nuevo imperativo: debe incluir socialmente por medio de las tecnologías informáticas, a la vez que debe abocarse a la producción de sujetos capaces de sostener este nuevo orden tecnológico del mundo y garantizar el progreso de las sociedades; progreso asimilado siempre a la idea de desarrollo por medio de las TICs.

Ante este nuevo mapa social y tecnológico, en este ensayo proponemos reflexionar sobre la impronta que la informatización de la sociedad deja sobre el orden cultural tomando como referencia algunos casos que han tenido repercusión en el mundo mediático y cibernético de nuestro tiempo. Para nuestro recorrido proponemos la forma del ensayo pues éste nos permite contornear problemas, animar derroteros en la interpretación, trazar los bagajes conceptuales que sigue el ensayista en su reflexión. Permite, al fin de cuentas, que las preguntas y el problema emerjan de la misma práctica narrativa. Nuestro itinerario comienza con un recorrido por algunas características comunes de la "cultura mediática" y "cibercultura" y animamos la necesidad de pensar lo mediático y lo cibernético desde múltiples préstamos que se dan en el interior de la cultura de masas. Luego reflexionamos sobre la impronta que las TICs y la cultura ciber/mediática tienen sobre los actuales procesos de constitución de las identidades y de los sujetos contemporáneos. Pensamos estos procesos en el interior de la cultura y evidenciamos en sus marcas el "síntoma" de nuestra época. En el apartado final, reflexionamos sobre las interpelaciones a los sujetos en la cultura escolar y sus divergencias con la cultura ciber/mediática en cuanto a las formas de interpelarlos.

Cultura ciber/mediática: el "tono" de la época

En este apartado proponemos observar algunas características compartidas entre cultura mediática y cibercultura como estrategia para pensar la trama cultural contemporánea. No distinguimos a una y a otra como momentos sucesivos en la historia de nuestra cultura sino que constituyen dimensiones de una matriz general en la que conviven, en múltiples préstamos y ensamblajes, aun cuando requieran concepciones, destrezas y habilidades diferentes para significar y objetivar nuestras experiencias del mundo.

Ante la gran difusión y naturalización de las categorías "cultura digital" y "cibercultura", llama la atención la escasez de trabajos que las pongan en relación con aquellas que hasta ahora imperaban en el campo de las ciencias sociales; nos referimos a las nociones "cultura mediática" y "cultura de masas". Si bien una extensa producción bibliográfica da cuenta de esa nueva arista digital e informática que modifica a las industrias culturales; son menos numerosos los trabajos que relacionan "cultura mediática" y "cibercultura" desde las continuidades, transformaciones y préstamos en los patrones culturales difundidos por dichas industrias.

Otro elemento distintivo en los abordajes de la cibercultura es que, en la mayoría de los casos, predomina una tendencia a identificar un proceso cultural complejo con los nuevos códigos compartidos en las prácticas de apropiación de las TICs. Un ejemplo de ello es la reiterada referencia a las "ciberculturas juveniles" definiéndolas desde los consumos culturales compartidos por los jóvenes. El enfoque centrado en los consumos y en la generación no logra dar cuenta de cómo determinados patrones culturales se constituyen en esa amalgama que nos hace "comunes". Es esa "común unión" del lazo intra e inter generacional la que se diluye en la mayoría de las interpretaciones sobre la cultura digital y que, a veces, se reducen a unas meras "ecologías simbólicas" de internet o a etnografías de los consumos culturales de la red.

Desde nuestra perspectiva, consideramos que es en los intercambios comunicacionales donde se *entre-teje* una cultura. Y es en el interior de estos intercambios, de esos mercados y de esas estructuras informáticas donde debemos indagar, en cada contexto particular, la producción y reproducción de la trama cultural. Producción y reproducción que necesariamente conlleva relaciones de fuerza, de poder, de dominación pero también de creación, de fuga y de gestas de transformaciones. Precisamente porque el orden tecnológico del mundo no es ajeno a las relaciones de fuerza que operan en otras esferas de la sociedad, sino que son la encarnación de condiciones objetivas y disposiciones subjetivas de éstas. Ha de reconocerse entonces que cuando estudiamos a una cultura y sus tecnologías escindidas de los órdenes sociales y estructuras objetivas en que se inscriben, las volvemos un fetiche.

En un intento de comprender la cultura contemporánea, comenzaremos recordando que las sociedades modernas integran las manifestaciones de las culturas dentro de un dispositivo de reproducción y difusión seriada a gran escala que se suele definir como cultura masiva.

Los medios de comunicación ponen en escena esas manifestaciones culturales una vez que han sido tamizadas por los estereotipos que garantizan que sean reconocibles y vendibles. Las tecnologías y empresas de servicios informáticos son también una arista de las industrias culturales y, por lo tanto, guardan condiciones compartidas con el resto del conglomerado (Zallo, 1992). En ese sentido, por ser las industrias culturales el sistema de producción que modela y tamiza tanto la cultura mediática y como la cibercultura, éstas no pueden ser analizadas sin considerar los puntos de ensamblaje entre una y otra. Quizás podamos referir a las culturas mediática y digital como "cultura mediática/digital" o "cultura ciber/mediática", siendo la barra el signo de sus acoplamientos y continuidades pero también de sus diferencias.

Para dar cuenta de algunas marcas de la cultura ciber/mediática que nos interesa analizar, a continuación tomaremos algunos casos elocuentes que ocupan la agenda pública en nuestro país. Uno de ellos es el caso de *Cumbio*, la joven argentina más popular que ha surgido de las prácticas juveniles por internet. *Cumbio* integra hoy el mundo de las estrellas dentro del nicho de las industrias culturales dirigido a los jóvenes, en especial a los jóvenes que adscriben al estilo *flogger*.[1] La popularización de sus sitios personales en internet, su posterior visibilidad y construcción en la prensa, su biografía publicada por una de las editoriales de mayor venta en el país –incluso un programa televisivo en cierne–, muestran no sólo la captación que la cultura masiva hace de los símbolos gestados en el espacio digital, sino también su solapamiento e integración por medio de "mercancías" compartidas.

Proponemos reflexionar sobre la popularización de *Cumbio* desde dos características de la cultura mediática que, entendemos, se reproducen en los mundos cibernéticos; nos referimos a la masificación e individuación como dos procesos que operan en el interior de la cultura de masas. *Cumbio* se presenta a sí misma como una joven que encarna y hace visible un modo particular de ser joven en nuestro tiempo. Sin embargo, su pretensión de un discurso y un estilo propios, gestados en el seno de las relaciones juveniles informatizadas, evidencia más su adecuación al *starsystem* mediático que la gesta de otro discurso capaz de apropiarse del ciberespacio para hacer visibles fugas, oposiciones e innovaciones a la doxa mediática. *Cumbio* se integra con facilidad al mundo de los medios como una "personalidad" o una "estrella venida de otro espacio" aunque, en realidad franqueó el umbral de Internet hacia la televisión con gran facilidad. Dos hipótesis son posibles para entender este fenómeno. La primera es que la entrada de *Cumbio* a la agenda mediática, y su elevación a icono de un estilo juvenil nacido en el seno de internet, es secuela de la captación *rizomática* (Deleuze y Guattari, 1997) que la cultura de masas ha hecho de un espacio que parecía ser ajeno a sus imperativos –pero que resultó no serlo–. Si es así, este hecho es elocuente del poder que los medios masivos de comu-

[1] "Flogger": así se autodenominan aquellos jóvenes que consumen el sitio *Fotolog* y que forman una "red simbólica" y adscribe a un estilo juvenil diferencial. Estos jóvenes constituyen redes simbólicas basadas en el consumo de ese sitio *web* y han desarrollado un estilo propio visible especialmente en sus vestimentas, lugares de encuentro y otros códigos compartidos (como pasos de baile y una incipiente jerga propia). Creemos que otras nociones, como "bandas" o "comunidades juveniles" no dan cuenta de una manera más acabada de este fenómeno emergente y especialmente visible en Argentina. Deseamos también descartar otras categorías como "tribus" pues estas poseen un alto valor exotizante y estigmatizante. Ver: "Ferrante, Natalia "Weblogs y Fotologs: nuevos modos de subjetividad". En *Oficios Terrestres* N°21.

nicación siguen teniendo en la creación de la agenda social y cultural. Este factor es precisamente el que olvidan algunos estudiosos de la cibercultura cuando intentan definirla por fuera de los funcionamientos de la cultura mediática. La segunda hipótesis es que *Cumbio* –y por lo tanto el grupo de jóvenes a los que representa– encarne previamente ciertos valores de una cultura masiva que facilitaron su ingreso al mundo mediático. Esto implica que el mundo de las relaciones sociales por internet no puede escindirse de esa matriz cultural mayor que es la cultura de masas. En ambas posibilidades, cobra relevancia la idea de concebir a la cultura mediática y a la cibercultura bajo una misma denominación que las abarque en conjunto pero que, a la vez, permita observar sus particularidades.

La promesa de personalización e individualización (Beck y Gernsheim, 2003) que acompaña al discurso sobre las TICs aparece como una clave para interpretar el "caso *Cumbio*" y ahondar en uno de los síntomas de nuestra época. [2] En la cultura mediática, la figura re-conocible en el interior de los medios escapa a la igualación, a la serie que supone la masividad. Ante el anonimato de la sociedad de masas, la red provee la misma ilusión que provocan "los dos minutos de tele": ser alguien, aparecer en la pantalla de televisión, rescata del difícil e incómodo lugar de la multitud.[3] Ante esta tensión anonimato/re-conocimiento y masividad/individualización, internet 2.0 nos ofrece una pantalla donde "ser alguien", ahora sin la mediación de indiscretos reporteros e incómodos productores.

En este sentido, internet provee aquello que la tv niega a las multitudes. En los *talk show, reality show* y otros géneros televisivos más difusos y novedosos –como el *docu-reality*–, son centrales las figuras de "gente común" dispuesta a mostrar al público algún aspecto de su vida considerado relevante por los medios y por ella misma. ¿Cuáles son estos aspectos? Precisamente aquellos que garanticen su reconocimiento en la escena mediática, aquellos que lo igualen al público. El sujeto se vuelca a la escena con sus "historias mínimas" y la pantalla se satura de micro-relatos que pretenden dar cuenta de "lo que nos pasa". La estrategia discursiva es la igualación del personaje con la sociedad. Detrás de esa aparente transparencia, funciona una construcción mediática, una puesta en escena que es guiada por especialistas en medios, productores, directores y guionistas. Pero en el caso de las bitácoras personales de internet (*weblogs, fotolog*, etc.), es el sujeto quien voluntariamente construye su propia imagen para un otro del cual espera interés, apro-

[2] En su libro *La individualización. El individualismo institucionalizado y sus consecuencias sociales políticas*, Beck y Gernsheim analizan los procesos de creciente individualización de los consumos y sus implicancias en la constitución de los vínculos sociales en Europa.

[3] Ver: Papalini, Vanina (2007) "Una cotidianeidad de puertas abiertas: individualización y masificación en la construcción mediática" en el Boletín de la Biblioteca del Congreso Nacional N° 123.

bación o, al menos, curiosidad por lo que pone en escena. Es el sujeto quien se piensa y se construye a sí mismo. Son "puestas en escena" auto-referenciales.[4] En síntesis, ante el anonimato de la masa, se nos ofrece otra forma de "ser alguien", de construirnos a nosotros mismos para otros, de volver al espacio público.

Masificación e individualización son dos estrategias acompasadas de la cultura de masas y, por ende, impregnan los procesos de identificación y subjetivación que en su interior se modelan. Si las *estrellas* mediáticas más solicitadas son aquellas que, en alguna medida, comparten con su público una sensibilidad; esto vale también para esos "otros" con los que nos conectamos en las redes sociales de internet, en los we*blogs,* en *fotolog* y similares bitácoras personales. La cultura ciber/mediática proyecta sujetos que se auto-definen en la red, y que se vuelven re-conocibles para quienes los consideran como su "Otro-Yo, el igual a mí". Este es el narciso de la modernidad tardía, deseos de expresarse, de "poner en común" aquello que define su existencia, aquello que construye como su identidad. Es un sujeto que se delimita exhibiendo su experiencia íntima a la vez que se reconoce en una red de relaciones sociales. Un sujeto que entiende que su vida es plausible de ser "puesta en escena". Es un sujeto que se vuelve hacia el espacio público arrojando a él su intimidad, sus experiencias, sus historias de vida, sus gustos, adscripciones y afinidades de todo tipo. Para él, el colectivo vale en tanto sostiene un lugar de visibilidad para su propio Yo.

Ahora bien, "existir *on line*" ¿permite a los sujetos "salir" de la condición de anonimato de la muchedumbre? ¿Significa esto un "(a) salto" al poder de los medios? Sabemos que la visibilidad que se gana en Internet puede facilitar acciones que tiendan hacia una mayor densificación de los lazos sociales, incluso una mayor democratización y fuerza política en emprendimientos colectivos. En el segundo volumen de *La Era de la Información* (2001), Manuel Castells ha mostrado cómo internet puede ser un espacio de *empoderamiento* social a través de acciones colectivas como las de los movimientos sociales, ecologistas, políticos, etc. Pero, a nivel individual, "(a)saltar" (a) la pantalla de internet dota al sujeto ¿de qué habilidades, de qué oportunidades, y qué tipo de poder gana? Casos como el de *Cumbio* y algunas acciones resonantes de *hackers* muestran que, para "ser alguien" en el mundo virtual, se

[4] El *docu-reality Mundo privado*, producido por *Eyeworks-Cuatro cabezas*, es un ejemplo claro de cómo los géneros auto-referenciales son síntoma de esa tensión entre masificación e individuación, entre anonimato y re-conocimiento. También muestra una constante en la mirada "adulto-céntrica" sobre los jóvenes. En ella se realiza una operación discursiva en la que los mundos juveniles son tratados como exóticos, sospechosos, opacos. Bajo esta mirada, esos mundos deberían volverse "visibles", "cercanos" mediante dispositivos y géneros que muestren qué son. En ese sentido, internet y la tv siguen siendo depositarios de una creencia desmedida en el poder de "transparencia" de los medios.

deben generar acontecimientos anómalos –caóticos o fuera de lo esperado–, estilos novedosos, confesiones poco pudorosas, etc.; al fin de cuenta, acontecimientos que reproducen la lógica del espectáculo mediático que capta a la opinión pública. Otra opción para "ser alguien" en la pantalla es pagar dinero por ello. En sitios como *Fotolog* esto es posible. Bajo el slogan "¡Hazte famoso en dos sencillos pasos!" se nos ofrece aparecer en la página principal de ese *weblog* con la fotografía más reciente que hayamos ingresado. El servicio *Fotolog Star* nos ofrece, por una suma módica de dinero, ser una de las "estrellas" del sitio.[5] En todos estos casos, el deseo de "ser alguien" en la pantalla es producto y productor de una cultura que, a la vez que masifica, promete devolvernos algún tipo de marca individual de identidad.

También es cierto que, en algunas redes sociales y foros temáticos de Internet, es posible "salir de la masa", individualizarse; pero esto sucede a un nivel meso-social. En estos casos, ganan popularidad aquellos sujetos capaces de proporcionar buena información, dinamizar debates, y que poseen más habilidades y conocimientos sobre el tema que los convoca. Estas redes funcionan bajo reglas que les son propias –formalizadas o no– y se instituyen como mercados de dones y contra-dones (en el sentido de Mauss, retomado por Bourdieu) que estructuran el vínculo entre los cibernautas.

Otro caso paradigmático de la exigencias que se imponen para "ser alguien" en el "mercado de la fama" es el de los *floggers gold*. Ser *"gold"* es una marca de identidad para muchos *floggers* que redunda en popularidad en el interior del *weblog* y en las relaciones sociales que se construyen por fuera de éste.[6] Para ser *"gold," Fotolog* permite comprar ciertos privilegios en el uso del sitio y se hace de la misma forma en que se adquiere un espacio de *Fotolog Star*; pagando dinero por ello. Pero otra forma de ser *flogger gold* (o *gold camera*), y que suscita nuestra atención, es ser visitado por un número importante de usuarios del sitio y que éstos dejen sus comentarios en el libro de visitas (posteos). Este modo de lograr popularidad fue incentivado por el sitio en varias campañas promocionales. Para ello, los usuarios instituyeron un mercado del don y contra-don, realizando "visitas" fugaces a sitios de otros usuarios y solicitando que éstos, a su vez, "pasen" por el propio y dejen sus comentarios. Bajo esta estrategia, *Fotolog* ofrece una forma de "ser alguien" mediante premios al consumo –en este caso mediante aparentes inofensivas visitas virtuales para disfrutar de la fotografía y tejer relaciones sociales–. Podría trazarse cierto paralelismo entre estos

---

[5] En la actualidad se ofrece este servicio por la suma de 8 pesos argentinos, un poco más de dos dólares. Este servicio, al igual que el de *Gold Camera* puede ser comprado transfiriendo dinero desde una cuenta de telefonía móvil o tarjetas de crédito.

[6] En julio del 2008, *Hi-Media*, la empresa dueña de *Fotolog.com*, publicó que Chile y Argentina ocupan el primero y segundo puesto respectivamente en el ranking de usuarios a nivel mundial.

"socios VIP", que dinamizan el mercado del consumo informático, y los "tarjeteros" en los boliches o los "amigos de la casa" en otros círculo de consumo (como centros culturales, peñas, resto-bares, etc.). En todos estos casos, hay un sistema de distinción que marca los procesos identitarios. Más adelante nos detendremos nuevamente en este punto cardinal para comprender la cultura ciber/mediática. Por el momento, queremos destacar que estas marcas de identidad en el mundo virtual responden a una prescripción cuyos antecedentes se encuentran hasta el hartazgo en la cultura mediática (en particular en la tv): "para ser alguien, hay que salir en pantalla".

En síntesis, en la escena contemporánea, para salir del anonimato, se nos ofrece un espacio informático donde cumplir el sueño de "estar en pantalla". Fotografías, textos de autoría propia, textos ajenos, música, letras de canciones y animaciones, etc.; son elementos de enunciación de un sujeto que se expresa a sí mismo. El *slogan* de *Fotolog* "Comparte tu mundo con el mundo" sintetiza de manera cabal las urdimbres de esta cultura ciber/mediática que aquí intentamos deshilvanar: centralidad del sujeto en el mundo, centralidad del sujeto en el relato, y tecnologías informáticas y medios de comunicación que posibilitan dicha centralidad.

Ser/estar "en escena", esa es la cuestión

Ese Yo que vive en la pantalla, que debe salir a escena ¿guarda algún grado de referencialidad con el sujeto "real" que narra, cuenta, retrata algo de sí? En *El espacio autobiográfico,* Leonor Arfuch reflexiona sobre la eficacia del "mito del Yo" y halla en la narratología un anclaje desde el cual abordar a ese sujeto (siempre descentrado) que dice algo de sí mismo.

> Lo que está en juego entonces no es una política de la sospecha sobre la veracidad o la autenticidad de esa voz, sino más bien la aceptación del descentramiento constitutivo del sujeto enunciador, aun bajo la marca "testigo" del yo, su anclaje siempre provisorio, su cualidad de ser hablado o hablar, a su vez, en otras voces, ese reparto coral que sobreviene –con mayor o menor intensidad– en el trabajo dialógico (Arfuch, 2007: 98).

"Estar en escena" funda un espacio dialógico (en su concepción bajtiniana) en el que cobran sentido las voces múltiples del Yo de la enunciación, del Yo enunciado y del "otro" receptor/destinatario. En ese sentido, todo espacio dialógico es un espacio de identificación pues el "encuentro" con la mirada del otro siempre nos constituye. Es en el espacio dialógico donde se instituyen y funcionan las diversas fuerzas que pugnan por definir qué se es y cómo se es. En ese sentido, es un espacio de poder en el que diversas narraciones interpelan al sujeto y lo modelan.

Esos procesos ocurren en el interior de una cultura, trama siempre performativa pero, a la vez, abierta. La inmersión cultural implica actos de subjetivación que acontecen siempre de manera refractaria, como una incorporación insumisa de la trama simbólico-social que nos envuelve. Identificación y subjetivación sólo pueden acontecer como incorporación y negación de la otredad.

> El "retrato" del yo aparece, en sus diversas acentuaciones, como una posición enunciativa dialógica, en constante despliegue hacia la otredad de sí mismo. No habría "una" historia del sujeto, tampoco una posición esencial, originaria o más "verdadera". En la multiplicidad de los relatos, susceptibles de enunciación diferente, en diversos registros y *coautorías* –la conversación, la historia de vida, la entrevista, la relación psicoanalítica– la que va constituyendo una urdimbre reconocible como "propia", pero definible sólo en términos relacionales: soy tal aquí, respecto de ciertos otros diferentes y exteriores a mí (Arfuch, 2007:99)

En la cultura mediática/digital, esos procesos se traban sobre la superficie de la pantalla. Pero, contrario a lo que suponen otros autores, no por ello pierden densidad o se reducen al espacio de los rayos catódicos o del plasma. Por el contrario, los entornos informáticos complejizan los marcos de interacción y modelan sujetos más dúctiles y complejos. Son sujetos capaces de moverse en entornos simultáneos desplegando –sin mayores conflictos– formas de presentación del Yo y cumpliendo roles diferenciales según el marco social de referencia. Los cibernautas se insertan en múltiples círculos sociales en los que coexisten espacios de encuentro virtuales –con sus códigos, formas de presentación, etc.– con otros espacios de encuentro co-presencial que reproducen otros patrones culturales. Atravesando estos múltiples entornos (virtuales y co-presenciales) con sus diversas tramas de relaciones e interacciones, se condensan "socialidades", en términos de Simmel, que difieren de aquellas gestadas sólo en entornos no informatizados y que, por lo tanto, marcan procesos identitarios e inauguran órdenes discursivos propios.

Más allá de los combinados marcos de socialización por los que atraviesa el sujeto, los entornos virtuales conllevan siempre un aspecto performativo y normalizador. Estos mundos crean sus propios regímenes de lo decible, sus propias normas discursivas que ciñen los espacios dialógicos en los que interactúan los sujetos. Ese orden discursivo se aleja, en parte, de las normas establecidas en otros marcos de interacción.

Un ejemplo de ello son los modos de presentación que difieren en sus juegos de ocultamiento/revelación de aquellos instituidos en marcos de interacción co-presenciales. En los modos de presentación, en las interacciones posteriores, en los vínculos que se generan, en los intercambios simbólicos (con sus rituales, códigos, etc.), es donde debemos indagar las marcas de identidad en estos mundos informatizados.

Pero los entornos digitales también son performativos en tanto la tecnología impone sus propias condiciones al cuerpo y al pensamiento. Las tecnologías son materializaciones del pensamiento técnico-instrumental objetivado en máquina, y esa lógica se impone normalizando nuestros "modos de ser" en las variadas, pero siempre limitadas, relaciones que trabamos con los dispositivos técnicos.

> La tecnología es la forma concreta que toma la relación de los hombres con los otros hombres y de ellos con el mundo material que los rodea. En su uso, el propio hombre se modifica y elabora su propia historia. Desde otra perspectiva, el concepto de tecnología incorpora el de estructura social y el de estructura cognitiva. Al igual que la ciencia, la tecnología se *hace posible* en un *hic et nunc*, a partir de supuestos teóricos sobre el tiempo, el espacio, el conocimiento (Schmucler, 1997:193).

En los entornos virtuales a los que hemos hecho referencia hasta aquí, también opera un imperativo que modela subjetividades e identidades bajo el lema "ser/estar en escena". Esta es una constante en el *star system* mediático que se traslada a la esfera digital. En las bitácoras y redes sociales informatizadas también aparece un Yo que se construye bajo cánones que garantizan ser visible, ser re-conocible a la mirada del Otro.

> Algunos ensayistas aluden a la sociabilidad *líquida* o a la cultura *somática* de nuestro tiempo, donde aparece un tipo de yo más epidérmico y dúctil, que se exhibe en la superficie de la piel y de la pantalla. Se habla también de personalidades alterdirigidas y no más introdirigidas, construcciones de si orientadas hacia la mirada ajena o exteriorizadas, no más introspectivas o intimistas. E incluso se analizan las diversas *bioidentidades*, desdoblamientos de un tipo de subjetividad que se apuntala en los rasgos biológicos o en el aspecto físico de cada individuo. Por todo esto, ciertos usos de los *blogs, fotologs, webcams* y otras herramientas como *My Space* y *You Tube*, serían estrategias que los sujetos contemporáneos ponen en acción para responder a estas nuevas demandas socioculturales, balizando nuevas formas de ser y estar en el mundo" (Sibilia, 2008: 28).

No obstante, este "estar en escena" –que siempre es un "ser

para otro"– no implica mera apariencia o simulacro. Se trata de modos de subjetivación e identificación que, si bien están atravesados por los imperativos culturales de la época –de la exhibición, de "poner a la vista" – responde a una cuestión existencial: salir hacia el/lo otro, comunicar, tender lazos diversos con el mundo; pero "a sabiendas de que esta salida es ilusoria, que el sujeto siempre intenta *engañar* su soledad, tanto en la relación con el mundo a través del conocimiento como en la experimentación de los placeres" (Arfuch, 2007: 100).

En cuanto al imperativo "poner a la vista", la obediencia a ese mandato es comprensible no sólo por explotación de las potencialidades de las tecnologías informáticas. Sino que puede interpretarse como "síntoma" de una condición epocal que exige altos niveles de mostración en el espacio público. En el "imperio de las pequeñas historias" –erigido sobre el derrumbe de los grandes relatos de la modernidad (Lyotard, 1998)– se forja otro régimen de la mirada. Un régimen en que la mostración obscena del mundo –de la violencia, de la muerte, de acciones bélicas, de cuerpos erotizados, de cuerpos desnudos, de cuerpos desgarrados, etc.– aparece como una exigencia para que algo merezca ser visto, tenido en cuenta, para que el mundo se vuelva, al fin de cuenta, "acontecimiento". La "espectacularización", la exageración y la construcción obscena del mundo se vuelven estrategias claves para "atraer las miradas". Ante esta sed de la mirada, se borra el límite entre lo público, lo privado y lo íntimo; se fuerzan las barreras del pudor que sostenían las demarcaciones entre una y otra esfera.[7]

Pero toda estrategia de exhibición, así como vuelve al sujeto hacia los otros, también lo vuelve sobre sí-mismo. El sujeto que auto-construye su imagen frente a la pantalla, se enfrenta a procesos reflexivos en los que cobran sentido las preguntas "¿qué proyecta la pantalla de mí?", "¿qué operaciones realizar para crear mi Yo deseado"? En ese sentido, las prácticas digitales de socialización a las que hemos aludido podrían ser interpretadas bajo esa figura tan interesante que Foucault denominó "tecnologías del yo". Con ellas refiere a una serie de técnicas que remiten al sujeto a un sí-mismo y lo ponen en el ejercicio de la construcción, el conocimiento y el cuidado del sí. Las prácticas informatizadas, tal como las que hemos referido hasta aquí, operan como tecnologías del yo que se vuelven relevantes en el "gobierno de uno mismo"; en esa construcción que todo sujeto hace de sí mismo. En esta nueva biopolítica, las bitácoras virtuales y redes sociales son dispositivos que permiten al sujeto realizar, a solas o con otros, ciertas prácticas sobre su cuerpo –o el registro digital de su cuerpo– sus pensamientos, sus conductas, su "manera de ser" con el fin de alcanzar cierto estado

---

[7] Ver Ferrer, Christian (2005) *El drama de la mirada*, Editorial Colihue, Bs.As. y "La curva pornográfica. El sufrimiento sin sentido y la tecnología", en Revista Artefacto N°5. Buenos Aires, 2004.

de complacencia consigo mismo; y en todo caso, un estado de complacencia también con su entorno social. Se trata de una "cultura de sí", no a la manera de la cultura que describe Foucault en la Grecia clásica, sino que es una cultura en la que la mediación tecnológica-digital se ofrece como técnica de control que garantice "maneras de ser" aceptables por uno mismo y visibles/aceptables para los otros.

> El nuevo capitalismo se erige sobre el inmenso poder de procesamiento digital y metaboliza las fuerzas vitales con una velocidad inaudita, lanzando y relanzando constantemente al mercado nuevas subjetividades. Los modos de ser constituyen mercaderías muy especiales, que son adquiridas y de inmediato descartadas por los diversos *targets* a los cuales se dirigen, alimentando un espiral de consumo en aceleración constante (...) Se trata de modelos subjetivos efímeros y descartables vinculados a las caprichosas propuestas y a los volátiles intereses del mercado (Sibilia 2005: 33).

Tal como lo pronosticaba Sherry Turkle, a la revolución informática le sigue una fuerte resurrección del *ego*. Es precisamente esa "cultura de sí" una condición para que circulen en forma exitosa aquellos discursos y productos que tornan alcanzable el mundo digital personalizado, adaptado al *ego consumidor*. La sociedad disciplinar operaba sobre moldes y se caracterizaba por buscar la adecuación a las normas porque es, al mismo tiempo, masificante e individualizante.

> En cambio, en la sociedad contemporánea tanto la noción de masa como la de los individuos han perdido preeminencia y han mutado. Emerge otra figura en lugar de aquella: el papel del *consumidor*, por ejemplo ha ido adquiriendo una relevancia cada vez mayor. En lugar de integrarse a una masa –como los ciudadanos de los Estados nacional de la era industrial-, el consumidor forma parte de diversas muestras, nichos de mercado, segmentos de públicos, *targets* y bancos de datos (Sibilia 2005: 34).

Esta segmentación de los mercados crea perfiles que proveen la ilusión de un mundo personalizado, un mundo en el que el Yo se proyecta sobre los objetos y servicios de consumo. En la ilusión de ese mundo, cada objeto debe estandarizar y materializar alguna cualidad de su consumidor. Por ello, el *marketing* nos ofrece mundos construidos sobre perfiles prefijados de individuos. El mercado de los sitios personales en internet responde a este universo de objeto y servicio; y en él se proyecta un Yo que refracta el síntoma de su época... y lo hace a la vista de todos.

Tecnoutopías en la educación

¿Qué es educar en tiempos de la cultura ciber/mediática? Esta pregunta conlleva otra en su seno: ¿educar para qué?[8] Las respuestas posibles a este interrogante llevan implícitas una concepción específica de la sociedad y del individuo. En las sociedades occidentales modernas, el argumento central para responder a esa cuestión es aquel que deposita sobre la idea de "progreso" las bases para toda empresa educativa. El pensamiento moderno liga educación y tecnologías en el mismo engranaje de la gran maquinaria destinada a lograr el "desarrollo" del conjunto de la sociedad. La fe en el progreso hace de las tecnologías el motor hacia la plenitud humana o, al menos, hacia una sociedad considerada siempre, inevitablemente, mejor. Si la idea de progreso implica avance, evolución, mejora, adelanto; las tecnologías asociadas a este ideario se conciben como necesariamente beneficiosas, buenas, positivas para los seres humanos y para el todo social. En ese sentido, esta mirada encierra la negación de otros posibles, pues "el mundo es así y no podría ser de otra manera. La historia queda marginada; los procesos negados. La subjetividad relegada..." (Schmucler, 1985: 192).

En la doctrina moderna, la educación tecnológica es pensada como estrategia fundamental en el desarrollo de las sociedades. La educación responde así a un nuevo mandato: garantizar la adquisición de habilidades para la creación y el manejo de tecnologías. En América Latina, la aplicación más clara de este ideario moderno ha sido los programas desarrollistas que, hacia las década del '60 y '70, fomentaron la inclusión de las tecnologías en la escuela. Estas políticas han resucitado, en distintos momentos, en el campo educativo, pasando de la educación para el desarrollo y aplicación de tecnologías mecánicas (impartida generalmente en instituciones especializadas, como las Universidades Tecnológicas de Argentina), a la inclusión de las tecnologías mediáticas e informática en las currículas escolares, las políticas públicas y programas de financiación internacional (como el proyecto "Una *laptop* por niño" o el "Plan de Acción Regional para la Sociedad de la Información en Latinoamérica y el Caribe" adoptado por la CEPAL, entre otros). Lo cierto es que el campo educativo es heredero de este imaginario del progreso y, en la actualidad, se encuentra atravesado tanto por los imperativos de una sociedad que impone sus técnicas y tecnologías, como por los discursos que elevan a la información y a la comunicación a garantes del tan anhelado desarrollo social.

Sin embargo, en la modernidad tardía, la fe en el progreso por medio del desarrollo tecnológico comienza a mostrar sus fisuras. La crisis de los grandes relatos modernos hará mella sobre diversos discursos

---

[8] Esta pregunta remite a la que formulara Héctor Schmucler en su artículo "La Informática en la educación" en *Memorias de la comunicación*. Editorial Biblos, Buenos Aires.

sociales, y el orden tecnológico no estará exento de esos cambios.

> La creciente acumulación de poder económico y político en sectores reducidos, la impotencia a que se tiende a reducir a los individuos ante el manejo concentrado de decisiones que no lo toman en cuenta, el distanciamiento de los seres humanos con la naturaleza, la desolidaridad estimulada por estructuras que tienden a la atomización social, en fin, la posibilidad de autodestrucción de la especie mediante la simple opresión de algunos botones y seres desgarrados por la violencia cotidiana: he aquí el progreso, he aquí el desarrollo. ¿Para reforzar esto la enseñanza? (Schmucler, 1985: 192).

La pregunta de Schmucler es provocadora y sus argumentos reflejan aquellas posiciones que cuestionan el relato hegemónico sobre el poder de las tecnologías. En la pugna por el sentido de las tecnologías, el campo educativo debe analizarse considerando los conflictos, hegemonías y fuerzas sociales que lo atraviesan y que lo exceden. En ese sentido, el binomio TICs/educación ha de comprenderse al interior de las narrativas y poderes que luchan por imponer determinados sentidos de lo tecnológico y de la relación de los hombres con ese orden del mundo.

Si se considera el rol que ha asumido la educación –el de institución "modelizadora" de los sujetos y del orden social– y, pese a las múltiples narrativas en pugna sobre el orden tecnológico, el campo educativo sigue siendo caja de resonancia de aquel ideario moderno y de su fe en el progreso por medio de las tecnologías. En nuestro país, las políticas neoliberales aplicadas en el campo de la educación han sostenido un discurso que remarca aún más esta "tecnoutopía" que, ahora, fundamenta la educación para un mundo informatizado. Ellas, como toda política, encierran una mirada del mundo a la cual la institución educativa debe ser funcional. Estos discursos tecnológicos, tal como se presentan en la actualidad, proponen a la comunicación como matriz productora de la sociedad. La comunicación es elevada a "garantía" de una exitosa integración al orden establecido. Bajo esta premisa, los problemas de integración social aparecen como sinónimo de "barreras en la comunicación" o como dificultades en el "acceso a las TICs". Así, el imperativo de "estar conectados" se ofrece como clave del funcionamiento integrado de la sociedad y como forma ineludible para pensar la sociedad de la información. Los discursos educativos hegemónicos hacen eco de esta creencia y proponen la consigna "hay que comunicarse" como nueva estrategia para desempeñar su rol en tanto garantes del lazo social.

Bajo este nuevo imperativo, el campo educativo está atravesado por debates respecto de los modos de integrar las TICs *a* la educación, y sobre las maneras de integrar a la sociedad por medio *de* las TICs. En este marco se han desarrollado algunas experiencias de "educación para la comunicación" y de "comunicación para la educación" utilizando las tecnologías informáticas y mediáticas en diversas estrategias pedagógicas. Pero más allá de los objetivos propuestos en cada caso, lo cierto es que las TICs son objeto de una extremada carrera hacia una mayor tecnificación de las instituciones educativas presentada como sinónimo de "modernización" y "mejora" educativa.

En la Argentina, las políticas estatales han definido al sistema educativo como el espacio privilegiado para la alfabetización digital.

> ...la escuela debe asumir un rol fundamentalmente porque es el espacio donde todos los niños y niñas, jóvenes y adultos pueden acceder efectivamente a la alfabetización digital. Así como fue y sigue siendo una misión de la escuela el ingreso de los niños a la cultura letrada, hoy debe incorporar el aprendizaje y la utilización de los nuevos lenguajes digitales".[9]

Sin embargo, aquí como en otros países periféricos, esta carrera por tecnologizar la escuela –una de las aristas necesarias para la alfabetización digital– se ha reducido, en la mayoría de los casos, a aplicaciones subsidiarias de las TICs en la enseñanza tradicional y en la administración de las instituciones de formación. Esto es particularmente evidente en la escuela inicial y media donde numerosas instituciones poseen gabinetes informáticos que se utilizan casi exclusivamente para enseñar informática. Pero las TICs no han podido integrarse todavía a otras materias en las que podrían ser de gran valor pedagógico. Esta carencia se repite en la formación docente, donde los alumnos (futuros profesores de nivel medio y terciario) no reciben capacitación para la aplicación de las TICs en sus futuras estrategias pedagógicas.[10]

Algo similar sucede con los "gabinetes de medios", espacios creados en las escuelas para introducir a los alumnos en la alfabetización mediática y digital. En algunos casos, los docentes utilizan estos gabinetes para desarrollar estrategias de *empoderamiento* social a través de los medios. Aquellos que adhieren a una perspectiva de "educación

---

[9] MECyT, documento para la discusión de la nueva ley de Educación Nacional, capítulo 9, página 21, mayo de 2006.

[10] Un estudio en terciarios para la formación docente de la provincia de Córdoba, bajo la dirección de la Mgter. Cristina Petit y de la Mgter. Ana Cilimbini, arroja como datos preliminares la ausencia de trayectorias pedagógicas que incluyan las TICs como soportes básicos de la enseñanza. Se observa también que el alumnado utiliza "estrategias parches" para lograr saldar sus escasos manejos de programas informáticos. A la vez, se identifica un escaso conocimiento sobre las potencialidades de programas específicos aplicables a la enseñanza (como programas de simulación de procesos complejos, programas de diagramación o de cálculo, etc.).

para la comunicación" tienen como objetivo formar ciudadanos críticos ante las propuestas de la cultura mediática, capaces de generar sus propios usos y productos mediáticos. Pero lo cierto es que los medios de comunicación son apenas utilizados como subsidiarios de propuestas pedagógicas aun centradas en las formas convencionales de lecto/escritura basadas en la cultura del libro y tomando el lápiz y papel como principales dispositivos técnicos.

Experiencias similares se observan en América Latina en el ámbito de la educación popular. Campañas recientes en Venezuela y Bolivia han incorporado a las TICs y a los medios de comunicación en sus estrategias de *empoderamiento* social y político. Producciones audiovisuales de todo tipo, radios populares y revistas barriales intentan dar fe de lo que sucede en los mundos invisibilizados por los poderes mediáticos hegemónicos. Intentan ser espacios de alfabetización mediática y digital, y ámbitos de expresión y creación (contra) cultural.

En síntesis, lo que nos interesa destacar aquí es que, en los casos anteriores, tanto en la educación formal como en la no formal, desde perspectivas más integristas/hegemónicas o desde aquellas "liberadoras del oprimido" (en el sentido propuesto por Paulo Freire), las tecnologías mediáticas e informáticas son consideradas agentes que garantizan una adecuación a las demandas culturales, sociales y políticas; y el espacio educativo es pensado como el ámbito privilegiado para la incursión en el mundo informatizado. Sin embargo, para educar en la ciber/cultura es necesario reconocer que las actuales generaciones de niños y jóvenes (de los espacios urbanos y de todos los sectores sociales) ingresan al mundo informatizado con otras trayectorias que las instituciones educativas deben de reconocer. En Argentina, cibercafés, cybers especializados en juegos en red o la computadora doméstica (para los sectores de mayor poder adquisitivo) son espacios de socialización y de entretenimiento para la mayoría de los niños y jóvenes contemporáneos. En esos lugares han incurrido en las primeras experiencias que redundan en la adquisición de ciertas destrezas básicas para el manejo de las TICs y en la inmersión/creación en ciertas formas específicas de una cultura ciber/mediática mayor. Son precisamente estas trayectorias y esos espacios –y los modos de ser niño y de ser joven que en torno a ellos se gestan– los que no deben desconocerse en toda mirada crítica y en toda política sobre educación y TICs.

Educar en la cultura ciber/mediática

Desde un plano macroscópico –que excede los procesos pedagógicos y ámbitos de formación particulares–, la mirada sobre el binomio TICs/educación se posa sobre los puntos de fuerza, conflictos y disputas entre cultura ciber/mediática y lo que llamaremos "cultura escolar". En este apartado interpretamos algunas aristas de los procesos culturales en marcha observando algunos des-anclajes que la cultura ciber/mediática plantea a la cultura escolar. Cabe aclarar que referimos al orden simbólico general que impera sobre espacios educativos diversos en términos de "cultura escolar", pues la escolarización es el estatuto hegemónico que se ha dado la institución educativa moderna. Jorge Huergo refiere a la cultura escolar como:

> ...un conjunto de prácticas, saberes y representaciones producidas y reproducidas a partir de la institución escolar. Pero también incluye las modalidades de comunicación y transmisión de saberes para poder actuar socialmente (más allá de la escuela) que operan de acuerdo con la «lógica» escolar. En este sentido, la cultura escolar es una forma de producción, transmisión y reproducción que tiende a la organización racional de la vida social cotidiana. La cultura escolar, entonces, transforma *desde dentro* la cotidianidad social, imprimiendo en ella formas de distribución, disciplinamiento y control de prácticas, saberes y representaciones aún más allá de los ámbitos identificados como la «institución escolar» (1999: 92).

Desde esta mirada, planteamos que ciertas diferencias entre cultura ciber/mediática y cultura escolar no pueden ser pensadas como férreas fronteras entre universos culturales distintos. Pues en el interior de estos campos culturales operan fuerzas y discursos hegemónicos compartidos que hacen posible la reproducción del orden instituido. Los discursos tecnológicos que ocupan una posición hegemónica en el campo educativo dan cuenta de algunas de esas miradas totalizadoras que conectan a esos universos simbólicos distintos más allá de sus puntos de choque y conflictos.

La cultura escolar exige a los sujetos "ciberculturizados" formas de lecto/escritura diferenciales, percepciones más duraderas del tiempo y del espacio, formas narrativas más ligadas a la cultura del libro que al ejercicio del video-clip y a la fragmentación que impera en internet y en los medios masivos de comunicación. Sobre estos temas se abocan numerosas investigaciones desde las ciencias cognitivistas, el campo de la educación, la comunicación, la psicología, etc. Reconociendo los numerosos aportes que se están realizando en esta temática, aquí nos interesa destacar sólo dos aspectos diferenciales y que refieren a los modos de interpelación a los sujetos que operan en ambos universos culturales.

En la cultura escolar se materializan espacios dialógicos que inauguran sus propios órdenes discursivos y estrategias para interpelar a los sujetos. Dijimos anteriormente que estos espacios crean prácticas, saberes y formas de pensarse a sí mismo y que, por lo tanto, estructuran y son estructurantes de procesos identitarios y de subjetivación. Uno de los discursos hegemónicos que se instaura en espacios dialógicos particulares, en el interior de la cultura escolar moderna, es aquel que interpela a los alumnos como sujetos de una carencia. Esa carencia motiva el rol de las instituciones educativas como entes "formadores", asumiendo así una posición paternalista sobre los alumnos. Para ello, trazan trayectorias pedagógicas basadas también en la idea de progreso, desarrollo, avance siempre inevitablemente hacia algo mejor. Esta mirada también se encuentra presente en los modos de instituir la infancia y el estatuto de lo juvenil.

Por supuesto que a estos discursos se oponen otras miradas pedagógicas que, frente a la idea de una carencia, proponen a la educación como aquel proceso que "saca afuera aquello que ya estaba allí" (educar proviene de *e-ducere* que significa "conducir hacia afuera"). No obstante ello, la cultura escolar se ha modelado sobre esa concepción de los sujetos como individuos que deben "saldar" una carencia sometiéndose a trayectorias educativas que exigen siempre una moratoria de otros procesos culturales. Precisamente, esta mirada de la educación funciona en una misma formación discursiva asociada a una idea hegemónica –y "adultocéntrica" – de niñez y juventud. En ella, los niños y jóvenes son quienes pueden/deben aletargar sus obligaciones civiles, sus responsabilidades familiares, sus ingresos al mundo del trabajo hasta haber transitado aquellos espacios que garanticen que se volverán "sujetos plenos".

Pero los sujetos de la cultura ciber/mediática imponen un desanclaje central en la cultura escolar. La actual generación de jóvenes y niños "ciberculturizados" –pertenecientes a las clases medias y altas globalizadas– ingresan con mayor facilidad que los adultos al mundo de las tecnologías informáticas. Desarrollan habilidades y destrezas en el manejo de los entornos informáticos que los convierten en alumnos que, la mayoría de las veces, "supera a sus maestros" (en ambos sentidos de la frase). Estudios recientes nos han demostrado que los modos de aprendizaje más frecuente en los entornos informáticos son aquellos que se realizan "entre pares" y por "ensayo y error"; y esto suele ocurrir en otros proceso de socialización ligados al espacio lúdico o las prácticas de entretenimiento.[11] En estas prácticas, los pares reem-

---

[11] Estudios previos nos muestran que la primera y principal forma de adquisición de destrezas informáticas es "entre pares" en el marco de actividades lúdicas y de entretenimiento. Los dispositivos informáticos facilitan aprender ciertas funciones básicas de los programas y de los *hardwares* mediante la prueba, el "ensayo y error". No obstante, también nos muestran que los programas más complejos aplicados en el ámbito educativo en materias que exigen una mayor especificidad de conocimientos (como geografía, matemática, física o química), no son aprendidos de esta manera, por lo que el docente y el espacio escolar debe cumplir allí un rol fundamental en la alfabetización digital. Ver nuestro estudio: "Las competencias necesarias para el aprendizaje en entor-

plazan a los adultos/docentes; y ello implica una transformación en las representaciones sobre los roles y jerarquías que han cristalizado en la cultura escolar hegemónica. La actual generación de alumnos escolares y universitarios muestran a sus docentes que hay algo que "ya está allí", algo que los adultos deben/necesitan conocer, acceder, si quieren educar en el mundo de la sociedad de la información. Estos alumnos son portadores de conocimientos previos y destrezas informáticas que muchas veces exceden a las de los adultos, a la vez que han crecido en una sociedad ya informatizada y pueden incorporar con mayor facilidad sus innovaciones y lógicas. Esa "ventaja" irrumpe en otras prácticas y otras posiciones desde las cuales los alumnos se relacionan con sus profesores. Inaugura entonces otro espacio dialógico, otras reglas desde las cuales interpelar y ser interpelados. Este nuevo espacio dialógico que subvierte la tradicional jerarquía entre docente y alumno, entre sujeto formante y sujeto en formación, también debe ser comprendido en el interior de los cuestionamientos a los estatutos tradicionales de la cultura escolar en el marco de la crisis de las instituciones modernas. En ese sentido, es necesario atender a los nuevos modos de interpelación entre los sujetos del proceso de enseñanza en función de las posiciones que ocupan en estos espacios dialógicos.

En otro orden, la cultura ciber/mediática interpela a los sujetos desde otra formación discursiva que enuncia que el mundo es mejor si se lo personaliza. "Personaliza tu mundo" es el *slogan* con el que se publicitan un sinnúmero de servicios y productos de la cultura contemporánea. Como hemos visto más arriba, esta consigna opera sobre todas las esferas de nuestra vida, volviendo al Yo el centro de la escena. Este mismo lema irrumpe con una nueva exigencia en el campo educativo: la educación debe ser personalizada, y debe responder a las demandas del sujeto que, ahora, se representa a sí mismo como "consumidor" y pretende gozar de esa soberanía del pródigo. Atención y educación personalizadas, trayectorias pedagógicas diseñadas para cada alumno, horarios y prácticas adaptadas a cada persona han sido los caballitos de batalla con los que, desde la década del '90, han proliferado en las instituciones de educación privada de la Argentina. Pero en el sistema educativo más ligado a una cultura escolar considerada tradicional, como lo es el sistema público, esta demanda subvierte nuevamente el orden de las cosas. Pues la cultura escolar gestada en la sociedad de masas,

---

nos virtuales. Un estudio exploratorio en la cohorte 2006 de ingresantes a la carrera de Psicología–UNC" dirigido por la Mgter. Cristina Petit y "Los conocimientos, usos y actitudes sobre las TICs de los alumnos de Institutos Superiores No Universitarios para Docencia de Nivel Medio para la aplicación de las Tecnologías de la información y la Comunicación en futuras estrategias pedagógicas. Un estudio exploratorio del último curso en Córdoba Capital e Interior de la provincia" dirigido por la Mgter. Cristina Petit y la Mgter. Ana Cilimbini.

a la vez que iguala, masifica; a la vez que unifica, despersonaliza. Pero los mecanismos de re-conocimiento que se dan en el interior de esta cultura escolar distan de ofrecer la efectividad y alcance que sí poseen las tecnologías y dispositivos de la cultura ciber/mediática. Los primeros están basados en un sistema meritocrático que exige grandes esfuerzos personales y grupales y funciona a largo plazo. Se estructura en torno a trayectorias con evaluaciones y evaluadores considerados superiores al del sujeto que es evaluado. Para lograr re-conocimiento en estos espacios, el sujeto debe realizar trayectorias mínimas prefijadas de antemano. Son trayectos normativos y, en ese sentido, unifican y homogenizan la totalidad. La particularidad que implica todo acto de personalización suele ser negada o se reduce al espacio áulico y a las tareas individuales que puede diseñar cada docente. Por el contrario, la cultura ciber/mediática propone un mundo en el que es posible realizar, aquí y ahora, trayectorias que siempre se presentan como personales, atomizadas, individuales. El re-conocimiento demanda un brío personal, que puede realizarse con o "sin esfuerzo", pero la fama adquirida es presentada como resultante de artificios individuales para proyectar nuestro Yo sobre objetos, sitios informáticos, indumentarias, etc. que nos ponen, una vez más, a la vista de todos.

Estos (des)anclajes en la cultura escolar hallan en los sujetos sus modos particulares de existir y de re-crearse. Aunque, en relación con ello, cabe destacar que existen entornos y productos que muestran, con claridad, algunas apropiaciones que los sujetos hacen de los imperativos de la cultura escolar y los ponen a funcionar junto a las lógicas de funcionamiento de los entornos cibernéticos de los que también se apropian. Un ejemplo de ello son las numerosas bitácoras personales y redes sociales informáticas que se estructuran en torno a comunidades de alumnos –escolares y universitarias–, y que amplían los espacios de socialización de la escuela o de la clase. Estos mundos mediáticos e informáticos son vitales para comprender las narrativas y subjetividades que cuestionan y re-crean a la cultura escolar contemporánea. Son sitios que también desafían nuestra imaginación para gestar políticas públicas y para crear espacios educativos con el objetivo de acompañar a esas generaciones con quienes los transitamos.

Bibliografía

Arfuch, Leonor (2007) *El espacio biográfico. Dilemas de la subjetividad contemporáneos.* Ed. del Fondo de Cultura Eonómica, Buenos Aires.

Bajtin, Mijail (1982) *Estética de la creación verbal.* Ed. Siglo XXI, México DF.

Becerra, Martín (2003) *Sociedad de la información. Proyecto, convergencia, divergencia* en Enciclopedia Latinoamericana de Sociocultura y Comunicación. Ed. Norma, Buenos Aires.

Beck, Ulrich y Gernsheim, Elizabeth (2003) *La individualización. El individualismo institucionalizado y sus consecuencias sociales políticas.* Ed. Paidós, Barcelona.

Deleuze y Guattari (1997) *Mil mesetas. Capitalismo y esquizofrenia.* Ed. Pre-textos, Valencia.

Finquelievich, Susana y Prince, Alejandro "El (involuntario) rol social de los cybercafés". Publicación digital en http://www.princecooke.com/ (en línea al 6/11(07)

Fistetti, Francesco (2004) *Comunidad, léxico de política.* Ed. Nueva Visión, Buenos Aires.

González, Jorge A. (2008) *Entre cultura(s) y cibercultur@(s). Incursiones y otros derroteros no lineales.* Ed. Edulp, La Plata.

Huergo, Jorge (2000) "Ciudad, formación de sujetos y producción de sentidos (Breve ensayo desde la comunicación/educación)" en Revista *Oficios Terrestres,* N° 7, La Plata.

-------------------- (2001) "Desbordes y conflictos. Entre cultura escolar y cultura mediática" en Revista NÓMADAS N°15, Bogotá.

Landau M., Serra J. y Grutschetsy M. (2007) *Acceso universal a la alfabetización digital. Políticas, problemas y desafíos en el contexto argentino.* Dirección Nacional de información y Evaluación de la Calidad Educativa. Ministerio de Educación, Ciencia y Tecnología de la Nación, Buenos Aires.

Lyotard, Jean (1998) *La condición postmoderna.* Ed. Cátedra, Madrid.

Morduchowicz, Roxana (2008) *La generación multimedia. Significados, consumos y prácticas culturales de los jóvenes.* Ed. Paidós, Buenos Aires.

Remondino, Georgina (2008) "Orbitando el mundo de los jóvenes. Significaciones en torno a las TICs y los vínculos juveniles" en memorias de las XII Jornadas Nacionales de La Red Nacional de Investigadores en Comunicación Social. Rosario. En línea: http://www.redcomunicacion. org/ memorias/p_jornadas_p.php?id=487&idj=4 (en línea al 3/03/08)

Schmucler, Héctor (1985) "La Informática en la educación" en *Memorias de la comunicación.* Ed. Biblos, Buenos Aires.

Sfez, Lucien (1992) *Crítica de la comunicación.* Ed. Amorrortu, Buenos Aires.

Sibilia, Paula (2005) *El hombre posorgánico. Cuerpo, subjetividad y tecnologías digitales.* Ed. Fondo de Cultura Económica, Buenos Aires.

------------------ (2008) *La intimidad como espectáculo.* Ed. Fondo de Cultura Económica, s/d.

Turkle, Sherry (1995) *Vivir en la pantalla. La identidad en la era de Internet.* Ed. Paidós. Barcelona, Buenos Aires.

Urresti, Marcelo (comp.) (2008) *Ciberculturas juveniles: los jóvenes, sus prácticas y sus representaciones en la ęra de Internet.* Ed. La Crujía, Buenos Aires.

Zallo, Ramón (1992) *El mercado de la cultura. Estructura económica y política de la comunicación.* Ed. Gakoa, San Sebastián.

7. Reflexiones acerca de las prácticas del psicólogo social en el campo de la comunicación mediática y de las tics

Cristina M. Petit

La historia está hecha del discurso del poder y del deseo;(...) y el deseo está radicalmente articulado a la ley de lo simbólico, al discurso de la cultura.
Jesús Martín Barbero

Comunicación social

Como psicólogos sociales comprometidos con los nuevos desafíos culturales de la comunicación y la información, intentamos plantear algunas propuestas y respuestas -adecuadas a nuestra realidad sociocultural- que urgen en el campo de la comunicación social dado que:

> ...las nuevas tecnologías de comunicación no solo ocupan el lugar central de un reto industrial; sino que están en el corazón mismo de las estrategias de reorganización social de las relaciones entre el Estado y el ciudadano, los poderes locales y centrales, los productores y los consumidores, los patrones y los trabajadores, los enseñantes y los enseñados, los expertos y los ejecutantes (Mattelart, 1988:48).

Es decir, las TICs están afectando e imprimiendo modificaciones en la subjetividad y en la sociabilidad.

Las fuentes de producción de la cultura son desplazadas de la comunidad hacia aparatos especializados. Las formas de vida son, poco a poco, remodeladas y sustituidas por patrones de consumo separados del "núcleo creador" de los grupos y comunidades que constituyen el fondo vivo de la cultura.

Somos partícipes de la fragmentación del horizonte cultural y la erosión de los imaginarios colectivos en la era de la mundialización de las comunicaciones. Esto significa un riesgo para la unidad política y cultural de nuestro país porque nos encontramos frente a la crisis/ ausencia de un lugar de representación.

Comprender los procesos de la comunicación mediática y de las TICs conlleva hoy dar cuenta de la rearticulación de las demarcaciones simbólicas que están emergiendo.

No desconocemos ni olvidamos que tanto los logros como los fracasos de los pueblos en la lucha por defender y renovar su identidad cultural, se hallan ligados a las dinámicas y los bloqueos en los espacios de la comunicación social. En América Latina, el impacto cultural de los medios de comunicación primero y de las TICs luego tienen que ver con:

> ...la desintegración del horizonte socio-cultural común. Aún con las enormes dificultades que implicó la heterogeneidad étnica y racial, desde la independencia, y especialmente en el proceso de transformación de estos países en naciones modernas a partir de los años treinta, se buscó articular la creación de un mercado, condición indispensable para su integración al mundo, a la construcción de una cultura nacional, un foco de imágenes y mitos fundadores que posibilitara a la gente sentirse perteneciendo a una comunidad (Martín Barbero, 1998:35).

En este sentido, la radio y el cine jugaron un papel importante en la formación del sentimiento nacional.

> Hoy los medios de comunicación configuran, por lo contrario, el dispositivo más poderoso de disolución del horizonte cultural de la nación al constituirse en mediadores de la heterogénea trama de imaginarios que se configuran desde lo local y lo global. La globalización económica y tecnológica de los medios y las redes electrónicas vehiculizan una multiculturalidad que hace estallar los referentes tradicionales de identidad. Y al estallar el sujeto social unificado que representaban las figuras del *pueblo* y de *nación* se desnuda el carácter problemático que hoy adquieren las configuraciones de lo colectivo y lo público (Wieviorka en Martín Barbero, 1998:36).

Hoy la televisión, de forma particular, se ha erigido como la mediadora por excelencia de la sensibilidad expresivo simbólica de las culturas urbano-marginales-rurales.

Impacto en la subjetividad

Como profesionales de la salud mental, los psicólogos sabemos de la influencia y determinación en la vida anímica -representación, deseo, pulsiones, afectos, vínculos, identificaciones- de lo histórico, cultural, social y político, que promueven y generan determinadas relaciones, modelos y modos de vincularse que se internalizan, se reactulizan y resignifican. Y, desde las cuales se opera en la vida cotidiana de forma naturalizada.

Es cada vez más imperativo comprender que los procesos de socialización de los sujetos y la construcción de lo psíquico acontecen en una "historia situada", en una determinada pertenencia porque:

> (...) el deseo está radicalmente articulado a la ley de lo simbólico, al discurso de la cultura. Y esta relación no es algo que venga a añadirse al sujeto ya constituido, sino que forma parte de su constitución. El imaginario es ya social. (...) El imaginario no es solo aquello que trata de un discurso, sino aquello de lo que está hecho. (Martín Barbero, 1987:47).

Refiriéndose a la influencia de la autoridad, la moral, la cultura, los ideales, Freud sostiene que el ideal del Yo tiene una parte de psicología colectiva, parte social, como ideal común de una clase, familia o nación. El ideal del Yo tiene relación con adquisiciones filogénicas del individuo, con su herencia arcaica. El ideal puede permanecer en gran parte inconsciente. De tal manera, el Super Yo continúa desempeñando ante el Yo el papel de mundo exterior, por más que se haya convertido en parte integrante del mundo interior. El Super Yo representa la influencia de la educación, de la dependencia de los padres y, con ello, no sólo perduran las cualidades personales de esos padres, sino también todo lo que tuvo alguna influencia determinante sobre ellos, es decir, las tendencias y las demandas del estado social en que vivieron, las disposiciones y tradiciones de la raza a la que pertenecen.

Todo sujeto es productor de historia y producido por ella. La historia de cada sujeto participa del sentido de la historia y de la cultura de su comunidad.

En un entramado de discursos, cuando un enunciado es legitimado en el plano de las representaciones sociales, se instala como "verdad" en el orden de la subjetividad.

Articulando las reflexiones precedentes, asumimos que el sujeto de la cultura es siempre la comunidad. Y entre los acontecimientos que protagonizan, influyen y deciden sobre la comunidad, se encuentran los medios de comunicación y las TICs, que tienen la posibilidad de proponer y resignificar representaciones sociales. Resulta "cuestionable", "denunciable", la legitimación que éstos realizan de determinadas cosmovisiones y definiciones de la realidad.

La comunicación y el uso de las TICs interesan al psicólogo social desde el punto de vista de la interlocución y del intercambio de mensajes, considerados desde el punto de vista de las audiencias. La comunicación se convierte en ámbito de indagación también de la psicología social ya que ésta puede realizar aportes específicos al analizar los procesos de influencias. Influencias que unos tienen sobre las creencias de otros, sobre los actos de otros, sobre las decisiones de otros, etc.; interesándole a la psicología social los efectos y las consecuencias que dichos intercambios ejercen sobre los sujetos y sobre las comunidades, al indagar los vínculos y los intercambios significativos de los actores de la comunicación.

En esta trama de vínculos y comunicaciones atravesadas por esta multifasética y compleja realidad, proponemos la acción-intervención del psicólogo social en el rol de mediador social.

Nuestra realidad latinoamericana. Condiciones de acción-intervención

El análisis y los aportes psicosociales-comunicacionales deben tener en cuenta la realidad de nuestro país: dependiente económicamente, periférico, muy empobrecido, con alto crecimiento de la marginalidad social, hechos de violencia *increscendo*, con elevado porcentaje de desintegración familiar, una ruptura de vínculos solidarios y una profunda crisis de pertenencia y de identidad. Esta crisis de identidad se agudiza por los complejos y multifaséticos orígenes de nuestra comunidad: aborigen, español, criollo e inmigrantes de diversas razas, credos y nacionalidades[1].

Por otro lado, encontramos en los sujetos un alto grado de desconfianza y una falta de credibilidad a todo tipo de discurso: político, científico, ideológico, social, religioso, etc., y con la certeza de que los medios no favorecen ni promueven aportes hacia estrategias de integración cultural.

La asimetría entre los sujetos y los *mass media* está cada día más marcada dada la oferta cultural compuesta por una multiplicidad de géneros y de informaciones construidas espectacularmente. Se suma a ello la consonancia y repetitividad de los mensajes de tv, radio, periódicos, revistas y la *web*. Los medios brindan una excesiva cantidad de información que convive, paradójicamente, con una creciente imposibilidad de crítica, de reflexión y de discernimiento por parte de los actores sociales que se traduce, en la vida cotidiana, en opiniones incongruentes, falta de criterios y estrategias de elucidación para enfrentar "su realidad" en el plano cultural-simbólico.

> (...) la convivencia de la opulencia comunicacional con el debilitamiento de lo público, la más grande disponibilidad de información con el palpable deterioro de la educación formal, la continúa explosión de imágenes con el empobrecimiento de la experiencia, la multiplicación infinita de los signos de una sociedad que padece el más grande déficit simbólico. (Martín Barbero, 1998:32).

Esta carencia/ausencia simbólica termina fragmentando y vacian-

---

[1] "Abre tus brazos al rosal latino;/ no levantes ni cerros ni murallas,/que tus mollares le den sombra y abrigo/ al criollo, al europeo y al aymara,/y que lleven tu nombre por el mundo /¡Muchacha azul, Princesa Americana!". Germán "Churqui" Choque Vilca, Tilcara Jujuy

do de contenido lo propio, lo nacional y lo alternativo; atentando así contra la identidad, contra la imagen de la comunidad, y agudizando conflictos (¿enfermando tal vez?, ya que es cada vez mayor la distancia entre la realidad que los medios proponen y la realidad vivida en la cotidianeidad por los sujetos).

En los modos de apropiación y negociación de los públicos, "en América Latina predominan la asimilación selectiva, la resemantización, el sincretismo, la resistencia oblicua que se vincula, en ciertos campos, a la complicidad" (Jaramillo, 1998:178). Tal vez la última barrera de resistencia a los "imperialismos culturales".

Rol de mediador social

Como una estrategia posible, proponemos que el psicólogo social desarrolle el rol de mediador social.

El mediador social intervendrá mediante dispositivos educativo-sociales concretos, promoviendo una actitud crítica y reflexiva frente a los intentos persuasivos de los discursos hegemónicos. De esta manera, se fomenta una recepción activa por parte de los sujetos que les posibilite restablecer y retomar el sentido primigenio de lo propio, de la pertenencia, del re-encuentro con lo identitario, con la propia historia, recuperando lo propio en lo planetario.

En esta reflexión, se elucidará cómo los centros hegemónicos se propusieron y nos propusieron en América Latina "los modelos" de educación, de salud, de diversión, de utopías, etc.

Así, el mediador social deberá facilitar los niveles de intercambio, promover las significaciones e interpretaciones de los hechos de la vida cotidiana para re-configurar el espacio público generando herramientas, estrategias (viables, posibles y eficaces) que ayuden a decodificar y a re-interpretar.

Se orientará estratégicamente, en el largo plazo, la reconstrucción y recuperación de los imaginarios colectivos y espacios culturales propios, aquellos que forman parte del núcleo creador de nuestra identidad cultural; recuperando también el actor político activo en su comunidad.

El psicólogo social cuenta con dispositivos, elementos y estrategias para promover la comunicación y la crítica social medial, y tiene "la responsabilidad social" de desarrollar la intervención de uno de los roles de mayor urgencia en los momentos actuales -al menos en el espacio de los procesos de socialización y educación-, así "lenta y dolorosamente" podemos ir recuperando las historias, los imaginarios colectivos y la memoria.

Compromiso con la reflexión y la autocrítica

Desempeñar el rol de mediador social supone realizar un esfuerzo constante para no caer en discursos totalizadores, cerrados, muñidos de una "gran comodidad y placer intelectual", producto de creer que hemos resuelto los enigmas de la cultura y de la historia. Muchos de esos discursos se originan en países que tienen un "mercado simbólico unificado", con lo cual las categorías aplicables en sus campos no pueden pasar sin más a nuestra realidad local y latinoamericana.

Las reflexiones que esbozamos a continuación están inspiradas en un texto de Paul Ricoeur sobre ciencia e ideología que escribió en Lovaina, en 1974, y que nos permite intervenir en la complejidad de lo social mediatizado, desde marcos teóricos multidisciplinarios.

Este autor parte del concepto de "acción social" de Max Weber, noción que supone la orientación y la significación mutua. De esta manera, podemos afirmar que toda cultura, en tanto grupo social, necesita darse una imagen de sí misma, representarse, reencontrarse y recuperar su identidad grupal.

Es en este proceso de intercambio de mensajes y comunicaciones significativas donde surge, con toda su fuerza, el fenómeno ideológico; primero, como integración, como proyecto, como pertenencia; y, luego, como justificación del espacio y del poder desarrollado. El fenómeno ideológico es una realidad irreductible de lo social. Allí donde hay vínculo, donde hay acción social, está la ideología, emerge lo ideológico.

Todo discurso, toda tradición cultural, todo proyecto social está precedido de una relación de pertenencia a una historia, a una cultura. Por ello hablamos de respuestas situadas, reflexiones situadas y de representaciones situadas.

Aun la crítica a la ideología no rompe jamás sus relaciones con el fondo de pertenencia que la mueve ya que olvidar este vínculo inicial es entrar en la ilusión de un saber elevado al rango de saber absoluto, de un saber dogmático.

Es así que la ideología sigue siempre la clave, el código de interpretación, por lo cual "no somos un intelectual sin amarras", sin vínculos, sin historia. Por ello debemos realizar una propuesta más humilde pero real, la de la puesta a distancia permanente y la de la recuperación de nuestra substancia histórica.

> (...) asistimos a una época signada por la erosión de los grandes actores históricos (nación, clase, sindicato), a un proceso de fragmentación social y del sujeto, a una automatización de los diversos campos sociales y a una multiplicidad de posiciones del sujeto" (Laclau en Martín Barbero 1998: 184).

Esto lleva implícito la entrega acrítica y pasiva a las relaciones de mercado porque se renuncia a las utopías.

Esta posición, la del mediador social, podría dar cuenta de los procesos sociales integrando lo psicológico dentro del conjunto de la vida social. Actualmente, es un rol en expansión, el trabajo sobre los procesos de comunicación, particularmente mediáticos y de las TICs, es decir, sobre la agenda, el cómo ver el mundo y sobre las apropiaciones de los sujetos. La tensión se centra en cómo participan los *mass media*, las TICs y los receptores en las negociaciones de sentido que construyen el pensamiento social.

6) Promoción de sujeto crítico

Promover la intervención-acción en este campo supone asumir lo que Hopenhayn define como sujeto crítico: su autocomprensión transformadora, su condición de ciudadano activo, fomentando el ejercicio de derechos, de participación y autonomía, en aras de incidir en la transformación del orden de cosas y, en ese mismo proceso, incidir sobre su propio proceso vital.

El sujeto crítico implica la capacidad de procesar información y conocimiento para ampliar espacios de autonomía y participación. Cada vez más el procesamiento de aspiraciones y proyectos coloca el acceso y uso estratégico de información y conocimiento en el centro de la acción e implica la disposición a la reflexión y el conocimiento en aras de transformar el entorno social conforme a valores emancipatorios. Se trata de promover los derechos humanos (civiles, políticos, sociales, culturales); mayor igualdad de oportunidades; consenso en torno a la paz y el pleno respeto por los demás y por el planeta; la búsqueda de una democracia participativa y la construcción más compartida de un orden deseado; la defensa de espacios para la mayor diversidad cultural y los derechos de reconocimiento de diferencias según género, etnia, territorio, edad y grupo social.

Esto supone hacer uso de los espacios públicos para plantear demandas, construir acuerdos e influir en decisiones que inciden en la vida personal y colectiva. Participar en los procesos de construcción de consenso es un aprendizaje en la negociación con otros, y una forma de cobrarle a la propia democracia su invitación a ser ciudadano.

Finalmente, ser sujeto crítico implica una lucha por el sentido a la vida de todos los días y a las cosas que se hacen, lo que incluye la construcción de espacios y relaciones significativas, y la elaboración de alternativas emancipatoria de los conflictos de poder que se enfrentan cotidianamente.

Bibliografía

Berger, Peter y Luckmann, Thomas (1987) *La construcción social de la realidad.* Ed. Amorrortu, Buenos Aires.

Bonilla Vélez, Jorge Iván (1995) *Violencia, medios y comunicación. Otras pistas en la investigación.* Ed. Trillas, México.

Bourdieu, Pierre (1988) *Cosas dichas.* Ed. Gedisa, Buenos Aires.

Bourdieu. Pierre (2001) *Que significa hablar.* Ed. Akal, s/d.

Bourdieu, Pierre (1998) *Sobre la Televisión.* Ed. Anagrama, Barcelona.

Bryant, J Y Zillmann, D (1996) *Los efectos de los medios de comunicación. Investigaciones y teorías.* Ed. Paidós. España.

Correa, A. (comp.) (1999) "Notas para una Psicología Social". Facultad de Filosofía y Humanidades de la Universidad Nacional de Córdoba.

Dayan, D. (1997) *En busca del público.* Ed. Gedisa, Barcelona.

Ferrés, Joan (1996) *Televisión subliminal. Socialización mediante comunicaciones inadvertidas.* Ed. Paidós, Barcelona.

Grimson, Alejandro y Varela, Mirta (1999) *Audiencias, cultura y poder.* Ed. Eudeba, Buenos Aires.

González Requena, J. (1988) *El discurso televisivo.* Ed. Cátedra, Madrid.

Hartley, John (2000) *Los usos de la televisión.* Ed. Paidós, Barcelona.

Martin Barbero Jesús (1998) *Procesos de comunicación y matrices de culturales. Itinerario para salir de la razón dualista.* FELAFACS GG. Ed. Gilli, México.

Martín-Barbero, Jesús *Cultura, medios y sociedad.* Ed. Ces/Universidad Nacional, Colombia.

Peyrú, Graciela (1988) *Papá ¿puedo ver la tele?* Ed. Paidós, Bs.As.

Sarmiento, Sergio "La televisión en la escuela", en *Una perspectiva de educación a los medios de comunicación.* Doc. 1. Mendoza.

Silverstone, Roger (1996) *Televisión y vida cotidiana.* Ed. Amorrortu, Buenos Aires.

Zecchetto, Victorino (1986) *Comunicación y actitud crítica.* Ed. Paulinas, Buenos Aires.

Wolf, Mauro (1987) *La investigación de la comunicación de masas. Crítica y Perspectivas.* FELAFACS. Ed. Paidós. España.

Acerca de los autores

Cristina M. Petit
Profesora Titular de la cátedra Psicología de las Masas y Medios de Comunicación – Facultad Psicología – U.N.C.
Profesora Titular cátedra de Psicología Social – Escuela de Ciencias de la Información – U.N.C.
Directora de la Investigación en Curso, aprobada por Secyt, UNC

Ana Luisa Cilimbini
Profesora Adjunta de la cátedra Psicología de las Masas y Medios de Comunicación. UNC
Docente cátedra Psicología y Comunicación UNC
Co-directora del Equipo en Curso, aprobada por Secyt, UNC

Enrique R. Virdó
Docente cátedra Psicología de las Masas y Medios de Comunicación.UNC
Docente cátedra Psicología Social UNC
Técnico Ministerio de Educación de la Pcia. de Córdoba.
Integrante Investigación en Curso, aprobada por Secyt, UNC

Judith Yurman
Docente cátedra Psicología de las Masas y Medios de Comunicación. UNC
Docente del PUAM – Facultad Cs. Médicas – UNC

Georgina Remondino
Becaria Doctoral CONICET
Integrante del Equipo de Investigación dirigido por la Prof. Cristina Petit

Fabiana Martínez:
Profesora Adjunta de la cátedra de Semiótica de la Escuela de Ciencias de la Información – UNC
Docente de la Universidad Nacional de Villa María
Docente de Postgrado del Centro de Estudios Avanzados de la UNC

Cecilia Dionisio :
Ayudante alumno de la materia Psicología de las Masas y Medios de Comunicación. Aprobó práctica de investigación del proyecto en curso subsidiado por SECyT 2008-2009 .

Gabriela Macció:
Ayudante alumno de la materia Psicología de las Masas y Medios de Comunicación. Aprobó práctica de investigación del proyecto en curso subsidiado por SECyT 2008-2009.

Reimpreso por Editorial Brujas • marzo de 2019 • Córdoba–Argentina

Made in the USA
Monee, IL
03 November 2026

67386622R10118